改訂 大阪大空襲

大阪が壊滅した日

新装版

小山仁示
Koyama Hitoshi

東方出版

1945年6月1日、大阪上空のB29。上方が東で、右中央に大阪城が見える。B29の黒い部分は、この写真を撮影したB29の機影である（米軍撮影、朝日新聞社提供）

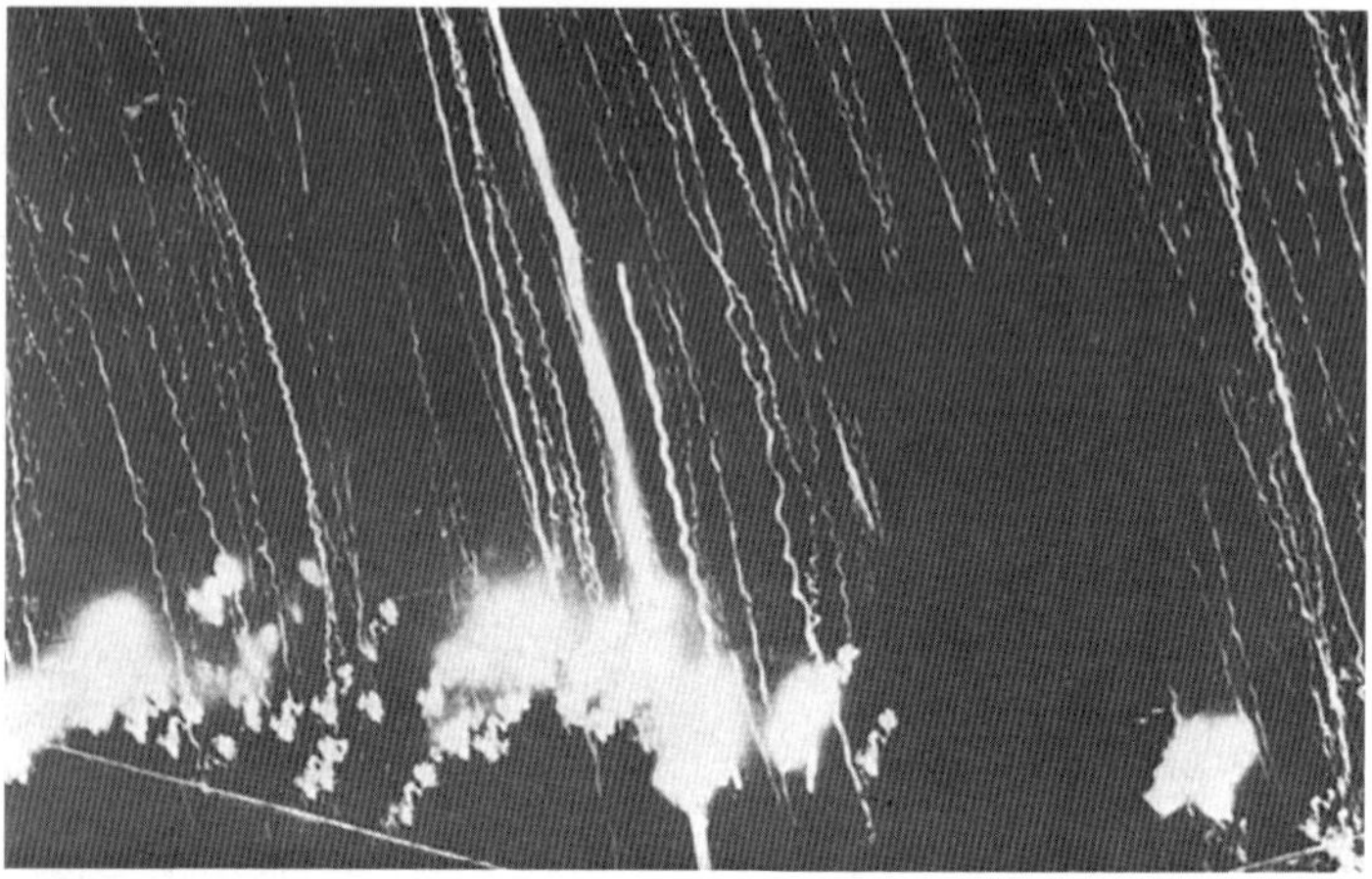

▲3月14日未明、大量に投下されるM69焼夷弾（毎日新聞社提供）

◀東区南久宝寺町に撃墜されたB29（毎日新聞1945・3・15付）

３月17日、Ｂ29が雲上から撮影した大阪市西部。住友金属爆撃の準備のため写したものと思われる（米軍撮影）

6月1日、攻撃を受ける大阪港地帯（米軍撮影）

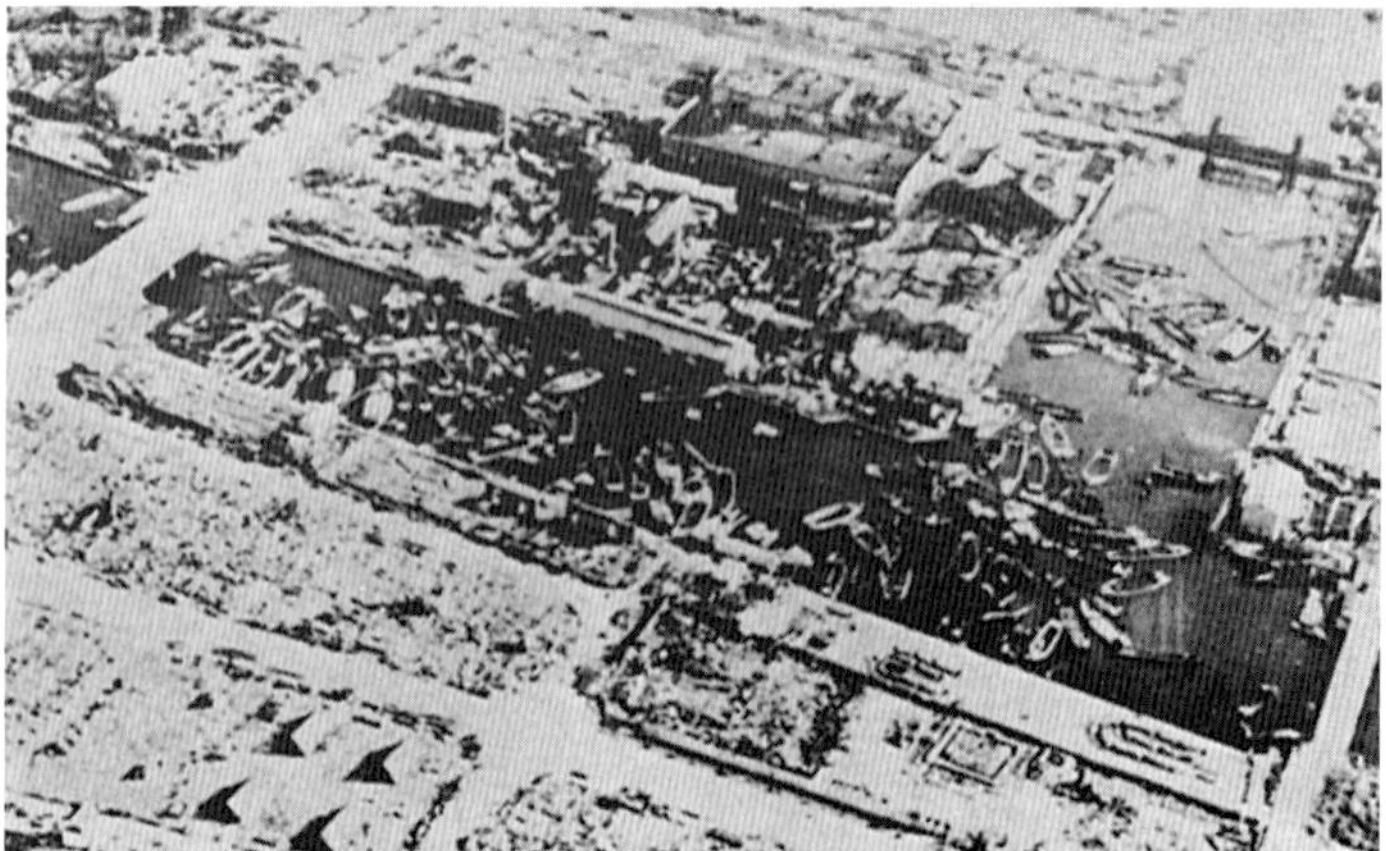

6月1日の空襲後の大阪港沿岸（米軍撮影）

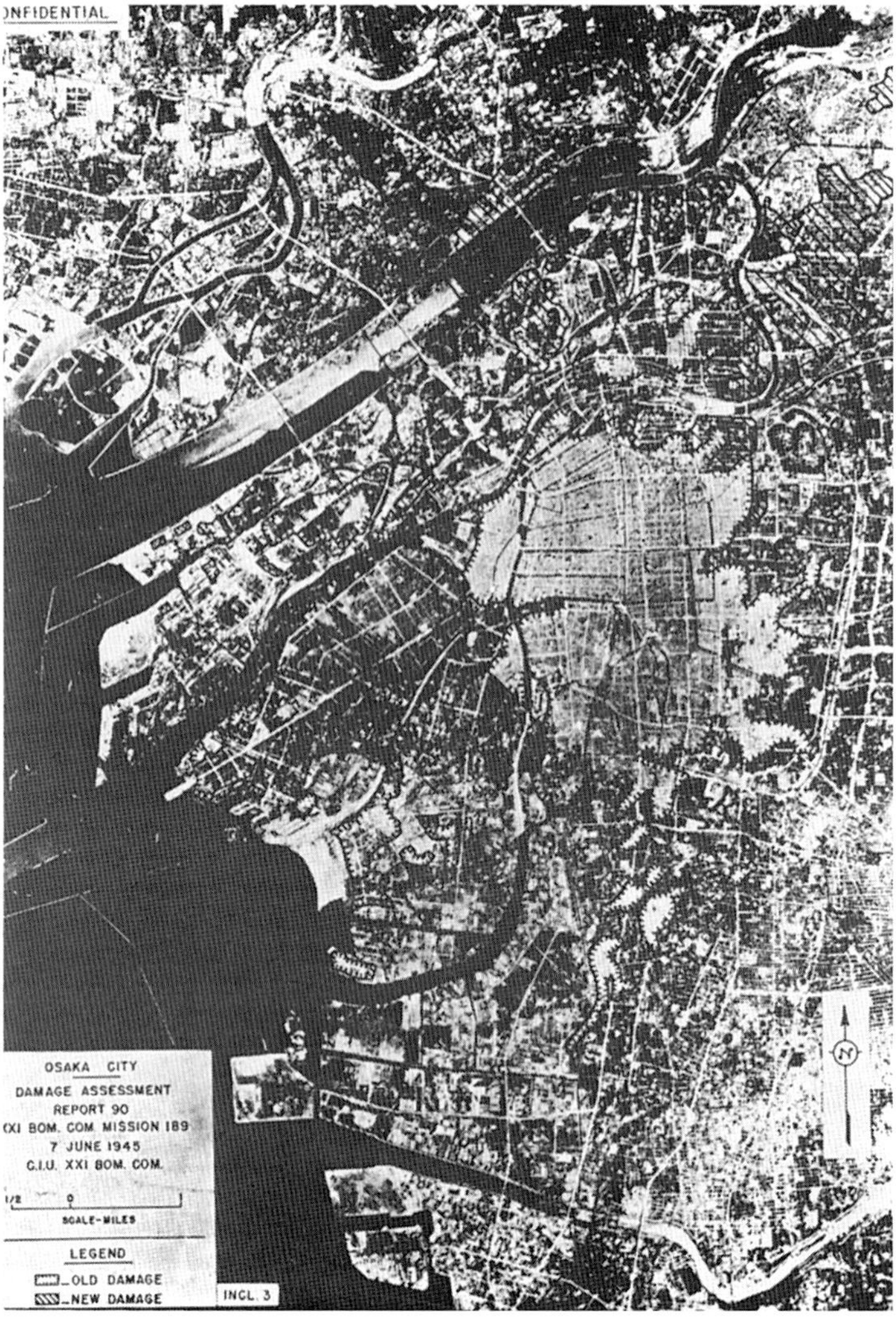

6月7日の空襲後の大阪市街（米軍撮影）

7 月10日未明の大空襲で壊滅した堺市（米軍撮影）

8月14日、猛爆撃を受ける大阪陸軍造兵廠（米軍撮影、朝日新聞社提供）

廃墟と化した大阪城周辺（米軍撮影）

◀焼きつくされた大阪市街、爆弾穴も見える（米軍撮影）

目次

序　章　壊滅した大阪……1
半年で人口一〇〇万減　今なお残る悲惨の記憶
第一章　初期空襲……9
1　防空体制の強化……10
ドゥリットル空襲の余波　美術館が高射砲司令部
防護団から警防団へ　町会と隣組　建物疎開　人員疎開　学童疎開　動物処分の意図　天王寺動物園でも毒殺
2　敵機いよいよ来襲……33
マリアナ基地　B29の初飛来　大阪近郊に初投弾
警察の公式記録　大阪市内に初投弾　阪神地方初の大空襲　単機空襲の頻繁化　人心の動揺　「朝鮮人の動向」
第二章　最初の大空襲……57
1　夜間低空焼夷弾爆撃……58

火の豪雨　夜間低空爆撃への転換　ハンセルからルメイへ　災害観念の一変　大阪爆撃命令　爆撃目標　大量に濃密に　来襲機数と高度　軍需生産への打撃　罹災者五〇万人　日本軍の抗戦　撃墜されたB29　大本営発表
2　この世の生き地獄……92
最も燃えやすい都市　伝単のウソ　翼燈をつけたB29　これが三郎ちゃんかな　あのときの心の動き　母と弟の死　五二歳で高校卒業　夫の半鐘をききながら　御堂筋は炎の川　大空襲下の地下鉄　生きていた夫　つむじ風に舞う　炎に追われ道頓堀川へ　一五日だけの命　大震災以来の大災害　想像を絶した空襲　市民の衝撃　結局戦争は負けだ　神戸大空襲　空襲による降伏の強要
第三章　六月空襲の激烈性……145
1　絨緞爆撃の反復……146

高井田へのB29撃墜　大阪湾への機雷投下　本土決戦を呼号　五大都市の破壊　白昼の大量焼夷弾攻撃　米軍資料による6・1大空襲　一平方キロに八六・五トン　P51ムスタング　P51大阪初来襲　日本側の発表　P51の来襲には触れず　神戸が壊滅　米軍資料による6・7大空襲　日本側の発表　軍も警察も混乱　八幡から大阪への目標変更　米軍資料による6・15大空襲　日本側の発表　大都市への焼夷弾攻撃の終了

2

白昼の暗黒と炎 ……… 186

6・1大空襲の被害　6・7大空襲の被害　6・15大空襲の被害　火焰の上昇は七〇〇〇メートル　黒い雨　空を埋めるB29　海へ逃げよう　P51は六月一日に来襲した　機銃掃射による犠牲　御堂筋を機銃掃射　長女の重傷と三女の死　大火傷の顔　鈴木博美の母の話　友人の頭が割れた　稲妻と黒い

雨　防空壕で溺死　野洲の空も暗くなった　首のない赤ちゃん　母の骨　軒並みの検死　淀川沿いの空襲あと　ほむら野に立つ　残った左手　軍国少女と反戦将校　戦争はあかん　大北吉次の死　ネズミもわらも食べよう

第四章　戦争終局期の空襲……259

1　爆弾攻撃と堺大空襲……260

死への直進　エンパイア作戦　米軍資料による6・26大空襲　日本側の発表　6・26大空襲の被害　P51だけの空襲　中小都市の焦土化　7・10堺大空襲　五二〇〇メートルの煙の柱　日本側の発表　堺大空襲の被害　P51の銃爆撃　7・24大空襲　7・24大空襲の被害　大阪上空を連日乱舞

2　終戦前日の大空襲……293

異例の大本営発表　奇妙な記事　原子爆弾とソ連参

戦　降伏の経緯　最後の爆撃作戦　大阪陸軍造兵廠の壊滅　目標の選択　米軍資料による8・14大空襲
数えられなかった死者　学徒義勇戦闘隊の結成　H少尉の鞭　爆撃開始の時間　下敷きになった人びと
死に方を教えたI大尉

終章　空襲からの解放……331
敗戦の衝撃　平和のよろこび　原爆報道

あとがき……343

索　引

写真協力〈順不同〉
大阪府平和祈念戦争資料室
大阪市史編纂所
大阪大空襲の体験を語る会
朝日新聞社
毎日新聞社

大阪大空襲

―大阪が壊滅した日―

序章　壊滅した大阪

半年で人口一〇〇万減

太平洋戦争末期、一九四四年（昭和一九）一二月一九日の中河内郡三宅村（現在松原市）瓜破《うりわり》村（現在大阪市平野区）への爆弾投下に始まり、終戦前日の一九四五年八月一四日におこなわれた大阪陸軍造兵廠《ぞうへいしょう》への大爆撃に終わる大阪府域への爆撃は、「超空《ちょうそら》の要塞《ようさい》」（スーパーフォートレス）とよばれたボーイングB29爆撃機一〇〇機規模以上による大空襲八回を含めて、約五〇回を数えた。この結果、大阪は人的にも物的にも甚大な損害を被った。

戦争が終わって、外地から帰国した復員の兵士たちが大阪駅に降りたったとき、あたり一面焼野原の彼方に難波《なんば》の高島屋の建物が見えたという。大阪のキタからミナミが完全に見通せたのである。空襲で大阪の主要部分はみごとに焼きつくされ、繁華を誇った街は廃墟と化していたのだった。

一九四〇年（昭和一五）一〇月の国勢調査によると、大阪市の人口は三二五五万人だった。これが一九四五年八月末現在、つまり終戦直後では三分の一の一一一万人に激減していた。一九四四年一二月末の大阪市人口は二四四万人であったから、これからみると、戦争末期のわずか八か月で一三三万人が減り、半分以下になったことがわかる。実際に大阪が大打撃を受けたのは、三月一三～一四日の大空襲が最初である。この年二月末の人口は二一二万人であった。したがって、第一次大阪大空襲を経て終戦までの半年の間に、一〇〇万人余りの人たちが姿を消したことになる。半年で一〇〇万人減ったというのは、恐るべき出来事といわねばならない。

戦禍による人口減少を『大阪市統計書』によって行政区別にみると、このようになる。当時の大阪市内二二区のうち、一九四五年（昭和二〇）一一月の人口が前年二月の人口の四分の一以下に減ったのは、港、浪速《なにわ》、西、東、此花《このはな》、南、都島、天王寺、大淀、北、大正の一一区であった。なかでも港区の如きは、二二万八七七人から八六七二人へと、九六・一％も減少した。港区は一九四〇年の国勢調査では三二万二二三一人を数えていたから、これとくらべると九七・三％減、四〇分の一近くの人口になったわけで、かつて海運景気でにぎわった港区は完全に崩壊した。浪速区の減少ぶりも目立ち、一九四四年二月の人口一三万二三四五人が終戦の年一一月には五六八四人と、九五・七％減である。ついで西区八九・六％減、東区八七・五％減、此花区八五・二％減、南区八五・一％減と続く。

大阪府警察局『大阪府空襲被害状況』（一九四五年一〇月）によると、空襲による家屋の被害は総計三四万四二四〇戸、うち大阪市三二万二七七二戸、罹災《りさい》者一二二万四五三三人、うち大阪市一一四万二三三〇人、死者一万二六二〇人、うち大阪市一万二八三人、重軽傷者三万一〇八八人、うち大阪市二万七九一二人、行方不明二一七三人、うち大阪市二一二〇人となっている。

同じく終戦直後に大阪市が作成した『昭和二十年大阪市戦災概観』には、「空襲に依って戦災を受けた大阪市の人口並びに戸数を通観すれば罹災者一一三万五一四〇人中、死者は一万三八八人、重軽傷者三万五五四三人で、焼失倒壊戸数は三一万九五五五戸である」と書かれていて、この数字は『大阪市戦災復興誌』（一九五八年三月）にそのまま使われている。

また、一九四九年（昭和二四）四月の経済安定本部『太平洋戦争による我国の被害総合報告書』には、大阪府の被害総戸数三四万三九二七戸、うち大阪市三三万八二三七戸、死者一万一〇八九人、うち大阪市九二四六人、重軽傷者二万八三四七人、うち大阪市二万六二二一人と記されている。

信用度が高いと思われる三つの資料による大阪の空襲被害状況は、以上のとおりである。これらの数字についていては、その後四〇年近く、一度も何らかの調査によって補正の努力が払われたことがない。したがって、今となっては確かめようもない数字である。しかし、現在までに何人かの人びとによって試みられた地域的な被害調査の結果から推して、実際の被害は公式記録を上回るといってよいようである。

大阪市のほかに堺市が大打撃を受けた。『堺市史』続編などによると、罹災家屋一万九一〇六戸、死者一八七六人、重軽傷者一〇五七人、罹災者七万二四三九人、一九四四年（昭和一九）二月の人口二一万七九三九人が終戦後には二二・七％減少し、一六万八三四八人になった。とくに旧市域中心部の被害は大きく、市街地面積の約四〇％、戸数の約三八％、人口の約三三％が被災した。

大阪空襲は、それを体験した者にとっては悪夢のような出来事であった。大阪の長い歴史のなかで、これほどの大きな惨害をもたらした出来事はほかに存在しない。超重爆撃機B29に対して、当時の日本軍の戦闘機や対空砲火はほとんど無力だった。B29が投下した焼夷弾や爆弾は、大阪を焼きつくし、破壊しつくした。四〇年前、通常兵器による空襲はこの世の生き地獄を現出させた。これを思えば、今日、核兵器の廃絶など当然のことである。この地球上から戦争をなくすとの緊急性を大阪空襲の体験が教えてくれる。

今なお残る悲惨の記憶

私は毎年三月になると、太平洋戦争下の空襲の記憶がまざまざとよみがえってくる。当時、私は大阪市内に住んでいた。そのために、八月の終戦の日まで、昼夜をわかたぬ空襲の連続の日々をいやというほど体験した。戦後四〇年を経た現在、三月から八月にかけての半年は、私にとって、今なお空襲の季節なのである。

B29数百機による雨あられのような焼夷弾投下は、大阪の市街地をたちまちにして火の海に変えた。それまでは晴れていたのが一転して黒い雨が降りはじめ、白昼であるはずが暗夜の状態になった。暗闇に猛煙がたちこめ、熱風がうず巻くなかで、真っ赤な火焔が全市をおおった。

当時中学三年生だった私は、動員先の東淀川区十三《じゅうそう》（現在淀川区）の工場から生野区の自宅まで、防空壕への待避をくり返しながら、道の両側の家が崩れおちるなか、猛火に追いかけられ、猛煙にむせびながら、さまよい帰った。焼けただれた死体、肉をえぐりとられた負傷者、何日も続いた罹災者の行列。その体験は、一四歳の少年だった私にはあまりにも強烈であり、私のその後の思考や行動を左右する原体験となったようである。

私たちは「神州不滅」を信じ、「聖戦完遂」のために邁進していた軍国少年だった。天皇を現人《あらひと》神《がみ》と信じ、皇国のために生命を捧げる覚悟でいた。二〇歳までに死ぬものと思っていた。それが本土決戦必至となってきたので、二〇歳どころか、もうあとあまり命はないと心に決めていた。今から思えば不思議な気がするのだが、本当に天皇を神と信じ、その天皇のために死ぬものと覚悟していた。工場の休憩時、級友が「死ぬ前にいちど女の子を抱きたい」と言ったのに、私も大きくうなずいたのを覚えている。思春期を迎えたばかりの一四、五歳の少年の、それなりの極限状況の心情だった。空襲が始まると、工場からは「帰れ」との命令が出た。防空壕が不十分かつ不足していたことと、被害を分散させるためであった。ところが動員先は東淀川区、自宅は生野区。大阪の街を文字どおり端から端まで縦断しなければ家に帰れない。B29数百機による火の豪雨のなかを壕にとびこみ、とび出しては走った。言葉では絶対に表現できない恐怖の体験を、当時の私たちは日常的なものとしてうけとめていた。

それだけに八月一五日の記憶もまた鮮烈である。ラジオが聞きとりにくかったとか、夜、電燈をつけてよろこんだとか、だれもと同じ思いであった。それにしても、満州事変の年に生まれ、日中戦争がおこったのは小学校一年生、太平洋戦争勃発は国民学校五年生と、ほんとうに「平和を知らない子ども」だった私にとって、この世に「平和」があるということ自体がたいへんな衝撃だった。

一九四五年（昭和二〇）の日本人の平均寿命をみると、男二三・九歳、女三七・五歳となっている。戦争というものがいかに多くの若い生命を奪ったかを示す、悲しい数字である。男二三・九歳。このすさまじいばかりの、残酷な平均寿命。一四歳の少年が二〇歳までに、いや近いうちに死ぬものと覚悟していたのも当然のことである。翌一九四六年には、男四二・六歳、女五一・一歳と、戦前レベルに回復しただけでなく、女性は明治期以来の最高値を示した。日本人全体が飢餓線上にあった終戦翌年においてすらこのとおりであり、平和のありがたさがよくわかる。

戦争末期、二〇歳くらいの年齢から四〇歳くらいまでの男性は、ほとんど軍隊に召集されていた。私たちより以下の年齢層は疎開していた。空襲下の都市に残っていたのは、四〇歳以上か、私たちより四、五年上までの年齢層だけだった。四〇年の歳月がたった今日、空襲体験者は私のような昭和一けた世代だけになってきつつあるようだ。青空をみても、サイレンが鳴っても、花火が打ちあげられても、雷鳴がとどろいても、反射的に思い出すのは空襲である。骨身にしみて刻みつけられた体験を若い世代になんとか語りついで、戦争のひどさ、平和の尊さを知ってもらいたい。私たち自身も空襲体験を反芻し、さらにその実態を究明することを通じて、平和を守る決意をいっそう強めたいと思う。

第一章　初期空襲

1　防空体制の強化

ドゥリットル空襲の余波

日本本土への初空襲は、一九四二年（昭和一七）四月一八日、空母ホーネットを発進したドゥリットル中佐指揮のノースアメリカンB25（ミッチェル）一六機によるものだったが、このときは大阪には来襲していない。作戦計画では一機が大阪を攻撃することになっていたのだが、まちがって名古屋へ向かってしまったのである。このため名古屋来襲のB25は二機となり、軍事施設を中心に投弾し、さらに四日市の海軍燃料廠を攻撃し、和歌山県那賀郡の町村を銃撃した。神戸にも一機が来襲して、市内数か所に焼夷弾を投下した。他の一三機は、京浜地帯を攻撃した。

この空襲は、開戦初期の勝利感に酔っていた日本軍部に大きな衝撃を与えた。ミッドウェー攻略といういきすぎた作戦計画が実施に移され、この年の六月のミッドウェー海戦で日本海軍は大敗北を喫し、太平洋戦争は転機を迎えることになった。

また、ドゥリットル隊員のうち、中国の日本軍占領地に降下して捕虜となった八人を軍律会議による審判に付し、三人を死刑、五人を終身刑に処した。軍事目標以外の小学校校舎に銃撃を加え、児童（一般市民）を殺傷したのを軍律違反としたのである。だがその軍律は、八人の捕虜を訊問したあとで作られたもので、遡及して適用するという付則をつけて強引に処刑したものだった。法律をあとから作って、報復のために銃殺したのである。上海第一公墓内で刑を執行したのは一〇月一五日。その四日後の一九日、防衛総司令官は「大日本帝国領土を空襲しわが権内に入れる敵航空機搭乗員にして暴虐非道の行為ありたる者は軍律会議に附し死または重罰に処す。満州国またはわが作戦地域を空襲しわが権内に入りたる者また同じ」との布告を発した。このような形での復仇心や憎悪感情、敵愾《がい》心の助長と正当化が、のちに一般市民による撃墜B29搭乗員へのリンチや死体への心ない処置を各地で現出させることになった。

本土初空襲のあと、軍の防空体制の強化が急がれた。それまでは中部軍司令官指揮下の防空戦闘隊は、主力を大正飛行場（現在八尾空港）、一部を伊丹飛行場（大阪第二飛行場、現在大阪空港）に置いていた。一九四二年八月、大正飛行場に第十八飛行団司令部が新設され、防空戦闘隊の増強が図られた。しかし、この段階では主な装備機は九七式戦闘機で、脚の引っ込まない旧機種だった。

サイパン島失陥直後の一九四四年七月、第十八飛行団は第十一飛行師団（通称号は天鷲）に改編強化された。このころには、二式単戦（鐘馗《しょうき》）・二式複戦（屠龍）・三式戦（飛燕）などの新機種が配置され、機数も格段の増加をみたが、当時の中部軍管区というのは東海・北陸・近畿・中国・四国と広範囲な地域を含んでおり、とくに防空要度の高い名古屋地区と阪神地区を抱えていただけに、弱体というほかない状況であった(一九四五年二月に東海軍管区、同七月に中国軍管区・四国軍管区を新設)。そのうえに、この年一一月の「レイテ決戦」など戦局の推移に応じて、部隊の抽出、転用がおこなわれたため、戦力は極度に低下した。

美術館が高射砲司令部

地上防空兵力、すなわち対空砲火の面においても、中部軍の弱力ぶりはおおいがたいものがあった。ドゥリットル空襲後、なんといっても「帝都」の存在する京浜地区の防備増強に重点がおかれたことは、一九四二年(昭和一七)四月末に緊急増加配備された高射砲が東部軍一〇八門、中部軍二〇門、西部軍一六門、北部軍八門、朝鮮軍八門であったという事実だけで明白である。

一九四四年八月、名古屋高射砲隊が編成されるとともに、中部高射砲集団は京阪神の防空を担当するのが主任務となったが、同年一一月ごろに欠数中隊がようやく補充、しかし火砲未受領の中隊が約半数という情けないありさまだった。防衛庁戦史室『本土防空作戦』(一九六八年刊)に、次のような記述があるので、そのまま引用しておく。

特に中部高射砲集団は十二糎《センチ》高射砲を未受領のため、陸正面から来襲する高度七〇〇〇米《メートル》以下の敵機に対しては、淀川河口両岸、尼崎付近一帯の重工業地帯及び大阪陸軍造兵廠などの主要掩護物掩護のために少なくとも四コ中隊以上の火力を集中することができたが、海正面からの爆撃特に西方から海岸線沿いの攻撃に対して二コ中隊以下の火力しか指向できず、所望の火力密度が得られなかった。また高度八〇〇〇米の場合、大正飛行場、枚方及び香里製造所、川崎航空機明石工場並びに尼崎付近の重工業地帯は七糎高射砲だけでは掩護を期待できない状態であった。集団は八糎高射砲の増加、十二糎高射砲の装備を渇望した。

中部高射砲集団の司令部は天王寺公園内の市立美術館に置かれていた。同美術館の開館は一九三六年（昭和一一）九月であったが、五年後の一九四一年一〇月に南半館を中部軍に接収されることになり、一九四二年度からは美術館としての機能は殆ど停止した。絵画や彫刻の殿堂が、阪神一帯の対空砲火の指揮所になったのである。第一次大阪大空襲後の一九四五年四月、高射砲第三師団（通称号は炸）が編成された。司令部はもちろん天王寺美術館だった。

防護団から警防団へ

軍官民合同の防空演習が最初におこなわれたのは大阪市であった。一九二八年（昭和三）七月五日から七日の間、第四師団（司令部大阪）が主催し、官民の各種機関や団体参加のもとに実施された。これが刺激となって、翌二九年に名古屋、三一年に北九州など各地で続々と演習が実施され、そして三三年に関東防空演習がおこなわれた。

防空演習が各地で実施されるのと並行して、軍の指導で防空業務に従事する防護団もつくられ

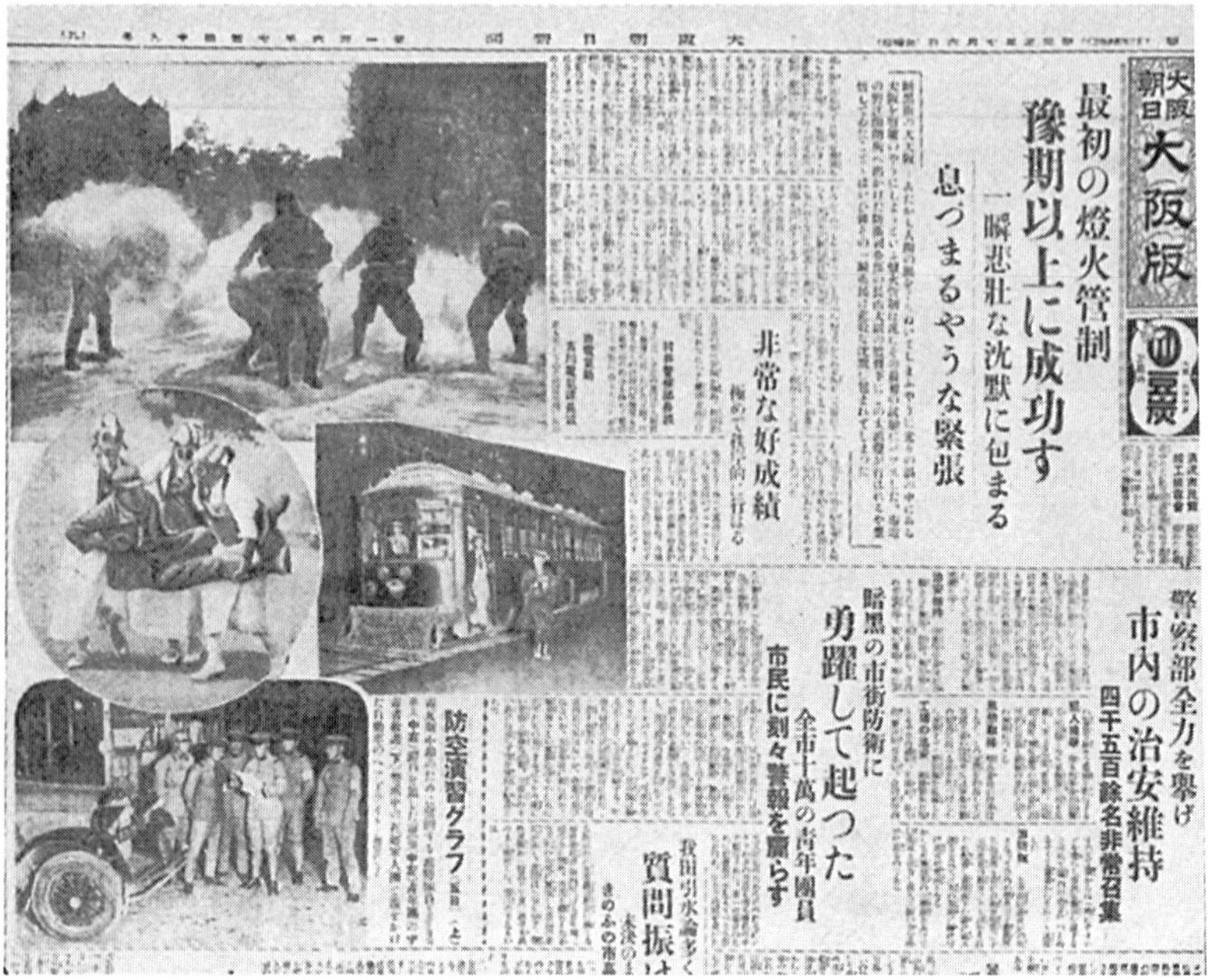
大阪朝日 大阪版

最初の燈火管制
豫期以上に成功す
一瞬悲壮な沈默に包まる
息づまるやうな緊張

非常な好成績

警察部全力を擧げ
市内の治安維持
四千五百餘名非常召集

暗黒の市街防衛に
勇躍して起つた
全市十萬の青年團員

防空演習グラフ

わが国最初の防空演習（大阪朝日新聞1928・7・6付朝刊）

はじめた。防護団は市町村長が任意に設立する団体であったが、一九三七年（昭和一二）七月の日中戦争勃発後はほとんど全国的に組織された。大阪市防護団は一九三四年九月につくられ、市長が団長となった。市防護団は、一九三五年、三六年、三七年と阪神防空演習を推進した。一方、軍防空に即応しておこなうべき民防空の基本法としての防空法が、一九三七年三月に成立、一〇月から施行された。

一九三九年（昭和一四）一月、警防団令が公布され、四月から施行された。これは長年消防に従事してきた消防組と、防空業務のために結成された防護団とを統合して、民防空の中核とすることを目的としたものだった。警防団は警察消防を補助し、他方隣組防空と緊密な連絡をもち、三者一体となって防空活動をするものとされた。

大阪市は官設消防のみで消防組はなく、約二〇万人の団員をもっていた市防護団が三月末をもって解消した。あらたに組織された警防団は各校下約一五〇人くらいで編成され、大阪市警防団約三万人で発足した。団員は各警察署で素行調査のうえ、団長・副団長は府知事から、分団長以下は警察署長から任命された。五月、城東練兵場で府内全市町村による大阪府警防団合同式がおこなわれた。会社・工場にも警防団が設置された。団員は警察・消防の指導のもとに訓練に励んだが、戦争の進展とともに軍隊に召集される者が増え、質量両面での弱体化はいなめなかった。いざ空襲となると、警防団員は一家を離れ、身の危険をかえりみないで、消火・救護・避難誘導活動に従事したため、火焰に包まれて犠牲となった者が多かった。

町会と隣組

戦時下の市民生活、ひいては空襲・戦災を語る場合に忘れてはならないのは、町内会(大阪では町会)・部落会・隣組である。

もともと町内会は地域住民の任意団体としての性格が強く、町内の懇親や繁栄のためにつくられ、その歴史は相当古く、しかも雑多であった。一九三八年(昭和一三)一月の調査では、当時の大阪市内の町内会は五八五五を数えたという。このような任意団体的な町内会を大きく変えたのは、一九三七年七月七日の盧溝橋事件にはじまる日中全面戦争への突入であった。戦争政策を住民に周知徹底させ、総力戦体制をつくりあげるための末端組織として町内会・部落会・隣組の整備強化がいそがれたのである。

大阪市でも、一九三七年九月に政府が提唱した国民精神総動員の実践母体として、既存の「町内会」ではなく、規律統制ある「町会」を結成し、大都市行政の補完機関としての役割をも「町会」に果たさせようとの意図が急速に強まった。一九三八年一月、大阪市当局は「新町会結成方針」を発表し、既存の町内会を改組し、新町会を結成するよう指導をはじめた。

その結果、一か月後の一九三八年二月には三四四町会、二か月後の三月には一七八九町会、三か月後の四月には二六九九町会と急速に「町会」がつくられ、校下町会連合会二四六、区町会連合会一五（当時は一五区制）の成立もみた。そして四月二四日、中之島中央公会堂に全町会長が集まって、大阪市町会大会が開催されたのである。

町会は、一町内または一丁目の地域に一町会を設けることを原則としたが、居住者の少ない町は二、三か町をもって一町会とし、人口の多い町は二以上に分割して町会をつくった。町会の下部組織として、一〇戸から二〇戸程度で組を設けたが、これが隣組である。また、単位町会は、小学校通学区域ごとに連合して校下町会連合会を組織し、その名称は小学校名を冠した。さらに、校下町会連合会を行政区ごとに結合して区町会連合会を設けた。区町会連合会の場合は、会長に区長、副会長の一人に区吏員、会計には区収入役が就任した。

その後の大阪市の町会数の推移をみると、一九三九年四月二七四〇、四〇年一月二七七〇、四〇年一二月三五二六、四二年四月三五八三、四三年六月三五〇七となっている。

一九四〇年（昭和一五）九月、内務省訓令で「部落会町内会等整備要領」が出され、部落会・町内会は地方行政の末端組織として制度化された。大阪府では町会（市街地）・部落会（農村部）、隣組の名を使用して、総力戦体制の末端機構の整備がおこなわれた。

一九四〇年六月には砂糖とマッチの切符制、四一年四月に米穀通帳制、四二年二月に衣料点数制と、戦時経済の統制が強化されるにつれ、町会・隣組は市民の日常生活を大きく支配するようになった。町会には町籍簿が備えつけられ、生活必需物資の配給、妊産婦の届出、市民の転出入なども、この町籍簿によって処理された。その後、一九四三年の府県制・市制・町村制の改正（三月公布、六月施行）によって、法律のなかに部落会・町内会が明文化され、政府―都道府県―市区町村―部落会・町内会という指揮命令系統が法律によって確立された。

太平洋戦争末期の町会担当事務をみると、郷軍（在郷軍人会）関係事務、貯蓄奨励、国債消化、納税事務、予防注射、清潔法施行（大掃除）、塵芥処理、屎尿汲取券交付、白金供出、アルミ貨回収、出征兵士壮行会、戦死者遺骨出迎え、等々。そしてなによりも生活物質の配給と防空体制の整備という、当時の最大重要事が町会に課せられていて、戦時行政の末端機構だったことがよくわかる。

一九三九年八月の内務省通牒「家庭防空群隣保組織要項」では、家庭防空群の語が使われ、隣組は消防防火、燈火管制、警報伝達、待避、防護、救護について助け合うこととされた。指揮統制は市町村長、指導は官公署、警察・消防署長との連絡は町内会・部落会が当たることになっていた。各家庭は、消火に必要な設備や資材を備え、防空壕をつくり、待避や消火の訓練を重ねた。訓練はくり返しおこなわれたが、一つの隣組に一個の焼夷弾が落ちた程度の想定で、バケツ・リレーや手押しポンプ、火叩き、砂袋、梯子《はしご》での消火訓練であった。したがって、実際のB29の絨《じゅう》緞《たん》爆撃の前にはほとんど無効であり、いざというときに市民に与えたショックは大きかった。一九四三年七月の内務省通牒「隣組防空群の指揮統制に関する件」によって、家庭防空群の名は隣組防空群に改められ、その指揮は市町村長から警察に変わった。

建物疎開

日本の都市は、大阪がそうであったように、木造家屋が密集し、人口が過大に集中していた。そのうえ、空地が極度に少なく、道路も狭く未発達だった。これでは空襲に弱く、とくに焼夷弾攻撃にさらされた場合に被害が甚大になることは判りきっていた。一九四三年（昭和一八）一二月、閣議は「都市疎開実施要綱」を決定し、建物疎開、人員疎開、施設疎開が実施されることになった。

しかし、施設疎開はまことに無理な話だった。たとえば住友金属のプロペラ関係は、一九四五年四月に疎開命令を受けた。だが、此花区桜島のプロペラ工場は、七月下旬までにその機械設備を大阪市内の松坂屋と十合《そごう》百貨店の地下室、および大日本麦酒《ビール》西宮工場に分散させたに過ぎなかった。当時の日本の輸送力や建設能力では、重工業の機械設備を遠隔地に従業員もろとも移動させて、生産を再開するなど、そう簡単にできることではなかった。

大阪市内の官公庁で疎開した事例もない。府庁が重要書類を京橋と放出《はなてん》の倉庫に移し、市役所が書類を高射砲司令部の天王寺美術館に移した程度であった。これでは疎開でなく、市内での分散に過ぎない。案の定、空襲で京橋倉庫が焼けたために、大阪府は明治期から戦前昭和期にかけての貴重な公文書のほとんどを失ってしまった。

政府が企図した疎開は、建物と人員について実行されたといってよい。建物疎開は、まず疎開空地帯を造成して、防空区画をつくり、それに相当数の疎開空地を配して、防空都市の形をととのえるというものであった。

疎開空地帯（防火帯）

広い幅の空地帯を新たに設け、都市を防火区画に割って、被害の拡大を防ごうとするものであった。戦後、空地帯の多くは都市計画路線に組み入れられた。疎開道路といわれるものがそれである。ただし、疎開道路には疎開空地だったものもある。

疎開空地

1　重要施設疎開空地　重要工場などの周辺に空地を設けて、被害を局限しようとするもの。

2　交通疎開空地　交通量が多く、近辺に家屋の密集する駅前に空地を設けて、非常事態のさいの混乱を防ごうとするもの。

3　疎開小空地　家屋密集のはなはだしいところに小空地を設けて、防火防空に役立たせようとするもの。間引小空地（間引疎開）もこのなかに入る。

内務大臣が防空法の規定によって、一定の地区を指定し、知事がその地区の家屋所有者または管理者に対して、一定の期日までに建物除却を命令することになっていた。個人の財産権や居住権など、市民の権利や都合を無視したのが建物疎開であった。

大阪市内における最初の指定は、一九四四年二月四日の内務省告示第五九号だった。その後、第一次大阪大空襲の四五年三月一三〜一四日までに、五回の指定があった。大空襲後は緊急疎開事業として執行された。六月七日からは、勅令によって、知事が地区指定の権限をもつようになり、すべて現地で決められることになった。

実際上は強権の発動という形式を避けるために、疎開者懇談会を開催し、除却承諾書を提出させて、大阪府に建物を譲渡するという手続きをとった。はじめのうちは、除却開始までに約一か月の余裕が与えられていた。

一九四五年三月の大空襲後は、このような手続きや順序がふまれなくなった。除却家屋の買収手続き完了前に工事に着手したり、家屋を除却されて行先のなくなった市民を学校や寺院に収容するという事態も生じた。大阪市だけでなく、堺・岸和田・布施・守口・吹田・高槻などの中小都市にも、建物疎開が及んだ。

　突如として住居を失うのだから、市民の困惑はひとかたでなかった。結局は強権のために泣き寝入りするほかなかったものの、不満の感情はおおうべくもなかった。吹田警察署長西沢与志雄の日記によると、吹田市の疎開実施区画を決定した一九四五年四月四日、市民のあいだに「つい最近まで防空壕を強化せよというので、莫大な金をかけて造りあげたのに、突然疎開せよとは当局の無定見を暴露せるもので、市民こそ迷惑だ」と不平をもらすものがあると記されている。翌五日の建物疎開申渡しについては、「被言渡側約八百名。中には相当神経昂奮せるものあり。一筋縄にていかぬ連中もいることであろう」と書かれている。吹田署長の日記のなかから、私たちは建物疎開に該当した人びとの怒りと困惑をうかがうことができる。

　終戦時までに、大阪市内だけで七万二七四八戸が除却された。そして、土地買収代金や借地料はもとより、家屋買収代金、営業補償金、移転料などを受取らないままで、八月一五日を迎えた疎開者もずいぶん多かった。建物疎開も、市民が払った大きな戦争犠牲だった。疎開空地には、学生・生徒を動員して、大きな貯水池が掘られたが、激烈をきわめた空襲に対してはほとんど役に立たなかった。

人員疎開

人員疎開も、建物疎開と時期を同じくして開始された。当初の対象は建物疎開者のほかに、大阪市外に職場をもつ者、企業整備による転廃業者、財産収入または仕送りによる生活者などとされており、一家全員の転出が期待された。わが国の家族主義をこわさないためというのが、世帯単位の疎開の理由だった。だから、はじめのうちは老幼・妊産婦・病人だけでは人員疎開の扱いをされなかった。

疎開区域に指定されているところへは、当然、転出できなかった。すなわち東京都区部、横浜市、川崎市、神戸市、尼崎市、名古屋市、門司市、小倉市、戸畑市、若松市、八幡市などへは疎開できなかった。さらに軍事上の重要都市として立川市、川口市、横須賀市、堺市、布施市、西宮市、御影町、京都市、下関市などもだめであった。

建物疎開が強権発動によるものだったのに対し、人員疎開は勧奨で推進された。大阪府庁内に疎開相談所が設けられ、大阪市では各区役所に疎開指導所が置かれた。疎開者の地方転出証明書には、区長から疎開先市町村長あてに職業・転校などの斡旋依頼状が添付され、家財道具輸送についても便宜が与えられた。市民税二円以下の家族と入営応召または徴用者の家族には、移転奨励金が交付された（五人以上世帯に三〇〇円、四人以下に二〇〇円）。

大阪市の人員疎開は一九四四年（昭和一九）一月一五日からはじまったが、三月末で地方転出証明書発行数は二万六二五六件に達した。このうち、奨励金交付数は一万五四一〇件と五八・七％を占めた。そのすべてが入営応召または徴用者の家族であった。市民税二円以下の貧しい市民は、疎開すべき故郷や縁故がないか、疎開先で収入の道を確保する見込みがなかったのである。これに対し、一家の柱が召集または徴用され、あるいは戦死した家族、つまり老人・女性・こどもだけとなった家族は、戦火を避けて疎開していったのである。

このほかに、人員疎開の対象にならない世帯のなかで、空襲必至かつ食糧不足の情勢をみて、適当な縁故先に転出する者、また家族だけを別居させる者が多くなった。これらは任意疎開とよばれた。こうして疎開する市民たちによって、一九四四年三月に入ると、大阪駅や天保山乗船場は連日いっぱいになった。五月になると、大阪府・市は要残留世帯のなかの老幼者、とくに学童の縁故疎開も人員疎開として勧奨することにした。七月末には地方転出証明書発行数は六万三九一件、うち奨励金交付数は三万三五七件（五〇・三％）であった。

六月一六日には中国大陸を基地とするB29の北九州爆撃、一一月一日にはマリアナ基地のB29の東京偵察と緊迫するなかで、政府は一一月六日の閣議で「老幼者、妊婦等の疎開実施要綱」を決定、一五日から京浜・名古屋・阪神・北九州の疎開地域から実施した。これによって、国民学校初等科二年以下の児童、乳幼児、妊婦、六五歳以上の老人、病人または身体障害者が疎開する場合は要保護者移転奨励金（一世帯内一人の場合二〇〇円、一人増すごとに一〇〇円）が支給されることになった。これによる一九四五年一月末までの要保護者疎開証明書発行は一万四七〇三件、この人員四万四一二五人であったが、乳幼児が大部分を占めていた。そして、このころには一般の疎開は著しく減少した。

一九四五年三月の大空襲後は、計画的な人員疎開どころではなくなり、罹災者輸送に大わらわとなった。一夜の空襲だけで五〇万人もの人びとが家を失ったのである。これらの罹災者を避難先まで無賃輸送しなければならなかったのだから、混乱の状況は察しがつく。三月二一日から五日間、縁故先のない罹災者を滋賀・奈良など近府県へ集団疎開させるなど、様相は一変した。

戦災を受けなかった市民のなかにも、想像を絶した空襲をみて、大阪からの脱出を図るものが多く、駅前に長蛇の列をなし、トラックが家財を満載して走った。そこで、大阪府・市は、官公署勤務者、軍需・生活必要物資の生産従業員はじめ、交通、通信、建築、報道、金融、飲食、浴場、清掃、配給など、広範囲の産業部門の従事者、警備防空従事者、動員中の学生生徒を都市残留要員に指定し、転出を禁じた。政府も四月一〇日の閣議で「疎開緊急措置要項」を決定し、京浜・名古屋・阪神・北九州の四大地区を中心に、㈠老幼・妊産婦・病弱者（介護者を含む）、㈡疎開施設随伴者（地方転勤者を含む）、㈢集団疎開者、㈣罹災者および強制疎開立退者を優先的に疎開させ、その他の者には転出証明書を交付しないという措置に出た。こうして強制的に残留させられた大量の大阪市民は、六月以降の大空襲の反復を座して待つことになった。

学童疎開

一九四四年（昭和一九）六月三〇日の閣議で「学童疎開促進要綱」が決定され、縁故疎開のできない児童を集団疎開させることになった。対象となったのは、東京・横浜・川崎・横須賀・大阪・神戸・尼崎・名古屋・門司・小倉・戸畑・若松・八幡の一三都市の国民学校初等科三年以上六年までの児童であり、東京ではすでに同年三月以来具体化していた。

当時大阪全市の国民学校児童数は三八万人（初等科三四万、高等科四万）、そのうち初等科三年以上六年までの児童は、一学期終了時で二二万三六〇〇人と推定されていた。夏休みも終わりに近い八月二八日、阿倍野区の晴明丘・常盤・高松・丸山・金塚・阿倍野・長池・阪南の八校児童、付添教員、寮母その他、計三二八六人を和歌山県に送り出したのが集団疎開のはじまりだった。九月二七日、周辺区部の国民学校児童を大阪府内に疎開させたのを最後として、いわゆる第一次集団疎開は完了した。その数は、二五三校、六万五九三五人であった。同時期、縁故疎開も強力に促進され、その児童数は一一万九四六〇人に達した。こうして対象児童二二万三六〇〇人のうち、集団疎開二九・五％、縁故疎開五三・四％、つまり八二・九％が疎開し、残留児童は約三万八〇〇〇人（一七・一％）であった。集団疎開にしろ、縁故疎開にしろ、年端もいかぬ児童たちの苦しく、悲しかった体験話には事欠かず、疎開派世代という言葉もあるほどで、本土における戦争体験世代のなかでもっとも若い年齢層を構成している。なお、大阪市の第一次集団疎開の受入府県を人数順に記すと、大阪府内、滋賀県、奈良県、香川県、和歌山県、広島県、島根県、徳島県、福井県、石川県、愛媛県、京都府であった。ちなみに神戸市・尼崎市の児童の受入先は、兵庫県内、岡山県、広島県、鳥取県であった。

第二次集団疎開は、残留児童と縁故疎開から帰ってきた児童を対象とした。縁故疎開をしたものの、都会のこどもは簡単に田舎の生活にとけこむことができなかった。先生や級友のお国なまりも理解できなかった。当時の日本の都市と農村の文化・生活面でのちがいは大きかった。早くも大阪の親元へもどった例が多かったのである。こうして、一一月から一二月にかけて、二五一校七七七八人が追加的に集団疎開をおこなったのが第二次であった。

一九四五年二月末から三月にかけて、六年生の大阪への引揚げがおこなわれた。母校で初等科終了式（卒業式）をすませ、中等学校・高等女学校など上級学校の入試を受け（実際には無試験入学となった）、あるいは高等科へ進級するなど、進路を決めるためであった。この児童数は二万二五六一人であり、大阪市はそのあとへ新三年生を疎開させる計画であった。

三月一三日深夜から一四日未明にかけての大空襲は、事態を急変させた。三月一四日を終了式に予定していた国民学校が多かった。疎開地から大阪へ帰ってきたものの、家も学校も焼失し、そのまま四散してしまった六年生、「卒業証書」をもらえなかった六年生の物語があちこちに生じた。それはともかく、罹災児童の集団疎開への参加が急がれ、とりあえず市の養護学園の六甲郊外学園（兵庫県六甲苦楽園）と長谷川学園（南河内郡国分村、現在の柏原市）に収容した。三月下旬から四月上旬にかけて、疎開地へ新三年生を送り出したが、その数は八三七四人という少なさであった。さらに一、二年生の集団疎開が四月から五月初めにおこなわれたが、全市でわずかに五〇三〇人、空襲被害の甚大な地域からは参加者皆無であり、疎開先の教員は戦災のひどさを察することができた。また、疎開先が安全でないというので、再疎開が図られた。大阪府内への疎開がこれに該当し、島根県へ移動した例が多い。徳島・和歌山・奈良・滋賀などの疎開先から、さらに安全な地方へ再疎開をした場合もある。

動物処分の意図

一九四三年（昭和一八）九月三日の毎日新聞朝刊は、「獅子など猛獣を処分　万一に早くも備えた上野動物園」との見出しで、次のように報じた。

「東京都においては非常時に際しての万一の場合を考慮し、上野動物園に飼育する最も危険な猛獣をこのほど懇切に処置いたしました。よってこれらの動物供養のため来たる四日午後二時半、園内動物慰霊塔前において、浅草寺大森大僧正を導師として慰霊法要を営みます。如何に馴れた動物でも、激烈な衝撃に遭《あ》っては恐るべき狂乱状態となりますので、誠に不憫《ふびん》ながらライオン以下の猛獣を処置することはやむを得ざる次第でありまして、平素愛護を戴いた都民皆さまの御諒承を願いたいのであります」――という都民への挨拶状が二日東京都公園緑地課から都民に発せられた。

しかし、慰霊法要のおこなわれた九月四日、会場のすぐそばの象舎では、黒白の幔幕《まんまく》が張られて目かくしされたなかで、二頭のインドゾウが空腹とたたかいながら生き続けていたのである。毒入りの馬鈴薯を食べることを拒否したゾウは絶食させられ、飼育係の姿を見ると、前足を折って鼻を高くあげる芸を演じて生き抜こうと努力していたのだった。ワンリー（花子）が死んだのは絶食一八日目の九月一一日、トンキーは三〇日目の九月二三日であった。ワンリーが死亡した九月一一日、生後六か月のかわいい盛りのヒョウの子が硝酸ストリキニーネで毒殺されている。これで、上野動物園からは猛獣が完全に姿を消した。

では、動物たちはほんとうに殺されなければならなかったのか。実は、ヒョウの子についてはは高松市の栗林《りつりん》公園動物園に引渡す話が進んでいたし、爬虫《はちゆう》類は新京（中国東北部の長春）動物園が預かる意向をもっていた。なによりも注目すべきことは、仙台動物園へのゾウの疎開が準備され、鉄道輸送の計画が具体化していたし、同じく仙台からはヒョウのオスも入用との申入れがあった。ところが、東京都長官大達《おおだち》茂雄はゾウの疎開計画を激怒して認めず、動物たちを殺害させたのである。大達としては、ゾウやライオンを殺すことによって、戦局の緊迫を国民に認識させようとしたのであった。動物たちにはどうしても死んでもらわねばならなかったわけである。『上野動物園百年史』（一九八二年刊）の本編と資料編をみると、飼育係をはじめ、動物園の人たちの涙ぐましいまでの動物たちへの愛情が強権によって踏みにじられたありさまを知ることができる。

爆撃で動物園が破壊されると、狂暴なライオンやトラが逃げまどう群衆のなかへとびこんでたいへんな被害を及ぼすと、当時いわれた。だが、鉄とコンクリートで固められた堅牢な獣舎が爆撃で破壊されるような事態がおこったとき、そのなかに収容されている動物たちは死んでいるか、瀕死の重傷を負っているはずである。空襲でつぶされた檻のなかから、猛獣がうなり声をあげながらとびだしてくるなど、ちょっと考えたらあり得ない話である。

また、人間でさえ食糧難の戦時下のこと、動物の餌料などもったいないともいわれた。とすれば、草食のゾウはどうなのか。田舎に疎開すれば、菜や草でなんとか生きられるのではないか。

　同じく空襲の激しかったヨーロッパ諸国の動物園では考えられなかった猛獣処分が、日本ではおこなわれたのである。ベルリン動物園は爆撃で徹底的に破壊され、最後には動物園で地上戦闘がおこなわれた。ハンブルクのハーゲンベック動物園も破壊された。これらの動物園では、職員も動物もたくさんの生命を奪われた。ほかに、フランクフルト動物園やニュルンベルク動物園、オランダのロッテルダム動物園、イギリスのロンドン動物園など、激烈な空襲を受けた動物園は数多い。だが、日本のように猛獣たちをあらかじめ殺したところはない（佐々木時雄『続・動物園の歴史 世界編』、西田書店、一九七七年刊）。

　一九四三年七月の東京都制実施で都長官となった大達茂雄は生粋の内務官僚、平沼内閣の内務次官を経て、昭南特別市（シンガポール）の市長として占領地行政にあたったあと、初代東京都長官、そして小磯内閣の内務大臣、戦後は文部大臣として教育の逆コースを推進し、日教組退治に励んだ人物である。必要もないのに動物を殺害させたのは、ゾウやライオンたちが安閑として生きておれる時代ではなく、死ぬことによって国に尽くしたのであるとして、国民に緊迫感を与え、一死報国の覚悟をうながす意図だったと思われる。

天王寺動物園でも毒殺

上野動物園の猛獣処分を知って、大阪市天王寺動物園も緊迫した空気につつまれた。九月三日の毎日紙朝刊の寺内信三園長談話は、「ただいまのところ、危険動物を一級、二級と分かち、ライオン、虎、豹、熊等の一級に属するものは、危険状態に至ればすぐさま射殺し、ついで二級に属するものを射殺するように準備が完了致しておりますから、市民各位に御迷惑をかけるようなことは、いまのところ絶対にありません」となっている。つまり、「危険状態」が発生した段階で射殺する方針だったことがわかる。当時、天王寺動物園では、大阪狩猟会会員も参加した防空演習をくり返しており、敵機が来襲して危険になったときに猛獣を射殺することにしていた。ところが、九月四日付の朝日紙夕刊(三日の夕方に発行)では、「大阪市でも緊迫せる情勢に備えて、いよいよ近く市立天王寺動物園の猛獣類を全部処分することに方針を決定、三日寺内園長に処分命令を発した」と報道されている。東京都にみならって、大阪市長は急に既定方針を廃棄し、猛獣を殺すよう命じたのだった。

九月四日のヒグマとチョウセンオオカミにはじまり、ライオン、トラ、ヒョウ、クマなど二三頭の処分がほぼ一か月で終わり、翌一九四四年三月一五日ホッキョクグマの死で、天王寺動物園の一〇種二六頭の殺害が終了した。ここでも上野と同じく、悲しい物語が展開された。メスのヒョウは毒入りの肉をどうしても食べようとしないで、飼育係の顔をじっとみつめるだけだったという。仕方なくしめ殺すことになって、ロープを手にした飼育係がいつものように、からだをなでてやってよろこんだところを、心を鬼にしてロープを首にかけて数人で殺したという。苦しんだヒョウは爪を全部立てて死んだとのことである。飼育係は戦後何年たってもこのむごい話を涙なしには語れなかった。

毎日新聞の動物園担当記者だった上田長太郎が、猛獣処分最中の一九四四年二月に『大阪の動物園』（輝文館）という著書を出版している。その最終章は「鬼手仏心」となっていて、次の文章で終わっている。言論の不自由な当時としては、動物好きの記者の精いっぱいの表現だと思う。

処置の方法は〇〇〇〇〇〇〇（硝酸ストリキニーネのことか――小山）を餌の中に混入して与えると、二十分ばかり後に反応が現れ、そうたいした苦しみもなくて成仏してしまうそうで、これが東京上野動物園がまず手はじめに採用した、いわゆる「ねんごろな処置」なのだそうだが、飼育人にしてみると、今まで長年手塩にかけたかわいい奴を、自分の手でねんごろに処置するのであるから、自然、憐憫《れんびん》の情が動作の上に現れて、平常のようでなくなる。動物の方ではそれを敏感にさとって、警戒するような態度を見せる。それを飼育人の方では、さらに敏感にうけとって、いよいよ憂鬱《ゆううつ》になるという風で、時計の針の動きは、ほんの僅かな間だが、人と動物の心の動きは、なかなかに複雑で、傍観するに堪えられないものがあるという。そして、与えられた仕事を成しとげた飼育人は力抜けしたように、黙々として控室に帰ると、がっくと床几《しょうぎ》に腰を下して、「きょうは弁当も食いとうないわ」と言うのであった。

一方、名古屋市東山動物園では、一九四三年一二月、ライオン五頭のうち、二頭を蒙古の張家口市に寄贈して送り出した。上野動物園の猛獣処分発表から三か月後のことである。その後も東山動物園では、猛獣の飼育が続けられた。一九四四年一二月一三日、B29八〇機による名古屋空襲のさい、猟友会会員が激昂して北王英一園長の決断をせまり、遂にその日の夕方、ヒョウ二頭、トラ一頭、クマ二頭、ライオン二頭が銃殺された。ゾウ三頭、ホッキョクグマなどは残された。翌年一月、動物園の建物が陸軍によって接収された。軍が接収中も、残された動物はそのままであった。同年二月一五日の空襲で動物園は被弾、その後も名古屋空襲は激しくくり返されたが、終戦の日まで東山動物園はインドゾウのメス二頭とチンパンジーのオス一頭を保持し続けることができた（『上野動物園百年史』）。このような動物園もあったのである。

2　敵機いよいよ来襲

マリアナ基地

当時の日本本土でいうと、ドゥリットル空襲の翌年、一九四三年（昭和一八）八月一二日、北千島の幌筵島（パラムシル島）港湾をアリューシャン基地のB17が攻撃、九月一二日、同じく幌筵港湾をB24とB25が攻撃したことをあげねばならない。しかし、この北辺の島への爆撃は、のちのいわゆる本土空襲につながるものではない。なお、同時期の九月一日、東京都に属する南鳥島にアメリカ海軍による空襲と艦砲射撃が加えられた。

一九四四年（昭和一九）六月一六日未明、中国の成都を基地とするB29約五〇機が北九州を爆撃した。B29による最初の本土空襲である。前日一五日の午後、南のサイパン島にアメリカ軍が上陸を開始していた。同時に、父島・母島など小笠原諸島に米軍機が来襲した。B29の基地づくりのためのサイパン島攻略作戦に呼応して、成都のB29部隊が八幡製鉄所を攻撃したのであった。

その後、翌年の一月六日の大村爆撃まで、北九州および満州（中国東北部）鞍山の製鉄所に対する爆撃が、中国基地の第二〇爆撃機軍団によって反復された。

日本側発表によるサイパン島守備隊玉砕は七月七日、テニアン島玉砕は八月三日、グアム島（大宮島）玉砕は八月一〇日。ついでアメリカ軍はフィリピン奪回作戦に移った。太平洋戦争を開始した東条内閣は、サイパン島失陥のあと、遂に総辞職し、小磯・米内内閣に代わった。

一〇月一〇日、アメリカ太平洋艦隊所属の第三八機動部隊が沖縄・奄美大島などに激しい空襲をおこなった。那覇は早朝から夕刻まで、五波、延べ一千余機の襲撃を受け、市街地の九割が廃墟と化し、五万五千の市民のうち五万人が焼けだされた。米軍機が投下した爆弾・焼夷弾は五四〇トンにのぼったという。日本の都市の最初の壊滅だった。

一〇月一二日、マリアナ基地のB29部隊たる第二一爆撃機軍団司令官に任命されたヘイウッド・S・ハンセル准将搭乗のB29一番機が、サイパン島のアイズレイ（イスレイ）飛行場に着陸した。アイズレイは、もとのアスリート飛行場をB29用に造り変えたもので、アスリート攻撃中に撃墜された米軍中佐の名をとって命名されたものである。同飛行場には一一月はじめまでに第七三航空団が進出した。ついでこの年の末から第三一三航空団がテニアン北飛行場に、翌一九四五年二月からは第三一四航空団がグアム北飛行場に進出した。四月には解体された第二〇爆撃機軍団（中国・インド基地）の第五八航空団がテニアン西飛行場に転属、五月から六月にかけて新たに第三一五航空団がグアム北西飛行場に配属された。一九四四年一〇月末に五九機だったB29が一か月平均一〇〇機以上の割合で増加し、戦争末期の四五年七月末には九八五機となっていた。マリアナ基地の増強ぶりは驚くべきものがあった。

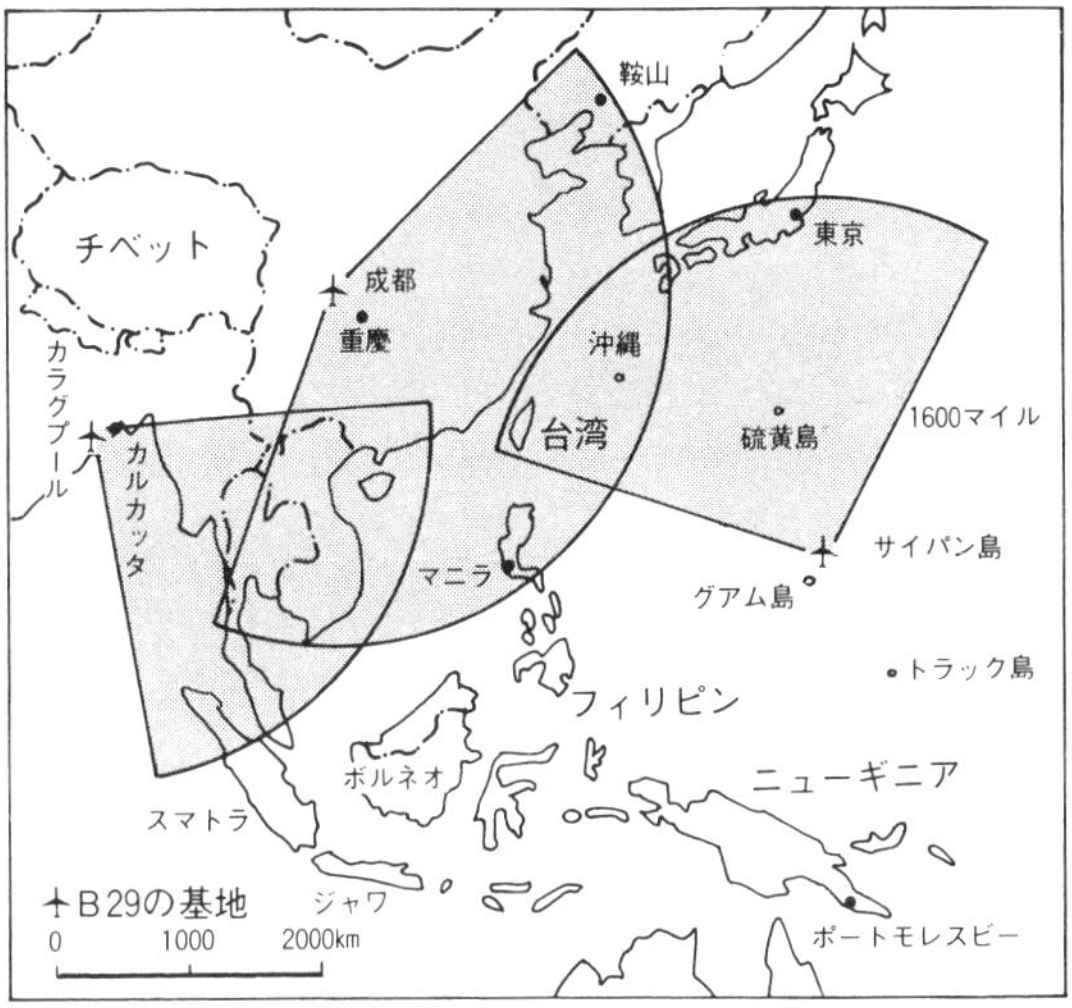

B 29 の基地と行動半径

B29の初飛来

一九四四年（昭和一九）一一月一日、F13と呼ばれる偵察用のB29がサイパン島からはじめて東京上空に飛来した。同月二四日の白昼、B29多数機が東京の中島飛行機武蔵製作所を目標に来襲し、東京の市街地だけでなく、埼玉・千葉・静岡・神奈川県にも投弾した。以後、年内は東京と名古屋への反復空襲がおこなわれた。小笠原諸島や硫黄島も爆撃された。

一一月二七日の昼間空襲も武蔵製作所を第一目標としたものだったが、この日の午後、ラジオによる中部軍情報は「敵機は大阪上空へ侵入せるものの如し」と告げた。しかし、実際は大阪府域上空に飛来しなかったようで、

B29一機が和歌山県日高郡と西牟婁郡の山林に投弾した。この日は気象条件が悪く、B29部隊の攻撃は完全な失敗で、東京都のほか千葉・茨城・愛知・神奈川・和歌山・静岡各県への密雲上からの無差別爆撃となった。米軍資料（『米国陸軍航空部隊史』第五巻）によると、和歌山県内に投弾したB29は、大阪に対してレーダー爆撃をおこなったつもりだったらしい。

B29が大阪上空にはじめて出現したのは一二月一五日午前一〇時ごろであり、このときは一機による偵察だった。吹田警察署長西沢与志雄は、この日の日記に次のように記している。

十二月十五日（金）　晴

朝礼後署長室に於て幹部会議を催し、昨朝警務課山瀬警部より聴得したる東京空襲被害視察談を伝え、吹田署情に即したる作戦に付協議し居たる処、警戒警報の発令あり（九時四五分）。署庭に於て署員がアレヨアレヨと言う声あり。自分も室外に出でて眺むるに、飛行雲を画きつつ偵察し居る銀色の敵機をはっきりと眼底に収め得。吹田監視哨よりの情報によれば敵B29なりとの事なれば、空襲警報の発令は無かりしも、待避信号の警鐘を打たしむ。生まれて始めて敵機を見た人もあり。一般に狼狽《ろうばい》と緊張との混淆《こんこう》せる雰囲気あるを見受けたり。偵察のみにて投弾なかりしも、いよいよ次に本格的空襲あるべしとの予想を与えたり。吹田監視哨は逸早《いちはや》く敵機飛来を監視隊本部に報告したる趣。

西沢は、吹田署長に就任する前にはマカッサル（セレベス島）の海軍民政府に勤務していた。彼のように戦地体験のある者を除いては、大部分の大阪の人たちにとって、この日が敵機目撃の最初となったのである。

ついで一二月一八日正午過ぎ、西沢の日記には、B29九機編隊が「悠々と飛翔」「相当長い間右往左往」「一個の投弾もなく、まずまず無事で何よりであった」が、「下から味方機が挑戦して呉れないのが何よりも心淋しく思った」と記されている。ところが翌日の朝日新聞をみると、「仰げば厳冬の高空にともすれば見失いがちな敵機を追い、銀翼を打振りながら真《ま》すぐに敵機に迫るわが無敵邀撃《ようげき》陣の荒鷲たちへ思わず感謝の手が合うのだ」「敵機の爆音へ掩《おお》いかぶさるように迫る力強い友軍機の爆音」と、大阪上空での日本軍戦闘機の応戦ぶりが報道されている。毎日新聞には「大阪に現れたB29迎撃に上昇するわが新鋭戦闘機」の写真が掲載されている。これからみて、迎撃機が飛びたったことは確かなのだが、吹田ではそれを目撃できなかったということになる。この迎撃の効果がなかったことは、毎日新聞が「敵機が編隊で上空を旋回」と表現しており、西沢日記の記すとおり、B29は「悠々と飛翔」したのであった。

大阪近郊に初投弾

マリアナ基地のB29による本土空襲は一九四四年（昭和一九）一一月下旬からはじまったが、年内は東京と名古屋の航空機工場や軍事施設への高高度精密爆撃が中心で、大阪は無事な日が続いた。一二月七日昼すぎの東南海大地震によって、大阪湾沿岸地域を中心に約八〇〇〇戸が被災したことの方が、大阪の人びとにとっては衝撃だった。

東京や名古屋の空襲についての大本営発表は、たいていが「我方の損害軽微なり」といった調子で、国民は被害の実態を全く知らされなかった。そして、わが制空部隊の迎撃による「相当な戦果」が大きく報道された。当然、空襲の洗礼を受けていない大阪の市民は呑気なものだった。これでは「防空」ではなく「忘空」だというわけで、軍部や新聞はさかんに警告を発して、市民の緊張感を高めようとした。

一二月一九日付の朝日新聞は「きのうは投弾しなかったが　一掃せよ〝忘空群〟次の本格空襲に備えて」との見出しの大きな記事をのせたが、そのなかに「駅前や街路の公共待避壕がきたならしい公共便所と化し、塵芥で埋っている」「現にきのう大阪駅前で一斉に待避した市民や旅行者が、数多く作られた待避壕に飛び込もうとして、そのあまりの不潔さに顔をそむけ、異臭に困却した」と書かれている。また、「敵機が頭上にあるのをラジオの情報が伝えると、ワッと戸外に飛び出し、待避信号にも従わず、物見遊山的に敵機を仰いでいるようなふるまいが街に氾濫したのはいったいどうしたことだ」ともある。一方で「損害軽微」「敵機多数撃墜」と言っておいて、他方で「府民の猛省」を求めようとするのだから、無理な話であった。

こうして大阪は比較的平穏で無事だったが、一二月一九日午前一時四五分ごろ、B29一機が中河内郡三宅村（現在松原市）と瓜破《うりわり》村（現在大阪市平野区）に一八個の爆弾を投下した。これが大阪府域への最初の爆撃であった。大阪府警察局作成の一二月二〇日付「空襲被害状況に関する件」によると、被弾場所は三宅村・瓜破村の田畑と大和川河床、被害は負傷二人、住家小破二戸などと記されている。これはまちがいなく軽微な被害だった。「被弾ありたる主要原因」に「工場建設の為飯場に居住せる鮮人家屋の燈火管制不良なりしこと」があげられているが、このときは警戒警報すら発令されていないときの投弾であった。警報が出ていなくても深夜は光をもらすなと言われていたというものの、朝鮮人の燈火管制不良をあえて指摘した点に、当時の日本警察の態度があらわれている。この後の空襲に関する同種の文書にも、「鮮人」という言葉を使っての朝鮮人の言動への偏見に基づく記述が多くみられるが、空襲下の警察の在住朝鮮人への監視と取締りの強化の一端をうかがうことができる。

一二月二〇日付の朝日新聞は、「敵機は同夜深更こっそりと侵入、大阪近郊へ少数の焼夷弾、曳光弾などを投下、慌てふためいて遁走した」と報道した。ついで、二二日付で「敵機大阪近郊に初投弾　備えよ次の反復来襲　武装は堅固に洩らすな燈火」「爆風を受止めた土塀　身に泌みた燈管、待避の大事　村民の談」「田舎も油断禁物」との見出しの記事を掲載した。

あくまでも「大阪近郊」と表現して、具体的な地名を秘したままの記事であったが、「村長白井重治郎氏の語る当夜の敵機来襲状況」と記された白井は、一九二二年（大正一一）に三七歳で村長に就任以来、ずっとその職にあった三宅村の村長である。白井村長は「耳なれない爆音がして急降下するような金属音を聞いたと思った瞬間、ドカン、ドカンときた。爆震で家屋が震動し、弾片が壁を貫いて飛び込み、ガラス障子の飛散が若干あった。それっきりで大した被害はなかったが、落下弾の至近距離にあった民家だけ家屋に多少の被害があり、弾片で家人が軽い傷をうけただけ」と述べている。大阪で最初の空襲体験談である。

この記事でも「今回の深夜の投弾はおそらく燈火の漏れているのを目標にしたのではないかといわれている」と書かれており、当時の日本人の精神状況や雰囲気からして、明かりをもらしたとされた飯場の朝鮮人の運命が気にかかる。ほかに、「落下地点に近い某家の妻女は俄《にわか》に産気づいて翌日八箇月で出産した」と報じられている。このあとにすぐ、「こういうことで不用意に迷惑を及ぼさないよう、妊婦や老幼病者の疎開」をすすめるという説教が続くのである。

警察の公式記録

ここで先にあげた大阪府警察局（府警察部が警察局になったのは一九四三年一一月）作成の「空襲被害状況に関する件」という標題の文書について、説明しておこう。これは、空襲のたびごとに府知事が内務大臣・中部軍司令官・大阪警備府司令長官・大阪師団長・大阪憲兵隊長・近府県知事に報告し、府警察局長が各課（所・隊）長と管下各警察・消防署長に通報した極秘文書である。すなわち、日本側の大阪空襲に関する公式記録なのである。

大阪空襲が必至となった一九四四年（昭和一九）一〇月、大阪府警察局警務部に、警備事務を総括する警備課が新設され、従来の警防課は防空課とあらためられた。そして、空襲その他非常災害が発生したときには、管下各警察・消防署は、「迅速的確なる情報」を警備課情報係に報告して、「警備対策並《ならび》に防空施策の樹立上万遺憾なき」を期すことが一二月一九日付警察局長通達に記されている。警備課は府庁三階にあったが、防空警報が発令されると、地下の防空作戦室に移り、そこに警備本部作戦室を開設して、各署からの電話報告を受けた。

府警察局は、各警察・消防署からの状況報告をとくに重視したようで、右記の一二月一九日付の通達では「警備対策の万全を期する基調を為すは、一に第一線現場よりの迅速的確なる情報の蒐集に依拠する」と述べている。ついで、一二月三〇日付の「警察消防署長会議指示注意事項」では「特に指令を待つことなく、自発積極的なる情報蒐集と本部及び関係向《むき》に対する之が報告通報を迅速確実に励行し、警備対策樹立上遺憾なきを期すること」と督励した。二〇年二月一四日付の通達では「空襲災害発生時に於ける情況報告の実情に鑑みるに、報告に相当時間を要する向あり」として留意事項を記し、「迅速的確に之が報告方取計わるべし」と強調している。したがって、空襲時には、各署から競うように警備課情報係に電話報告が殺到したという。こうして集められた情報に基づいて、「空襲被害状況に関する件」と題した文書が作成されたのである。この文書は、普通、防空警報発令状況、敵機来襲状況、気象状況、投弾状況、被害状況、警察官・消防官・各種防護団体の活動状況、治安状況（人心の動向）、その他の順で記述されており（空襲激化期の小規模空襲になると、省略・簡単化がみられる）、大阪空襲に関する公式記録としては、最高の価値をもつ貴重なものである。

戦時中の警察は、警備・防空・消防・治安の任を負い、市民生活全般を支配する権限をもっていただけに、警察資料のもつ歴史的価値ははなはだ大きい。しかし、資料の性格上、それが公開されることはきわめてまれであるし、終戦時に焼却されて存在しなくなった例も多いと思われる。東京空襲を記録する会編『東京大空襲・戦災誌』第三巻（一九七三年刊）は、日米両国の軍・政府の公式記録によって東京空襲の実態を究明しようとの意図で編集されているが、とくに警視庁の警務部と消防部が作成した空襲被害状況文書を発見し公開したことによって、空襲と被災状況の全貌がきわめて明らかとなった。このことについて、同書の編者はあとがきの部分で「警視庁の警務部と消防部の被害状況文書の綴りを発見することができたのは幸運であった。この公式記録は、空襲被害状況を詳細に記録し、戦時下における諸々の対策を検討するために作成を義務付けられていたもので、極秘記録である」と述べている。

幸運なことに、大阪の場合も空襲被害状況文書が存在しているのである。府警察局警備課の情報係の警部補として、各署から空襲被害状況の報告を受け、それをまとめる任にあたっていた小松繁治（現在藤井寺市在住）が、職務遂行の必要から関係書類（その多くは極秘扱い）あわせて一〇〇余点をとじた「参考書類綴」二冊を保存していたのである。敗戦によって警察資料が焼却されたさい、「空襲被害状況に関する件」などの文書の起案者の一人であった小松は、書類綴への愛着から迷いながらも、自宅へ持ち帰ったのである。その後、いったん米国戦略爆撃調査団に提出したが、やがて返却されて、現在に至っている。この二冊の綴には、空襲被害状況文書のほかに、時期的に本土空襲が激化し、やがて敗戦を迎えるまでの警察関係の重要な文書が多く含まれている。このことは、大阪の防空態勢、空襲、戦災の実態を明らかにしようとするにあたって、大い

「大阪府警察局 参考書類綴 小松警部補」

に役立つ。大阪空襲に関する警察局資料としては、ほかに消防課の書類綴二冊が存在し、これは大阪空襲の研究をすすめている山内篤が発見し、所持している。

大阪市内に初投弾

明けて一九四五年（昭和二〇）を迎えると、連日のようにB29少数機が飛来し、爆弾または焼夷弾を投下することも多くなり、各所に少なからぬ被害が生じた。新年早々の一月三日午後二時半ごろ、B29が焼夷弾を投下して、阿倍野区昭和町と桃ケ池町の住宅地域に火災を発生させたのが当時の大阪市域への最初の空襲であった。これをてはじめに、一月に一〇回、二月にも一〇回の空襲が大阪府域に加えられた。これが比較的小規模だった初期空襲の段階である。

以後、空襲は激化の一途をたどり、終戦の前日八月一四日に至るまで、B29や小型機によるさまざまな形の攻撃がくり返された。投弾や機銃掃射がない日でも、連日連夜のように警戒警報や空襲警報が発令された。警報の発令なしに敵機が大阪上空に飛来することも、たいへん多かった。

ところで、一月三日の空襲というのは、実は名古屋を攻撃するのが目的であり、米軍資料(「作戦任務要約」)には、B29九七機が名古屋桟橋地帯と都市地域を爆撃のため発進したと記されている。この作戦、実は日本の主要都市市街地への焼夷弾攻撃の実験としておこなわれたものだった。この後、二月四日神戸、同二五日東京と焼夷弾作戦のテストがくり返された。したがって、一月三日の大阪への投弾は、名古屋へのテスト空襲のとばっちりであった。B29の編隊は潮岬南方洋上から北上して、大阪上空を経て名古屋に向かったのであるが、このうち一機が故障か何かの都合で投弾したのである。このとき、阿倍野区のほかに、布施市(現在東大阪市)高井田の三か所と大平寺の一か所、中河内郡巽村(現在生野区)の一か所にも焼夷弾が落とされたが、その大部分は不発弾だった。

翌一月四日の朝日新聞の第一面は、次のような見出しで埋まっていた。「名古屋、大阪、浜松でB29四十二機屠る　九十機邀撃《ようげき》三機は体当り」「市街は焼夷弾盲爆　工場は爆弾の敵戦法」「体当り三勇士は生還」「サイパン飛行場攻撃　二箇所以上を爆砕炎上」「防空大阪の勝利　友軍機、敵編隊に突入　果敢なる近接攻撃」「工場防空も完勝する」「大阪　焼夷弾を手摑《てづか》みに　消しとめた帰還勇士の殊勲」「阪神　意気軒昂！某基地　揺ぎなきわが制空陣」など。そして「我が制空部隊の猛撃に煙を吐いて遁走するB29（三日大阪上空にて）」の写真が掲載されている。相変わらず景気の良いことおびただしいが、日本側の記録によると、六ポンド（二・七キロ）のM69焼夷弾、つまり中径八センチ、長さ五〇センチの六角筒小型焼夷弾が昭和町・桃ケ池町界隈に一一四個落下した程度の空襲だった。のちの大空襲とくらべるとままごと以下のものだったから、焼夷弾を「素手で押さえても大した火傷もなく、完全に消しとめた」となめきった報道ができたのである。それでも、警察局記録によると、全焼一〇戸、半焼六戸、小火七戸の被害があった。軽傷二人だったが、ほかに「府下各地に於ける高射砲弾片による軽傷者数名」と記録されている。たしかに、味方の高射砲弾の破片は、敵機の機体にえぐりこむようにつくられた鋭利な鉄片だっただけに、危険きわまる代物だった。前年の一二月一八日には、大阪上空に現れたB29は投弾しなかったのに、味方の高射砲弾で負傷者が出ている。とにかく正月のこととて、家を留守にしていた者、防空服装でなく着流しの者が多く、お屠蘇《とそ》気分のところへ、空から焼夷弾が降ってきたものだから、この程度の空襲にしては被害が大きかった。

なお、同じ一月三日、B29一機が神戸市内にも焼夷弾を投下、B29による神戸空襲の最初のものとなった。ついで一月一六日深更、B29一機が京都市内に爆弾を投下、これが京都初空襲であった。

この時期、大阪市内で空襲かと思われる爆発音と黒煙が発生する事件が起こっている。これは一月一二日正午前、大正区木津川岸壁で輸送船金星丸（二二二〇トン）に積載の爆雷が爆発したもので、船体を大破し、付近の工場や民家を破壊した。死者三九人、そのなかには動員中の国民学校高等科児童一人が含まれていた。重傷三一人、軽傷一五六人のなかにも動員学徒たちがいた。この事件は、新聞記事掲載禁止となり、一般には秘密とされた。

阪神地方初の大空襲

一月一九日午後、Ｂ29多数機が川崎航空機工業明石工場を爆撃し、同工場に壊滅的打撃を与えた。これが、阪神地方への初の本格的空襲であったと同時に、ハンセル准将指揮のＢ29部隊による航空機工場への高高度精密爆撃の最初の成功だった。そして、この成功した明石空襲を最後に、精密爆撃教義に忠実だったハンセルが更迭されたのである。翌二〇日、マリアナ基地の第二一爆撃機軍団司令官として、カーチス・Ｅ・ルメイ少将が着任した。この人事異動はワシントンの第二〇航空軍の戦術転換を意味し、日本の主要都市を焼夷弾攻撃で徹底的に焼き払う作戦が、二か月もたたないうちに始まるのである。

この明石空襲について、日米双方の公式記録を紹介しておこう。米軍資料によると、出撃機数八〇機、うち爆撃機数六九機、高性能爆弾一五二・五トンを含めて全投弾量一七二トンとあるが(「爆撃概報」日付順)、実際に第一目標たる川崎航空機明石工場を攻撃したのは六二機、二五〇キロ爆弾六一〇個、一五四トンだったようである(「爆撃詳報」地域別)。「成果は良好、建物面積の三八％に大損害を与えた。投下爆弾の二三％が照準点の一〇〇〇フィート以内に命中」と、米軍側は爆撃の大成功を誇っている。日本側の大本営発表によると、「B29約八十機主として阪神地方に来襲」「我方地上に於て若干の被害あり」となっており、被害の大きさが暗示されていた。大阪府警察局が管下各警察・消防署長に二月八日付で配布した文書（極秘）によると、来襲B29約六〇機（四波）、二五〇キロ爆弾五〇一個落下、うち川崎航空機明石工場に二五七個命中となっていて、部分品工場、発動機組立工場が全壊、完成飛行機三機焼失、一〇機大破、一六機中破、三〇機小破などの大損害が記されている。明石市民などを含めて死者三三三人、重傷九七人、軽傷三五九人、そのうち明石工場の死者二五七人、重傷六六人、軽傷三〇〇人とある。作家の津本陽が、当時和歌山中学生として明石工場に勤労動員されていて、この空襲に遭っている。一九七八年（昭和五三）九月の別冊『文芸春秋』掲載の「昭和二十年一月十九日」がその体験記だが、阪神地方ではじめての激烈をきわめた空襲の様子が語られている。

この一月一九日の午前零時四〇分ごろ、B29一機が大阪市港区市電築港車庫を中心とする地域に爆弾を投下、死者二三人、重軽傷三一人、全壊四五戸、半壊七〇戸などの相当の被害があった。さらに同日午後一一時五五分ごろ、やはりB29一機が西成区と大正区に投弾し、住家と工場や人命に損害を与えた。大日本紡績津守工場は壊滅した。翌二〇日午後七時四〇分ごろ、B29一機が天王寺区一帯と南区、東成区に投弾し、死者一四人、重軽傷一六人、全壊一五戸、半壊四三戸の被害があった。これらの小空襲は大空襲からみると、たいしたことがなかったようにみえる。しかし、たった一機の空襲でも、人間が命を失い、家屋が破壊されたのである。死者にとって、負傷者にとって、罹災者にとって、小空襲だったことからたいしたことがないなどと思われてはたまったものではない。命を失った人にとっては、その空襲がすべてだったのである。私たちは、大空襲だけに目を奪われてはならない。

単機空襲の頻繁化

その後も一月末から二月にかけて、B29単機による大阪府域への爆撃がくり返された。投下された爆弾は、警察局の記録によると五〇キロ、一〇〇キロ、二〇〇キロ、二五〇キロ、五〇〇キロと弾種はさまざま、弾数も一個から一一個までさまざまだった。

一月二四日午後八時半ごろ、中河内郡八尾町（現在八尾市）東郷の近鉄大阪線踏切近くの田畑に爆弾が投下され、進行中の近鉄電車の窓ガラス全部が爆風で破壊、弾片で乗客に死者一人、重傷一人の被害があった。数時間後の翌二五日午前一時五〇分ごろ、淀川河口左岸の大阪市此花区西島町の軍防空陣地附近が爆撃されたが、爆弾は空地と河中に落下し、人命に被害はなかった。二五日、大阪府防空総本部長（府知事）は「神経を太く、流言に惑うな」と次の談話を発表した。

敵の少数機による夜間来襲は、明らかに神経戦による我方の生産力低下と民心動揺を狙って居るのである。府民諸君は深く此の点に留意し、冷静沈着飽迄《あくまで》当局を信頼して、如何なる流言にも惑わされる事なく、各々《おのおの》憤激を新たにして其の職域を確守し、生産力の愈々《いよいよ》昂揚を期して、敵の不遜なる企図を徹底的に破摧《はさい》すべきである。

一月三〇日午前一時半ごろ、北河内郡庭窪村（現在守口市）に投弾、死者五人、重傷一人、軽傷四人。続いて午前二時半ごろ、北区空心町・河内町一帯（天満天神・造幣局近辺）に投弾、深夜に人家密集の市街地に一一個の一〇〇キロないし二五〇キロ爆弾（推定）が落とされたこととて、全壊一一二戸、半壊一二五戸、小破二一六戸、罹災者約一三〇〇人、死者五八人、重傷一六人、軽傷二六人、行方不明一人という、大きな被害が出た。そして同日夜八時ごろ、城東区の大阪陸軍造兵廠内に投弾。翌三一日午前二時半ごろ、港区の陸軍衛生材料廠・糧秣支廠附近に投弾。こえて二月二日午前四時四五分ごろ、大正区南恩加島町に投弾。三日午後八時四〇分ごろ、北河内郡四条畷村（現在四条畷市）の山林に投弾と、夜間爆撃が続いたが、いずれも被害はほとんどなかった。

二月四日午後三時ごろから約一時間、六九機のB29が神戸に初の本格的空襲をおこなったが、これは市街地への焼夷弾攻撃の実験的性格をもっていた。このとき、一部が岸和田市内に爆弾と焼夷弾を投下したけれども、大部分が海岸、田畑、道路、池沼であったため、人畜に被害はなかった。この作戦では、第三一三航空団が第七三航空団と共同して、はじめて本土爆撃に参加した。

二月九日午後九時ごろ、西成区津守町に投弾、全壊三戸、半壊四戸、死者一四人、軽傷三人。一〇日午前四時半ごろ、生野区南生野町に投弾、全壊七戸、半壊六戸、死者二六人、重傷三人、軽傷四人。この生野区への爆撃では、爆弾が市立弘済院の身体障害児の寮を直撃し、収容児一四人全員と保母とその娘二人、あわせて一七人が犠牲となった。

二月一四日午後八時ごろ、阿倍野区の国鉄阪和線美章園駅が直撃弾を受けたほか、近辺にも爆弾が落下し、全壊二〇戸、半壊一一七戸、死者二四人、重傷一六人、軽傷一二人と相当の被害があった。一八日深夜、一一時五五分ごろ、中河内郡竜華町（現在八尾市）に投弾、全壊一〇戸、半壊二戸、死者一四人、重傷一人、軽傷一〇人。一九日午前二時五五分ごろ、大正区船町の工場地帯に投弾、協和造船所内の間組《はざま》朝鮮人飯場から死者八人、重傷一人、軽傷三人の被害が出た。二〇日午後八時四〇分ごろ、中河内郡西郡村（現在八尾市）に投弾、これは人畜に被害がなかった。

人心の動揺

一九四四年（昭和一九）一二月から翌四五年二月末に至る初期空襲の段階では、府警察局の公式記録「空襲被害状況に関する件」における人心の動向に関する記述は、概して紋切型の表現でしめくくられている。「迅速なる各種応急復旧の状況に依り、人心は全く平静なり」（一九四四年一二月一九日、三宅・瓜破村）、「民心の敢闘精神は頓《とみ》に昂揚し、敵襲怖《おそ》るるに足らずの確信を与えたり」（一九四五年一月三日、阿倍野区）、「最早不安動揺の色なく、治安上何等憂慮すべき点なし」（一月三〇日、庭窪村）、「漸次平静に帰し、治安を確保せり」（一月三〇日、北区）という調子の叙述で終わっている。

しかし、住家や人命に相当の被害があった事例では、「災害直後一般民衆に相当恐怖の念を与えたるものの如く」（一月一九日、港区）、「附近住民は被弾時就寝者多く、至近弾を受け、驚愕の余り茫然自失為すところ無き態」（一月三〇日、庭窪村）、「災害直後一時的に人心動揺を看取」（一月三〇日、北区）と記されていて、人心の動揺ぶりをある程度うかがうことができる。

当時の警察資料をみると、この初期空襲の段階において、当局が人心の掌握にいかに努力したかを示すものが多い。大阪府ラジオ班本部のもとに、主要警察署に署ラジオ班を設置し、空襲時に拡声機を通じて放送する文例を細かく指示し、あるいは大阪府音盤（レコード）演奏挺身隊をもち組織して、士気高揚や流言防止に役立たせようとしたことも、その例である。そして、いったん空襲被害が発生するや、警察や警防団はもちろん、防空救護団（医師・看護婦で編成）による医療活動、女子警防報国団による救護活動、戦時葬祭報国挺身隊による死体の丁重な処理活動によって、罹災者や附近住民の人心安定を図ろうとしたことも随所にうかがわれる。だが、深夜に爆弾が投下され、大音響とともに爆発し、爆風がまき起こり、弾片や土砂、コンクリートやガラスの破片が飛び散り、突きささり、建物は破壊され、生命が奪われるのである。いかに戦時下とはいえ、恐怖心が起こらないはずはない。

前にも引用した吹田警察署長西沢与志雄の日記をみてみよう。一月三〇日午前一時半ごろ、北河内郡庭窪村（現在守口市）に爆弾一一発、続いて一時間後の二時半ごろ、大阪市北区に同じく一一発が投下された。吹田市は両地域、とくに庭窪村に地理的に近いだけに、爆発音も聞こえたようで、西沢は「爆弾落下し、相当恐威を一般に与えたる如く認む」と吹田市民への衝撃を記したうえで、「咄嗟《とっさ》の間、署員は慨《おおむ》ね度を失い、署長の指揮をのみ待つと言う連中多く、これでは自分が居らねば一体どうなるのかと心細い感じがした」と警察官でさえ度を失ったと書いている。そして、西沢は被災両地域を視察して、「市内北区の分は密集地域だけに混乱も甚しく、本日(三〇日)十一時に於て、盛に掘出作業中の処あり。附近住民の意気消沈せるには同情を禁ずる能わざりし」と感想を述べている。罹災者約一三〇〇人、死者約六〇人、初期空襲最大の被害現場の天満天神近辺から造幣局にかけての混乱ぶり、埋没者を求めての掘出作業、人びとの意気消沈の姿を、西沢はこのように簡明に記述した。

この時期、B29の大阪上空への飛来は頻繁をきわめた。西沢の日記には、「宵、深夜、日出直前の三回は敵機がまるで日課として居るかの如く飛来する」(一月二五日)、「午前中に警報出で、敵機は署の屋上より肉眼にはっきり映ずる高度を保ち乍ら悠々と南進す」(二月六日)、「珍らしく十日の夜は一度の来襲もなかった」(二月一〇日)、「夜恒例の如くに敵機の反覆来襲あり」(二月一三日)というような記述がある。西沢署長は、このようなB29来襲の頻繁化と大空襲の予想される事態のなかで、市民のあいだに深まっていく不安感への対処に頭をなやますのである。「比島(フィリピン)戦局は益々悪化して来た。吹田市民の空襲を恐るる気配も相当深刻なものがある。警察の使命も今や文字通り重大となって来たのを痛感する」(二月二日)、「夜八時、十二時、及び翌五時の三回に亘り警戒警報発令さる。殆ど毎夜のこととて一般に疲労と精神的動揺が相当濃厚となれるものの如く、此の点自分達警察官としては大いに留意施策の要ありと思う」(二月三日)、「市民は睡眠不足と寒気とに、相当閉口して居る様子にして、人心の動揺は我々として注意警戒の要あるものと思う」(二月五日)、「戦況は内外共極めて急迫を告ぐるに至る。国民大衆の心境は恐らく一沫の不安を擁しあるものと想像せらる」(二月六日)、「風邪気味なので終日在署、防空訓練視察にも出掛けなかった。九時より十一時まで訓練実施、案外の不成績に警防主任は呆れて居た」(二月八日)など、まだ空襲を受けていない吹田市民のあいだにも、疲労と精神的動揺がひろがり、戦意の喪失がみられたことがわかる。

「朝鮮人の動向」

戦時下の日本警察にとって、朝鮮人の動向が大きな関心事であったことはいうまでもない。とくに、在住朝鮮人の多い大阪の警察当局は、戦局の悪化と空襲の激化のもとで、朝鮮人に対する監視と取締りを強化した。その代表的なものとして、一九四五年(昭和二〇)三月二〇日付で大阪府警察局長高橋庸弥から内務大臣大達茂雄および関係各庁府県長官にあてた「敵機に依る在住朝鮮人の被害状況並びに一般動向に関する件」という文書がある。日付は第一次大阪大空襲後になっているが、その内容は、二月末までの初期空襲の段階における朝鮮人の動向の調査報告である。ざら紙一三枚の分量のこの文書は、一、二両月の警報発令状況からはじまり、この間の朝鮮人の被害状況を記し、空襲下の朝鮮人の動向について「精神的動向」「防空活動」「被爆地域の動向」「防空活動上の善行者」「戦局の推移に伴う朝鮮人の言動」を列挙し、最後に空襲による影響として、朝鮮人の疎開状況、朝鮮人労働者の勤務状況や朝鮮人の「密住地域」の郵便局における預金高・払戻高を記しており、まことに詳細な報告書である。

この文書によると、二月末までの時期においては、在住朝鮮人の被害は死者一四人、重傷者二人、軽傷者五人、全壊七戸、小壊五戸と全体のなかでは軽微なものであって、二月一〇日の生野区「密住地域」への投弾と二月一九日の大正区船町の工場地帯への投弾による犠牲が主たるものであった。注目すべきは後者の場合であり、協和造船所内の間組《はざま》朝鮮人飯場から死者八人、重軽傷者四人を出したため、「被爆前朝鮮人一〇三名の処、逃避転出せるもの激増し、被爆後七五名残留せり」「尚協和造船所には集団移入労務者六〇〇名、其他鮮人八〇名を擁し居り、間組事件による雷同的動揺を憂慮し、隊員懇談会等を開催し、戦意の昂揚、職場挺身の指導を行い、平穏に落着せり」との記述があり、強制労働に従事させられていた朝鮮人労働者（集団移入労務者）の動揺とそれへの懸命の対策がうかがわれる。

空襲下の朝鮮人の動向としては、「一機位の来襲機を何故撃墜出来ないものか」「空襲警報がよく出るので全く厭《いや》になる」などの「軍に対する信頼薄のもの最も多く、又厭戦逃避的傾向強く疎開を実行する向多し」と記し、その一方で「新鋭戦闘機が急速力で飛行するのを見て心強く感じた」などの「戦意を激烈に昂揚せる言動は有識層にして新聞による知識吸収と思料さるるが、其の真意究明し難きものあり。即ちこれ等言動者は概ね家族家財を疎開せしめたるものなり」と書いている。警察当局は、朝鮮人の戦争協力的発言をも、疑惑の目でみていたのである。また、被害者家族の言動については「戦局の体認と盲爆を認識せるため、被害は運命なりと諦観視居る模様なるが、仇討気分の昂揚認め難き実情なり」と記されている。

「被爆地域における協和会指導員の防空活動状況は活発にして、内地人より好感を以て迎えられつつあり」として「防空活動上の善行者」の具体例もあげられているが、空襲下の人命救助など、朝鮮人のヒューマニズムが感じられる例が多い。「戦局の推移に伴う朝鮮人の言動」として列挙されている「有識層」の発言例には、戦争に協力的なものもあるものの、多くは政府や軍への批判的なものであり、「日本の敗戦を予想し、朝鮮におれば生命は絶対に安全だ」というものもある。「内鮮離間の流言に怯《おび》え、関東震災時の再現を杞憂《きゆう》して逃避する半島人は在阪の必要はなく、朝鮮にも敵機の来る事を知れ」「関東震災の二の舞を惧れる一部識者もないではない」と、空襲の激化とともに、朝鮮人のあいだに大虐殺の恐怖が生じていたことも記録されている。

なお、一九四四年一一月二四日から翌四五年三月九日までは第二一爆撃機軍団の日本本土攻撃の第一段階とされ、高高度昼間編隊精密爆撃が中心であり、それに、東京、名古屋、神戸への焼夷弾テスト空襲が加わったほか、小規模な心理効果をねらった夜間爆撃がくり返された。大阪府域の場合、四五年二月まではこの心理作戦の夜間爆撃がほとんどであった。

第二章　最初の大空襲

1　夜間低空焼夷弾爆撃

火の豪雨

三月一三日から一四日にかけての記憶は、当時大阪に住んでいた者にとって永遠である。四〇年前の一三日の深夜から、翌一四日未明にかけて、大阪はB29の大空襲にさらされた。空襲警報下の大阪は、すべての明かりを消して暗黒の街と化していた。西方、大阪湾から侵入した一番機が投弾するや、街はたちまちにして白昼のように明るく浮かびあがった。あとは、B29の跳梁《ちょうりょう》にまかせるのみだった。

はじめのうちこそ、日本軍のサーチライト（照空燈）が敵機を捕捉し、迎撃戦闘機がほんの一機、二機、挑んでみせたが、全然歯が立たない。高射砲もほとんど無力。次から次へと現れるB29は、雨あられのように焼夷弾を投下し、市街地を火の海と化しては東の空へ去っていった。火の豪雨の三時間半が過ぎたあと、大阪はなおも燃えさかり、くすぼり続けた。

マリアナ基地の第二一爆撃機軍団の報告によると、大阪を爆撃したB29は二七四機、焼夷弾一七三三トンを投下、八・一平方マイル（約二一・〇平方キロ）焼失が大阪攻撃の成果とされている。この想像を絶した大空襲の前には、日ごろの防空訓練や防空態勢は完全に無力であり、日本人の戦意に決定的な打撃を与えた。

当時の大本営は、来襲したB29を約九〇機と発表したが、実際はその三倍も来襲したのである。そのB29が一機当たりM69焼夷弾を一三〇〇個以上もばらまいたのだから、なにものともくらべようのない、あのすさまじい限りの恐怖の火の豪雨となったのである。

この大空襲の被害状況と人心の動向について、三月一八日付と二〇日付で府知事が内務大臣に報告した極秘文書がある。いずれも特高警察がまとめたものであるが、惨害を経験した民衆の恐怖心や絶望感、そして反軍厭《えん》戦的言動が記録されている。

くわしくは後述することとして、ごく一部を紹介すると、「今度のような大空襲が二、三度続けば、大阪は全滅し、手をあげねばならぬ。結局戦争は負けだ」「敵の物量の恐ろしさをしみじみと知った。これで戦争に勝てるか」「死んだ方が極楽だ。あとに残されてこのような苦労や心配をするのは本当に地獄だ」「こんな恐ろしいことがあるとは夢にも思わなかった。これから先、どうなることだろう」などと、罹災者のいつわらざる心情が記されているのである。このような空襲被害の実態と民衆の戦意喪失を知りながら、当時の日本の指導者たちは、なおも本土決戦、一億玉砕を呼号したのだった。

夜間低空爆撃への転換

一九四五年（昭和二〇）三月一三～一四日の第一次大阪大空襲は、それまでのB29による対日戦略爆撃の方法を一変させた一連の夜間低空焼夷弾攻撃の、ちょうど真ん中に位置するものであった。一連の夜間低空焼夷弾攻撃とは、三月一〇日未明の東京、一二日未明の名古屋、一三～一四日の大阪、一七日未明の神戸、一九日未明の名古屋と、日本の四大都市に加えられた五回の大空襲をさす。

太平洋戦争末期、数多くの空襲にさらされた東京、名古屋、大阪、神戸の市民にとって、もっとも鮮烈な印象を残したのは、この三月中旬の深夜の大量無差別焼夷弾爆撃である。大阪の人びとも、大空襲というと、三月一三日から一四日にかけての惨劇を思い出すのが普通である。

では、アメリカ軍は日本の大都市住民に対して、どうしてあのような残酷きわまる攻撃を加えたのだろうか。まず、マリアナ基地の第二一爆撃機軍団司令部がワシントンの第二〇航空軍司令官に提出した戦術作戦任務報告をみることにする。第一次大阪大空襲に関する報告のまえがきには、「この件に関する作戦の概略は、第一番目の報告に記されている。それは対東京作戦任務第四〇号である」と書かれている。ここにいう対東京作戦任務第四〇号、すなわち三月一〇日の東京大空襲についての報告のまえがきは長文のものであるが、第二一爆撃機軍団の「作戦の概略」を知るために必要なので、次に記すことにする（訳文は『日本の空襲』第三巻東京編による。三省堂、一九八一年刊）。

一九四五年三月一〇日の東京への夜間焼夷弾攻撃に関する次の報告は、第二一爆撃機軍団司令部の作戦の完全な変更を具体化したものである。

この攻撃に先立つあらゆる攻撃は、高高度からの精密照準爆撃として計画された。しかしながら、大抵の場合、悪天候によって目視爆撃がさまたげられたため、所期の結果を得るには至っていなかった。根本的に異なった作戦の研究がなされた。低空からの焼夷弾攻撃計画がそれである。この作戦には次のような利点があると信じられた。

1　より良好な気象条件

二万五〇〇〇から三万フィートの高空における一二〇から一八〇ノットに比べて、低空において遭遇する風速は、通常、二五から三五ノットである。これは、東西に爆撃接近航路を限定した場合の著しい偏流に対処するのを不必要とする。雲の状態もまた、低空においてより好ましいと思われた。

2　レーダー装備をよりよく使用できる

レーダー・スコープの鮮明度も、通常、低空において、より良好である。

3　爆弾搭載量の増加

夜間編隊飛行は普通おこなわれないという事実と合わせて、高高度への上昇の回避は、結果として燃料消費の減少をもたらし、爆弾搭載量を増加することができる。加えて、夜間爆撃はテイル・ガン（機尾においた機関銃）のためのものを除いて弾薬を不要のものとすることが可能であると信じられた。この重量軽減がまた爆弾搭載量を増大させるであろう。

4　改善される航続性

低空飛行はエンジンの負担を軽減し、航続性の問題を解消することが期待された。

5　より正確な爆撃精度

爆撃高度を下げることによって、誤爆の減少が期待された。低空爆撃は、一般的には、日本側の攻撃による損害の危険性を増大させるものであるが、この作戦は日本側の防衛体制のもっとも薄い時に日本に到達するよう計画された。日本側がまだ優秀な夜間戦闘機を開発していないという事実も、この計画遂行の大きな理由であった。

多くのB29搭乗員にとって夜間爆撃は新しい経験であったが、すべての搭乗員がこれに先立つ作戦において、夜間航行の経験を持っていた。

本計画の奇襲性という利点を生かすために、四つの異なった攻撃目標が設定された。これは、日本側が効果的な低空防衛のそなえを築き上げるのをでき得るかぎり阻止するため、一夜おきに攻撃するべく選定されたのである。設定された目標は、東京、名古屋、大阪、神戸の都市地域である。このうち、名古屋はのちに、本作戦における第二次、第五次の攻撃目標とされた。

東京に対する最初の作戦は、敵の自動火器類および阻塞気球の最大限の威力を回避するため、五〇〇〇から八〇〇〇フィートの攻撃高度によって遂行されるべく計画された。先導機の搭乗員として指名された乗員は、目標地点を特定するよう指令された。爆撃は、レーダーによって接近し、可能ならば、目視による正確さを期して、個々の爆撃機によって個別に行われるものとした。

これら一連の攻撃の目的が、非戦闘員の無差別爆撃にあったのではないということは、特筆されてよい。目的は、これら日本の四大都市の中心部に集中している工業と戦略上重要な目標を破壊することにあったのである。

これまでの爆撃で、アメリカ側には本土防衛日本軍には優秀な夜間戦闘機がないことがわかっていた。低空であれば、風は弱く、レーダーも使用しやすいので、正確に投弾することができる。燃料消費量が少なくてすむために、それだけ多くの焼夷弾を積むことができる。そこで夜間低空爆撃で奇襲をおこない、編隊を組まない個別の行動で日本軍戦闘機と対空砲火の危険を避けるというのであった。

ハンセルからルメイへ

B29による日本本土爆撃作戦の完全な変更は、この年の一月二〇日、第二一爆撃機軍団司令官ヘイウッド・E・ハンセル准将が更迭され、カーチス・E・ルメイ少将が着任したことと深い関係があった。

ハンセル准将は、精密爆撃の教義に忠実な司令官であった。そのために、前年の一一月二四日にはじまった第二一爆撃機軍団の日本本土空襲は、主として京浜地区と中京地区の航空機エンジン・部品・組立工場を目標とする高高度精密爆撃だった。しかし、七〇〇〇メートルないし一万メートルの高度からの攻撃は、日本上空の雲量の多さのため不正確なレーダー照準にたよらざるを得なかったし、なによりもこの高度では偏西風（ジェット・ストリーム）帯のなかのとくに強い気流が爆撃を困難にした。時速二〇〇キロをこえ、ときには三六〇キロにも達するジェット・ストリームは、B29の攻撃成果をいちじるしく低下させたのであった。

B29部隊（第二〇・第二一爆撃機軍団）を統轄する第二〇航空軍（ワシントン）司令官H・H・アーノルド大将は、かねて日本都市地域への焼夷弾攻撃をハンセル准将に要求していたが、ハンセルは精密爆撃にあくまでも忠実であった。

ようやく一九四五年一月三日、ハンセルは名古屋市街地への焼夷弾攻撃を実験的におこなった。このとき、出動九七機のうち、名古屋に投弾したのは五七機であり、大阪を爆撃したB29もあったが、アメリカ軍が期待したほどの効果はあがらなかった。

これに対し、一月一九日の川崎航空機明石工場への爆撃は完全な成功をおさめ、ハンセルの精密爆撃教義の有効性をはじめて立証したのだったが、皮肉にもこれが彼のおこなった最後の日本空襲となった。次の日、彼は第二一爆撃機軍団司令官の地位を、中国・ビルマ・インド戦域の第二〇爆撃機軍団司令官から転任してきたルメイ少将にゆずったのである。

ルメイは、ヨーロッパ戦線で、ボーイングB17（フライングフォートレス、空の要塞）によるハンブルク、ベルリンなどのドイツ諸都市への絨緞《じゅうたん》爆撃戦術を編み出した人物であった。そして、一九四四年一二月一八日、成都基地のB29部隊による漢口《ハンカオ》都市地域への焼夷弾攻撃を成功させたという実績をもっていた。ルメイは、第二〇航空軍司令官アーノルド大将の考えていた日本都市地域への焼夷弾攻撃を実施するのに最適の軍人だったのである。

さて、日本都市地域への焼夷弾攻撃の実施にあたって、先に引用した文中にあるように、アメリカ軍側が「これら一連の攻撃の目的が、非戦闘員の無差別爆撃にあったのではないということは、特筆されてよい」とわざわざことわっているのは注目されてよい。「日本の四大都市の中心部に集中している工業と戦略上重要な目標を破壊することにあった」というのである。日本都市では、住宅地域や商業地域に工場、とくに中小の町工場が混在していて、それらが軍需産業にたずさわっていたという事実が、市街地への大量無差別爆撃実施の弁解となっていたのである。

災害観念の一変

マリアナ基地のB29部隊が日本都市の非戦闘員を対象にした無差別焼夷弾爆撃へと戦法を変えたのは、一九四五年(昭和二〇)三月一〇日未明の東京大空襲からであった。早乙女勝元は『東京大空襲』(岩波新書、一九七一年刊)のなかで、次のように書いている。

たった一夜の空襲で、いや、正確にいえば、二時間二二分の空襲で、東京はもっとも凄惨苛烈な〝戦場〟と変り、下町はその大部分を焼失し、勤労庶民の町は、音を立てて灰燼の中にくずれ落ちてしまった。単に家だけが焼けたのではない。その小さな家の中で、昨日まで、笑い、しゃべり、ピチピチと生きて生活していた人たちの八万人が、まっくろ焦げやロウ人形のような死体になってしまったのである。

早乙女少年は、「一発が、すぐ横にいた女の左肩をかすって、電柱につきささり、もう一発が、一歩前で空をふりあおいだ男ののど首につきささっている。雨アラレという表現があるが、まったくその通りの驚異的な密度だった。たまたま焼夷弾の落下する隙間の、ごくわずかのところに、私がいたのにすぎない。一歩前へ出ても、横へ出ても助からなかった」という体験をした。この文字どおりの雨あられの焼夷弾投下に加うるに、この夜の東京は北風が吹き荒れていた。警視庁資料によると、死者八万八七九三人、負傷者四万九一八人、罹災者一〇〇万八〇〇五人、焼失家屋二六万七一七一戸。しかし、実際の死者は一〇万人を超すといわれている。

これはまちがいなく、世界史上、都市における最大の火災であり、広島・長崎への原子爆弾投下を別にすると、世界の空襲史上、一度にこれだけの犠牲を出した例は他にない。

一〇日正午の大本営発表は、被害について「盲爆により都内各所に火災を生じたるも、宮内省主馬寮《しゅめりょう》は二時三十五分、其の他は八時頃までに鎮火せり」とだけ述べた。宮内省主馬寮の鎮火時間だけを特記して、二六万戸を越す庶民の焼失家屋が「其の他」扱いであるところに、時代相がよく表現されている。それにしても、戦果は「撃墜十五機、損害を与えたるもの約五十機」とでたらめをきわめ、わが方の被害は「都内各所に火災」と実態を伏せてしまった。さすがに「大本営発表」である。

だが、朝日新聞（三月一一日付）は、社説「官民猛省の時機」において、「九日深更より十日払暁にかけて彼らが投じた無数の焼夷弾は、ほとんど先例稀なる惨禍を新旧東京市街の随所に加えた」「到底あらしむべからざりし事柄がいまや現実のものとなった」と事態の深刻さを表現した。二面（当時の新聞は二ページ）のトップは、「見よ帝都暴爆の相貌　石造の家も焼抜く　従来の災害観念一変す」との見出しで、もちろん戦意高揚をあおる内容だが、戦災のひどさをある程度まで推察できる記事となっているので、次に記しておこう。

十日早暁の敵空襲は、ばらまかれた焼夷弾が折からの強風にあふられて、帝都の本所、深川方面その他に相当な被害を与えた。今度の災害はいままでの観念と方法では征服出来ない相貌を示している。不燃家屋といわれた石造の家も、中はがらんどうに燃え抜けて、火はそこでも決して止まってはいない。電車通りはいたるところ家財が山積しており、隣組の手押ポンプはいずれも焼跡の方へ筒口を向けられ、こうして都民たちがいかに勇敢に戦ったかを物語っている。

事実、一晩中敵弾と猛火と敢闘し、夜の明けるのを待って災害地から都心へ、山の手へ、近郊への出口、各線各駅附近へ黙々と集結し、また歩む罹災者は皆堅固な防空服装に身を固め、一包みの緊急用品をしっかりと身に帯び、水ついた肩先、よごれた顔、手、足は悉く一夜の敢闘を物語って余りなかった。救済の手も思うように伸びなかった。無理もないのである。

救済すべき人々―警察や、区役所も各その職責に敢闘の限りをつくして、完全に救済さるべき立場となっているのである。「本当に御苦労様」といわずにはおれぬ姿であった。

従来のように個別的敢闘とか、隣組防火の英雄というようなものは今度の場合どこにもみられず、一望すべて人々の敢闘のあとが残っているばかりなのである。厳粛な新しい相貌である。大きな教訓である。軍も、官も、民もこの場にたち、この事実を直視し、何故こうなったか?いかにしてこれを克服するかを深く考え、一刻の遅疑なく国家の手による大規模疎開、地区単位の食糧地下備蓄所、その他の大きな手をうつべきではあるまいか。罹災者の群は決してへこたれてはいない。国のため生きるために生きて必ずこの敵に仇を討つために、身寄りと、生活を求めて山の手へ、近郊へと前進している。

大阪爆撃命令

東京大空襲から一日おいて三月一二日未明、今度は名古屋の市街地が焼夷弾による無差別絨緞《じゅうたん》爆撃を受けた。大本営は被害について、「盲爆により熱田神宮に火災を生じたるも本宮、別宮等は御安泰なり。市内各所に発生せる火災は十時頃迄に概ね鎮火せり」と、ここでもまた皇室の三種の神器の一つである草薙《くさなぎの》剣《つるぎ》をまつる熱田神宮の安否を中心にした発表をおこない、戦果については「撃墜二十二機、損害を与えたるもの約六十機」とでたらめをきわめた。

こうなれば、B29の次の目標は大阪、神戸とだれでも推測がつく。三月一三日の朝日新聞の二面トップの見出しは、「今度こそ来るぞ!‐阪神空襲」であった。まさにそのとおり、一三日深更から一四日未明にかけて、大阪が炎熱地獄と化し、ついで一七日未明、神戸が焼き払われた。

第二一爆撃機軍団司令官ルメイが隷下の第七三・三一三・三一四航空団に対し、大阪都市地域への爆撃命令を発したのは三月一三日午前八時。これはグアム時間だから、日本時間では午前七時だった。「第二一爆撃機軍団は最大限の努力をもって、ピーチブロウ(大阪のこと)の都市地域を攻撃するものとする」と記された命令書には、ゼロ・アワー(行動発起時刻)は一三日午後五時(日本時間、以下同じ)とし、サイパンの第七三航空団とテニアンの第三一三航空団の離陸は先導機の一番機がゼロ・アワー一〇分前、主力部隊の一番機がゼロ・アワー、日本本土からもっとも遠いグアムの第三一四航空団は先導機の一番機がゼロ・アワー四五分前、主力部隊の一番機がゼロ・アワー三〇分前と指示されていた。

一九四五年(昭和二〇)三月一三日火曜日。この日、私はなにをしていたのだろう。私は大阪府立生野中学校の二年生だった。翌日が終業式だから、いよいよ春休み、四月からは三年生だという喜びと、明日の通知簿の成績が気がかりというところだったと思う。おとなたちも、戦時下の、それなりのごく普通の一日を過ごしていたはずである。東京や名古屋が大空襲を受けたと知らされても、それがどんなものか理解も実感もできるものではない。さらに、東京・名古屋・神戸とちがって、大阪はそれまでにB29多数機による空襲の経験がない。単機ないしは少数機に爆撃されただけである。庶民特有の呑気さ、楽天性で、迫りきたる運命の予感もなく、「笑い、しゃべり、ピチピチと生きて生活していた」というのが正しい。

だが、南方二四〇〇キロのマリアナ諸島、サイパン・テニアン・グアムでは、前日の名古屋攻撃を終えて帰投したばかりのB29が急いで整備され、焼夷弾や燃料を積み込み、夕刻からの離陸に備えていたのだった。私たちが夕食の膳を囲んでいたころ、B29部隊の発進はたけなわであり、七時間後には大阪市民を炎熱地獄に叩きこむべく、ごうごうと爆音をとどろかせて北上しつつあったのだ。

第二一爆撃機軍団の戦術作戦任務報告には、目標である大阪の重要性について、次のように述べられていた。

大阪は、一九四〇年に三二五万二三四〇人の人口をもつ日本で第二の都市である。最近では、東京が大日本帝国の工業地帯として主導的になってきているが、大阪は、伝統的に極東において、もっとも工業的に集約された重要な地域である。大阪は重工業の中心地の一つであり、造船、鉄、金属、鉄道車両、そして非鉄金属、とくに銅、アルミニウムで有名である。また、大阪は航空機用プロペラ、軍需品、兵器、繊維、特殊金属、電線、電気器具、化学薬品、道具類、機械および機械器具、とくに摩擦減少用ベアリングの生産で知られている。最近では交通の中心地として重要性を増し、港としては第三位を占める。自然のままの浅い港湾を開発する工事がなされた。そして大阪は、東海道本線（本州の主要幹線である）、関西本線（名古屋へのもう一つの線である）、また東北部京都への新京阪線、西部尼崎・神戸への阪神線などを含む数多くの支線の中心地である。大阪駅は乗客および運輸の中心であり、また港湾や工業地域にも有用である。南部には関西本線天王寺駅があり、城東線によって大阪駅と結ばれている。

爆撃目標

B29部隊の爆撃の対象となった大阪都市地域の「目標および照準点」を示す航空写真をみると、アメリカ軍は大阪を第一焼夷弾攻撃地域と第二焼夷弾攻撃地域に分けていた。第一焼夷弾攻撃地域が三月一三～一四日大空襲の目標とされ、地域内に四か所（北区扇町、西区阿波座、港区市岡元町、浪速《なにわ》区塩草町）の照準点が記されている。照準点は平均弾着点と同義語のようであり、攻撃地域の中点と考えたらよい。

第一焼夷弾攻撃地域は、おおざっぱにいって、北は淀川左岸の豊崎・本庄から東海道本線・大阪駅・西成線（現在の環状線）を経て安治川内港附近に至る線、南は田中元町から山王町に至る線、東は松屋町筋から谷町筋・大川を北上して淀川左岸の毛馬に至る線に囲まれた部分、つまり大阪市の中心部であった。それ以外の大阪市域の大部分は、第二焼夷弾攻撃地域とされていた。

この地域分けについて、第二一爆撃機軍団の報告書には、次のように述べられている。

大阪における第一焼夷弾攻撃地域と第二焼夷弾攻撃地域の区別は、日本の他の都市と異なり、明確ではない。一般的に、焼夷弾攻撃地域は、人口の急激な増加とそれに伴う工業の割合の減少によって示される。大阪の第一地域における人口と工業の割合は、大阪市全体のそれにほぼ同じである。

三月一〇日の東京大空襲の目標は、人口のもっとも密集した下町地区であった。ところが、大阪の街は地区による差異が大きくなく、等質的な性格をもっている。全体的に工場・商店・住宅が無秩序に併存していて、乱雑な街である。大阪には東京のような山の手と下町の区別がない。街全体が下町といってよい。したがって、アメリカ軍は大阪の第一焼夷弾攻撃地域を設定するにあたって、東京のような基準を用いないで、爆撃の難易の観点から大阪市中心部を第一地域と定めたようである。

すでに述べたように、日本の軍需生産を支える下請工場や家内工業が住居地域のなかに混在しているというのが、都市への焼夷弾攻撃を実施したことについてのアメリカ側の弁解である。しかし、攻撃地域の設定の仕方をみると、住民を大量殺傷し、住居を焼き払って、日本国民の戦意を喪失させるのがほんとうの目的だったことが裏づけられる。

いわゆる西六社《にしろくしゃ》が存在する重工業地区（此花区）や大阪陸軍造兵廠（東区・城東区）が第一地域から省かれていただけでなく、市の北部から東部にかけて（西淀川・東淀川区から旭・城東区を経て東成・生野区にかけて）の、それこそアメリカ軍の狙いどころのはずの、小工場・家内工場が住居と混然となっている地区も除外されていたのである。そして、攻撃しやすい、爆撃効果のあがりやすい市の中心部が目標とされたのだった。

大量に濃密に

さて、第一次大阪大空襲にあたって、第二一爆撃機軍団は、東京・名古屋の場合と同じく、先導機用にAN-M47A2焼夷弾を、主力部隊用にはM69焼夷弾を使用した。

B29は、イギリス空軍がヨーロッパ戦線の夜間爆撃で開発した単縦陣を組んで進入し、一機ずつ投弾する戦法を採用した。そのさい、高度の訓練を積んだ少数の先導機の爆撃によって引き起こされた火災が、後続の主力部隊にとっての目標となった。これも、イギリス空軍の先例にならったものである。

この先導機のAN-M47A2は、一〇〇ポンド（公称重量、以下同じ）の炸裂型油脂（ナパーム）焼夷弾である。これは六個ずつ、アダプターで集束されていた。先導機がまずM47を投下するのは、爆発すると即座に大きな火災が発生し、後続機に目標を示すとともに、日本側の消火活動を混乱状態におちいらせることができるからであった。

主力部隊用のM69は、六ポンド（二・七キロ）の尾部噴射、油脂焼夷弾である。先導機のM47で消火不能の大火災を発生させたあと、主力部隊が小型のM69を濃い密度で大量に投下し、目標地域にさらに大きな火災を誘発し、日本軍の対空砲火をも減少させるという作戦であった。

M69焼夷弾は、木造家屋の密集した日本の都市を攻撃するためにアメリカ軍が開発した兵器であり、日本の空襲体験者にとってはもっとも馴染み深い焼夷弾である。細長い六角筒で、中径八センチ、長さ五〇センチ、弾頭に薬室があり、弾尾には尾翼の役割を果たす長いリボン（布片）がついていた。
六角筒で六ポンドの小型焼夷弾M69は、着地と同時に頭部横の信管が作動して、薬室の炸薬が爆発し、筒のなかのナパーム剤が尾部のふたを吹きとばして噴射され、日本家屋の壁や障子、家具にくっついて激しく燃えるのである。このM69を一六本ずつ三段の束として、つまり四八個を内蔵して一個のE46五〇〇ポンド集束焼夷弾（正味四二五ポンド）としてB29に搭載された。ほかに、M69の集束弾にはE28、E36があり、型式によって集束数が異っていた。つまり、親子爆弾であり、「モロトフのパン籠」である。E46集束焼夷弾は、空中で時限信管により破裂して、四八個のM69焼夷弾に分解する。このとき、M69の尾部の麻布製のリボンに火がつくので、空中に火の雨が降るように見えるのである。なにものともくらべようのない、すさまじい限りの恐怖の火の豪雨はこうして生じたのだった。

第一次大阪大空襲のさいのB29一機当たりの焼夷弾搭載量は、距離的に遠いグアム発進機が一万ポンド（四・五トン）程度、サイパン・テニアン発進機が一万四〇〇〇ポンド（六・三トン）を上まわる程度とされ、なかには平均一万六一五〇ポンド（約七・三トン）も積んだ飛行中隊があったという。一機当たり一万四〇〇〇ポンドとすると、この空襲で使用のE46集束弾は約三〇個が積まれていたことになり、B29一機でM69を一四四〇個も大阪の上空でばらまいたということになる。当日の出撃機数二九五機、そのうち大阪を攻撃したのは二七四機（うちグアム発進は四三機）であったから、いかに大量の焼夷弾が投下されたかがわかる。

しかも、投下間隔管制装置は、M69の集束弾については五〇フィート（一五メートル）にセットされ、これが目標上空二〇〇〇フィート（六〇〇メートル）ないしは二五〇〇フィート（七六〇メートル）で解束するように信管をつけるべき旨、指示されていた。いかに濃密に投弾されたかもわかる。M69の投下間隔を東京大空襲では五〇フィート、名古屋大空襲では一〇〇フィートにセットしたが、名古屋のときは分散しすぎたという教訓を得て、大阪は五〇フィートになったのだった。また、名古屋のときは、B29が比較的に長い間隔をおいて到着すべく計画されたため、対空砲火を圧倒するほどの火災は得られなかったとして、東京と同じく、各機は短い間隔で目標上空に殺到するよう指示されていた。このことについて、戦術作戦任務報告には「大阪空襲においては、照準点の選定と目標地域上空における攻撃機の間隔は、大阪のもっとも燃えやすい地域において最大の投弾密度が得られるように計画された」と記されている。

来襲機数と高度

第一次大阪大空襲のために発進したB29は、サイパンのアイズレイ飛行場の第七三航空団一三五機、テニアン北飛行場の第三一三航空団一一五機、グアム北飛行場の第三一四航空団四五機、合計二九五機だった。ほかに、第七三航空団は無線誘導機のB29を三機発進させた。

戦術作戦任務報告によると、第七三航空団のB29の二分の一が北区扇町を照準点として第一焼夷弾攻撃地域の北部、残りの二分の一が西区阿波座を照準点として第一地域の中心部、第三一三航空団の三分の二が浪速区塩草町を照準点として南東部、残りの三分の一と第三一四航空団が港区市岡元町を照準点として南西部を攻撃することとされた。米軍資料の航空写真のマイクロフィルムが不鮮明なために、照準点の位置を読みとることがむずかしいのだが、私は数人の人びとの協力を得て判読の結果、四か所の照準点（平均弾着点）を一応右のように特定することにした。

マリアナ基地を発進した二九五機のB29のうち、大阪上空に到達して投弾したのは二七四機だった。これを航空団別にみると、第七三航空団の一二四機が、日本時間一四日午前零時二〇分から二時二五分にかけて、高度五九〇〇から九三〇〇フィート（一八〇〇から二八〇〇メートル）で、第三一三航空団の一〇七機が、零時一〇分から三時二五分にかけて、高度五〇〇〇から九四〇〇フィート（一五〇〇から二八七〇メートル）で、第三一四航空団の四三機が一三日午後一一時五七分から一四日午前一時五五分にかけて、高度六六五〇から八〇〇〇フィート（二〇〇〇から二四〇〇メートル）で爆撃したと報告されている。司令部は五〇〇〇〜七八〇〇フィート（一五〇〇〜二三八〇メートル）の高度で攻撃するよう命じていたから、実際にはいささか高目から投弾したB29があったわけである。大火焰が天に沖した当夜の状況からすれば、予定高度より高く飛んだのも当然のことと思う。

それにしても、日本軍の自動火器（高射機関砲）は一五〇〇メートル以上では、ほとんど効果がなく、高速のB29に対する高射砲（重砲）の命中精度は高度三〇〇〇メートル以下では大幅に低下したとのことだから、B29は対空砲火をみごとに避ける高度で来襲したのだった。

この夜、私は見ていた。空襲のはじめのころ、数条のサーチライトにとらえられたB29に対して、地上から高射機関砲弾がつぎつぎと射ち上げられた。ところが、情けないことに、弾が届かないのである。あとわずかというところで、カーブして消えていったのを、はっきりと覚えている。やはり、はじめのうち、大阪上空に侵入してくるB29に向かって、日本軍戦闘機が肉薄して発砲するのも目撃したが、この弾もB29の機体に届かなかった。

私の家の近くに巽村《たつみむら》（現在生野区）の高射砲陣地があった。この陣地からは何度か一斉射撃がおこなわれたが、これはまったく無効だった。人びとのあいだから、「巽の高射砲は何をしているんだ」との声があがった。帝国軍隊を信じていた軍国少年にとっては、あまりにも期待外れ。ここらあたりから、何事も容易に信じない私の性格が形成されはじめたような気がする。アメリカのB29は、日本軍の対空砲火の盲点をついてやってきたのであり、すべて計算のうえの低空爆撃だったのである。

軍需生産への打撃

こうして実施された第一次大阪大空襲の戦果について、第二一爆撃機軍団は「攻撃効果の判定」として「破壊は大阪城の南西地域にほとんど集中」「八・一平方マイルの破壊」「第一焼夷弾攻撃地域一二・三平方マイルの約五九％が破壊」と報告している。攻撃目標とされた第一地域のうち、とくに北部（照準点扇町）への爆撃が不成功に終わったようで、そのために第一地域の約四割が焼け残った。中心部（照準点阿波座）と南東部（照準点塩草町）は、みごとに焼き払われた。ほかに第一地域外に若干の焼失地域が生じ、尼崎市にも被害があった。

さらに、第二一爆撃機軍団は、「番号を付された目標」一三か所に損害を与えたと報告している。「番号を付された目標」というのは、日本の軍事的産業施設をリストアップし、それにナンバーをつけていたことをさしている。

「攻撃効果の詳細」の箇所では、一一地域に分けて破壊面積を記しているが、そのほとんどが「住宅地域」または「住宅兼商業地域」とはアメリカ軍自身の表現である。そして、「番号を付された目標」一三か所のうち、「大きな損害」（シビア・ダメージ）を与えたのは大阪金属工業と久保田鉄工所の二か所だけで、他のほとんどは「小さな損害」（マイナー・ダメージ）と記されていて、人口密集地域への無差別絨緞爆撃だったことを、第二一爆撃機軍団がみずから認めた形となっている。

この「攻撃効果の判定」は、大空襲から一日置いた三月一六日、約一万メートルの高度で撮影した航空写真によるものだが、いささか不正確な判定となっている。それにしても、八・一平方マイル（約二一平方キロ）もの広大な面積を破壊したにしては、軍事施設や重要工場に与えた損害が少なかったことは確かであった。

ただ、アメリカ軍が軍事的産業施設としてリストアップしたような大工場への打撃は少なかったものの、住居地に混在していた中小工場の被害は大きかった。この点では「都市の中心部に集中している工業」を破壊し、大阪の軍需生産に相当な損害を与えたことは確かであった。大阪府警察局は、空襲後一か月を経た四月一二日付で、被害の最終報告書をまとめたが、そのなかで次のように述べている。

大工場の被害少なかりしも、管下協力工場約四〇〇〇の中、全焼したるは八五九（航空機関係約三五〇）を算し、其の機械一万九〇〇〇台（約六〇〇〇台修理使用可能）、工員二万九六六四名にして、為に約二割の生産低下を生じたるが、これは直接親工場に波及して、其の操業を低減せしむるの結果となり、全般としては約五割の低下率を示せり。

就中《なかんずく》航空機関係協力工場罹災の結果は斯の方面に於て約六割の生産低下と目せらるる実情に在り。

重要工場に付、検するに、出勤率は著しく低下し、平均五〇％に垂れんたる状態にして、凡ゆる勧奨方法を講じつつあるも、一般に職員工員の間には逃避的疎開を為さんとするの風、看取せらる。

軍関係の協力工場の全焼八五九、その機械一万九〇〇〇台、工員二万九六六四人だから、一工場当たり、機械二二台、工員三四・五人の計算となる。平均してこの程度の規模の中小工場八五九が焼失したのだった。それは府下の協力工場約四〇〇〇の二割だから、協力工場の生産低下そのものは二割ということになる。だが、親工場たる大工場に影響を及ぼして、約五割の低下、とくに肝心の航空機関係の生産低下は約六割にも及んだというのである。

B29の焼夷弾による大阪市内中心部への爆撃は、住家を焼き払い、住民を殺傷し、市民の戦意を喪失させるとともに、大阪の軍需生産にも大打撃を与えたのであった。

罹災者五〇万人

第一次大阪大空襲に関する府警察局の公式記録は、三月一六日付、三月一九日付、四月一二日付と、三度作成されている。ここでは、最終決定版ともいうべき四月一二日付の第三報を主として利用することにする。第三報では、B29の「侵入経路及び攻撃状況」は、次のようになっている。

マリアナ基地を進発せる敵機は、小笠原諸島を経て、二三時一五分頃潮岬西南方面より侵入、西北進し、又は阿波東端より淡路島上空を経て侵入し、何れも一機若しくは二、三機の小編隊が分翔して、二三時四四分頃より翌三時一五分頃迄に至る間に於て、一分乃至《ないし》三分の間隔にて、高度二〇〇〇乃至三〇〇〇を以て大阪上空に来襲し、市中心部に焼夷弾攻撃を行いたる後(時に機銃掃射をも行えり)、東進して奈良県を経、三重県尾鷲附近より熊野灘方面に脱去せり。

米軍資料によると、投弾は一三日午後一一時五七分から一四日午前三時二五分までとなっている。日本側の記録は、右のように一一時四四分ごろから三時一五分ごろまでとなっていて、両者のあいだには一〇分ほどのずれがある。三月一五日付の朝日新聞二面のトップ記事「火焔を越えてわれ征かん　猛鷲は火箭となって醜翼へ」は、空襲の開始時間について次のように報じている。

大阪の空一ぱい闇を突き破って空襲警報のサイレンが鳴り、各地で待避信号が行き渡ったころ、記者は朝日ビルの屋上に立って遙か西南方、爆音の聞ゆる一点を凝視していた。突然ザァーッと砂利を流したような雑音と同時に、大阪の西南部上空に赤味がかった星のような曳光がいくつとなく見えた。焼夷弾だ。闇をすかして時計を見れば零時に五分前である。ダァーン、ダンダンと赤い尾を細く曳きつつ落下、炸裂してゆく。

朝日新聞の記者の時計では零時五分前となっていて、アメリカ軍側のいう時刻に近いのである。すでに述べたとおり、真っ先に来襲したのはもっとも遠いグアムからやってきた第三一四航空団だった。これの先導機が港区に投弾したのが大空襲のはじまりであった。ついで浪速区・南区と港区を目標とするテニアンの第三一三航空団が大阪上空に到達。最後に（空襲開始後二〇分余りたって）、西区と北区を目標とするサイパンの第七三航空団が現れたのだが、大阪市街が火の海と化し、猛火と猛煙が天に沖する状態となったため、おくれた第七三航空団による北区（海岸から遠い）攻撃が困難となり、照準点となった割に扇町界隈の被害が少ない結果となったのではないかと、私は思っている。

それから、府警察局文書は「時に機銃掃射をも行えり」と記述しているが、これは十分あり得たことである。第二一爆撃機軍団の命令書をみると、第七三航空団、第三一四航空団は尾部銃塔だけに弾薬を積み、第三一三航空団は尾部のほかに、下面前部と下面後部の銃塔にも弾薬を積むよう指示されていた。そして、尾部射手は空中目標、つまり日本軍迎撃機に応戦することが任務とされていた。これに対し、下面前部と下面後部の銃塔の射手（二人の側面射手）は地上目標を射撃することが許されていた。だから、機銃掃射があったとすれば、それは第三一三航空団のB29だったことになる。

さて、府警察局の第三報によると、この大空襲による被害は全焼一三万四七四四戸、半焼一三六三戸、死者三九八七人、重傷七六三人、軽傷七七三七人、行方不明六七八人、罹災者五〇万一五七八人と記されていて、ほとんどが大阪市内である（堺市、布施市、その他に若干の被害）。罹災者のなかには、木津川・大阪港・安治川の水上生活者七三〇人が含まれている。なお、尼崎市の被害は、兵庫県だから除外されている。それから、これらの数字には計算上疑問のあるものもあるが、合計として記されているのをそのままあげることにした。もともとの数値が概数であったり、不正確であったりして、補正が困難なうえ、計算しなおしてもあまり意味がないからである。

警察署管内別にみて、全焼戸数が一万戸を越えたのは、難波《なんば》署（浪速《なにわ》区）一万六三七三戸、西成署（西成区）一万六〇五二戸、市岡署（港区）一万五九六六戸、南署（南区）一万四〇二二戸、新《しん》町《まち》署（西区）一万四〇〇〇戸、戎《えびす》署（浪速区）一万四〇〇〇戸であった。

二月末と三月末の戸数・人口をくらべてみると、次のようになる。浪速区の難波署管内は一万四九三四戸、五万三七五五人が五三八戸、二七六四人と減り、残戸率三・六％、同じく戎署管内は一万三二六五戸、五万一二九三人が九一四戸、四〇九五人と減って残戸率六・九％。かくして、浪速区は第一回の大空襲で壊滅したのである。西区の新町署管内は一万五九二三戸、五万三〇六二人が七三七戸、二七二八人となって、残戸率四・六％と壊滅した。しかし、同じ西区の九条署管内は残戸率四四・七％にとどまった。南区は残戸率二二・七％。港区は、市岡署管内が残戸率三〇・一％だったが、築港署管内は八七・五％で多くが焼け残った。これについで残戸率による被害の大きい順にならべると、大正区五四・六％、東区五六・八％、西成区六二・三％、天王寺区六九・四％となる。

被害が皆無、またはきわめて僅少だったのは、東淀川区、大淀区、都島区、旭区、城東区、東成区、東住吉区など、海岸から遠い地域だった。

深夜三時間半の焼夷弾攻撃によって、家を失った者五〇万人余。これでB29の底知れぬ威力を大阪市民に刻みつけ、工業生産力を半減させたのが第一次大阪大空襲であった。

日本軍の抗戦

これだけの大空襲に対して、日本軍の抵抗はどうであったかを見よう。作戦任務報告書によると、作戦開始にあたって、第二一爆撃機軍団は「敵戦闘機の反撃」を次のように推測していた。

敵の戦闘命令の分析および敵の作戦能力の評価から、日本空軍は単発機一九二機、双発機二四機でこの作戦に抗戦するものとされた。本爆撃機軍団および第二〇爆撃機軍団の以前の経験と、夜間作戦時の日本空軍の能力の分析から、本作戦においては重大な抗戦は期待されなかった。それ故に、過去の夜間作戦と同様に、尾部機関銃塔だけに弾薬を充填するものとされた。

「敵の対空砲火」についての予測は、次のとおりであった。

大阪市は二五七の重高射砲により防備されているが、これらのうちの少数のものはレーダーを装置している。港湾地域に停泊中の艦船からの砲撃もあると予想された。

利用できる写真から、大阪地域には一〇二の自動火器があるとされたが、それらは夜間にはサーチライトの照明なしに発砲することは困難である。過去二回の夜間低空攻撃のさいに受けた自動火器の不正確な発砲をもとに、これらの火器は、予定攻撃高度では有効ではないであろうと信じられた。

写真により、八八基のサーチライトが大阪地域に認められている。この数は、もしも目標地域において、雲高視界無限状態が存在すれば有効で十分である。過去二回の夜間攻撃においては、サーチライトは始め有効であったが、漸次混乱し、統制を失った。

アメリカ軍はこのように大阪の防衛力を把握していたのだったが、予想どおり、日本軍は弱体だったことが報告されている。「敵戦闘機の反撃」の要約は次のとおりである。

敵の空中抗戦は、本作戦では一一五機が三九回の攻撃をしただけで、弱かった。判明している限りでは、敵戦闘機によって撃墜され、または損害を受けたものはなかった。攻撃のうち、二四回は機尾方向からなされた。敵一機が撃墜されたと申告されている。

「敵の対空砲火」については、次のように要約されている。

対空砲火による損失は報告されていない。目標地へ向かう途中での対空砲火は微弱であった。目標上空では、対空砲火は中程度から微弱であり、一般に不正確であった。

すなわち、B29の搭乗員によって目撃された日本軍戦闘機は一一五機、そのうち三九機が攻撃してきたが「判明している限りでは、敵機の砲火が命中したB29は一機もなく」、残りの七六機は出現したが攻撃を加えてこなかったというのである。

また、対空砲火によるB29の損失はなかったが、「第七三航空団の三機、第三一三航空団の三機、第三一四航空団の四機が損害を受けた」とのことである。そして、この作戦でB29二機が失われたが、いずれも日本軍の攻撃によるものでなく、一機は離陸時の墜落炎上であって搭乗員は全員救助され、一機は原因不明で行方がわからず、救出も不可能だったと記されている。

このようにして、夜間に低高度で編隊を組まないで大挙して奇襲をかけるという第二一爆撃機軍団司令官ルメイ少将の作戦は、大阪の場合もみごとに成功したのであった。

撃墜されたB29

アメリカ軍側の資料によると、この大阪大空襲でB29二機を損失したが、いずれも日本軍の攻撃によるものでなく、一機は離陸時の事故、一機は原因不明で行方がわからないとなっている。この原因不明の損失機について、報告書の別の箇所では「海上で失われたものと信じられた。その事情や捜索についての情報は不明である」と記されている。

この原因不明の行方不明機、実は空襲の最後のころ、日本軍高射砲の直撃弾を受けて東区南久宝寺町南側に墜落し、機体が堺筋に広範囲に散らばったB29のことと思われる。

日本側ではB29一機を市内に撃墜したとして、三月一五日の朝日新聞も毎日新聞も写真入りで報道している。朝日紙は「ざまみろ、B29　大阪市内に撃墜」との見出しで、次のように書いている。

みろ！こいつが魔翼の正体だ。怨み憎しみ骨の髄まで徹したB29の醜骸が大阪市の目抜きのど真中にさらけ出された。墜落現場は東区南久宝寺町二丁目の電車通り（旧南久宝寺町二丁目の電停箇所）歩道から電車通りをいっぱいに横切って、機首を斜め北につっこんだ末路――胴体および翼の大部分は炎上、四散し殆ど原形をとどめぬが、四つの発動機だけはきちんと並んで舗装の電車通りに一米もめりこんでいる。

黒焦げになって投げ出された搭乗員の骸一、二、三、……焼け錆びたブローニングの短銃、短剣。

また御堂筋の「そごう」百貨店前と地下鉄心斎橋停留所入口にも同一機と思われる翼の一端が落下しておる。

「足蹴にする敵機の醜骸」との見出しの毎日紙の記事は、次のとおりである。

敵B29はわが制空部隊の痛撃をくって見事撃墜され、市街地の真ン中にその醜態をさらした。大阪東区の大通り、巨大を誇ったその翼、胴体などバラバラに散乱している。しかも黒焦げの死体さえあるではないか。悪魔奴！ざまア見ろ！こいつが機上でせせら笑いつつ、われわれの家を盲爆した奴なのだ。収容所へ向う罹災者たちが怒りをこめて残骸をとり囲んでいる。コン畜生！踏んでも蹴っても憎み足りぬ敵なのだ。孫の行方を探し求めてゆく人であろうか、白髪の老人が杖をふるって敵機を殴った。翼の上では少年が元気よく蹴飛ばしている。溜飯の下がる思いで罹災者たちは敵機を踏みつけて新しい勇気に奮い立ったのだ。

私もこの墜落現場を見た。市民たちは、Ｂ29の残骸や搭乗員の遺体に向けて、怒りや憎しみを爆発させていた。新聞はそれをあおる形で報道して、戦意をたかめようとした。だけど、蹴飛ばしても、叩いてみても、つばを吐きかけても、だれもが空しい、ほんとうに空しい気持ちだった、と私は思う。

とにかく、この夜、一機だけに高射砲弾が命中、撃墜したことは確かである。朝日新聞の三月一五日付一面には、喜多中部軍国防写真隊員撮影の「焼夷弾を投下して遁走せんとする敵Ｂ29に我が高射砲直撃弾命中、墜落の刹那」の写真が掲載されている。日本軍の攻撃により損失したＢ29は一機もない、というアメリカ軍の報告書はまちがっている。

当夜の大空襲の最終段階だから、市街地の至るところが火を噴き、燃えあがり、火焰と黒煙が何千メートルも上昇し、渦巻いていた。炎と煙の充満する上空で、一機のＢ29に直撃弾が命中、炸裂した。被弾したＢ29は機首を転じて海上へ脱出するいとまもなく、直ちに墜落しはじめたものだから、僚機に確認されることもなければ、無線連絡もできなかったものと思われる。マリアナ基地の司令部では、報告も連絡もないために全然わけがわからなくて、「原因不明で行方がわからず」「海上で失われたもの」と推測したのであろう。

Ｂ29が墜落した南久宝寺町の町かど一帯は、巨大な機体と大量のガソリンをばらまかれた形となり、焼失してしまった。敵機撃墜も、住民にとっては、たいへんな災難だった。

大本営発表

来襲Ｂ29の最終機が去って二時間半後、三月一四日午前六時、中部軍管区司令部は次のように発表した。

一、「マリアナ基地」のＢ29数十機は単機もしくは二、三機の小編隊を以て十三日深更より逐次潮岬以西紀伊水道方面より大阪、尼崎に侵入、焼夷弾を投下し、十四日未明ごろまでにそれぞれ熊野灘南方海上に脱去せり。

二、大阪上空における敵機の高度は二千及至三千にして雲上より主として筒型焼夷弾を投下し、両市とも火災を発生せるも特に尼崎市は民防空の敢闘により短時間にして鎮火せり。

三、戦果並びに損害に関しては目下調査中なり。

ついで同日正午、大本営は次のように発表した。

昨三月十三日二十三時三十分頃より約三時間に亙りＢ29約九十機大阪地区に来襲、雲上より盲爆せり。

右盲爆により市街地各所に被害を生ぜるも火災の大部は本十四日九時三十分頃までに鎮火せり。

我制空部隊の邀撃《ようげき》に依り来襲敵機の相当数を撃墜破せるも其の細部は目下調査中なり。

さらに同日午後四時三〇分の大本営発表は、次のとおりであった。

昨三月十三日夜半より本十四日未明に亙り大阪地区に来襲せる敵機の邀撃戦果次の如し。

撃墜十一機　損害を与えたるもの約六十機

日本の大本営発表の数字のすべては、アメリカの第二一爆撃機軍団の報告書記載のものと余りにも違いが大きすぎる。撃墜一一機と損害を与えた約六〇機を合計して、日本の新聞は「九十機中七十一機屠《ほふ》る」と見出しをつけた。これでは大戦果である。アメリカ軍側によると「爆撃機数二七四機、損失二機、損傷一〇機」だった。

三月一〇日の東京の場合は「百三十機来襲、撃墜十五機、損害を与えたるもの約五十機」。三月一二日の名古屋の場合は「百三十機来襲、撃墜二十二機、損害を与えたるもの約六十機」。これが大本営発表であった。

東京の場合「爆撃機数二七九機。損失一四機、損傷四二機」。名古屋の場合「爆撃機数二八五機、損失一機、損傷二〇機」。これがアメリカ軍側の記録である。

大本営発表による撃墜機数の誇大ぶりは、度が過ぎていた。当時の特高警察が収集した「罹災者の声」（府知事から内務大臣あて、三月一八日付、二〇日付の文書）のなかに、「新聞では十一機撃墜と発表されたが何処で墜《おと》されたのか判らない」とか、「照準が拙劣なのか、性能が悪いのか、高射砲は実に無力なものだ」「B29を邀撃するような優秀な飛行機は持たぬのか。戦果の発表も良い加減なものだろう」といった発言が記録されている。大本営発表の戦果のでたらめぶりは、市民のあいだで相当程度わかっていたようである。

それでは、来襲機数についてはどうだろうか。東京と名古屋の場合は約半分、大阪の場合は三分の一と過少に発表している。大本営は意図的に少なく発表したのか、あるいは殺到するB29を数えきれなかったのか、との疑問がおこる。ところが、これについては、きわめて重要な証言が存在する。それは、硫黄島生き残りの海軍兵曹長松本巖(当時二七歳、現在大津市在住)の証言である。

松本によると、三月一四日午後、激戦中の硫黄島海軍司令部は、大本営から「B29二百数十機、大阪港より東部にかけ来襲、爆撃を実施。建築物その他の施設は被害甚大なるも、人員の損耗は軽微の模様」との内容の暗号電報を受けとったという。とすると、大本営は大阪来襲のB29の機数を正確に把握していたということになる。

松本兵曹長は、第三航空艦隊第二七航空戦隊司令部(司令官市丸利之助少将)の暗号長であった。この海軍司令部は硫黄島北地区にあり、栗林忠道中将の陸軍司令部から一五〇メートルほど離れていた。松本は、海軍司令部で暗号の解読と組立てに従事していた。三月一七日の栗林兵団長の有名な訣別電報も、松本が暗号に組立てたとのことである。

三月一四日、朝八時ごろから、巨大なアメリカ軍重戦車約二〇台が、海軍司令部から三〇〇メートルの距離に出現し、猛攻を加えてきたという。その一四日午後三時ごろに大本営からの暗号電報を受信し、松本がそれを解読して司令官に届出たのだが、「B29二百数十機」ではじまる電文をはっきり覚えているという。それから一二日後の二六日未明、栗林兵団最後の総反撃がおこなわれた。そのさい松本は、部下九人を率いて報告のため日本へ脱出せよとの命令を受け、北海岸に出てアメリカ艦艇の奪取を企てた。だが、警戒厳重で任務を遂行できない。ついに五月一〇日、アメリカ軍の天幕内に斬り込みをおこない、部下は全員戦死、自分は腰から下三五か所に傷を負い、アメリカ軍に捕われた。ハワイに送られたとき、彼の体重は二九キロだったという。

ともかく、三月中旬の大都市空襲に関しては、来襲機数は過少に、撃墜機数は過多に発表するというのが、大本営の方針だったようである。このため、戦後の長いあいだ、第一次大阪大空襲のB29は約九〇機といろんなところに書かれていた。実はその約三倍、二七四機だったのである。

2　この世の生き地獄

最も燃えやすい都市

「戦前の大阪は日本の大都市の中で最も人口稠密で、同時に最も燃えやすい都市であった」とは、米国戦略爆撃調査団の報告書の言葉である。この報告書は戦後に作成されたもので、そのなかの「大阪における空襲防ぎょ、その関連事項に関する現地報告」(航空自衛隊幹部学校の訳文による)がこのように表現しているのだが、さらに次のようにも述べている。

アメリカの水準からすれば、大阪市の大部分は都市郊外のスラム地区より少しはましだといえる程度で、空襲前には極度に人口が密集していた。一九四〇年、人口密度は一平方マイル当たり三万五千人をかなり上回り、日本の都市の中で最高となっていた。中産階級の住居ですら床面積一平方ヤード当たりでは、多くのアメリカの貧民街の建物より多くの人間が住んでいた。

薄っぺらな高度に燃えやすい原始的建物が狭い街路や水路に、文字どおり壁から壁へと境を接して建てられていた。

江戸時代に天下の台所として栄えた商都大阪は、明治以降、日本の急速な資本主義発展の先頭を進んだ。戦前の大阪はわが国最大の商工業都市であり、「煙の都」と称された。私たち昭和一けた世代が学んだ『小学国語読本』巻七（一九三六年刊）には、「汽車で大阪駅に近づくと、晴れた日でも、空がどんより曇ったように見えます」と書かれ、大阪では「林のように立ち並ぶ煙突から、たえず黒い煙をはき出して居るのです」と記されていた。

明治・大正・昭和と時代が進むにつれて、大小さまざまの工場が市内のあらゆる地域につくられ、人口の急増とスラムの形成を伴いながら、大阪の過密化と肥大化が無秩序に進行した。木造家屋の密集、狭い迷路のような路地、無数の家内工業、そして大工場と中小工場の存在、これが大阪の特色だった。大阪は、帝都である東京とはちがって、近代都市としての整備がおくれ、耐火建築や広い道路、公園などの空地の極度に少ない都市であった。

たしかに、米国戦略爆撃調査団の報告書のいうとおり、大阪は「最も燃えやすい都市」であった。一九四五年（昭和二〇）三月中旬、日本の四大都市に加えられた五回の大空襲をみると、空襲警報なしの不意討ちから始まって折からの烈風のために、世界の空襲史上類例のない被害を出した東京が一六六七トンの投弾で一五・八平方マイル（約四〇・九平方キロ）を焼失したのを別とすると、大阪がもっともよく燃えた。

すなわち、三月一二日の名古屋が焼夷弾投弾量一七九〇トンで二・一平方マイル（約五・四平方キロ）焼失、三月一七日の神戸が二三一二トンで二・九平方マイル（約七・五平方キロ）、三月一九日の名古屋が一八四二トンで三・〇平方マイル（約七・八平方キロ）だったのに対して、大阪は一七三三トンの投弾で八・一平方マイル（約二一・〇平方キロ）も焼失してしまったのである。

米国戦略爆撃調査団の前記の報告書は、次のようにも記している。

三月一三日～一四日の空襲は、投下弾のトン数（一七三二・六トン）では他の大阪大空襲の場合より少なかったが、破壊力はとびぬけていた。大阪市の中心部は、商店、事務所、デパート、銀行、日本の都市に典型的な小さな小売店、サービス関係などを含めて焼滅した。中心地域の大部分に残ったのは瓦レキだけであった。

「敵機のバラ撒く焼夷弾落下の密度は一戸につき多いところで十数発、少ないところで二、三発」「不燃家屋といわれた石造家屋（コンクリート建築のこと）も、中はがらんどうに燃え尽くした。火災の真只中では輻射熱が摂氏数千度に達し、燃え残った石造家屋も硝子《ガラス》窓がとろける。まして内部の家財、道具の類はたちまち引火して燃え尽くす」とは、朝日新聞が三月一三日に報じた東京大空襲の「戦訓」であったが、その夜、大阪は同様の激烈な空襲に出会い、戦訓を生かすべもなく、瓦礫《がれき》の焦土と化したのだった。米国戦略爆撃調査団の「日本における防空および関連事項の最終報告」は、「東京の最初の大空襲の四日後に行われた大阪に対する集中焼夷弾空襲は、被害においてはまさに東京の空襲と対をなすものであった」（航空自衛隊幹部学校の訳文）と記している。

伝単のウソ

第一次大阪大空襲の一〇日前、三月四日の正午過ぎ、B29一機が飛来して北大阪一帯に伝単を投下した。

伝単には二種類あって、そのうちの一つは、長さ約二〇センチ、幅約一〇センチの紙に黒と赤の二色刷りで、表面に爆弾を図示し、裏面には爆弾型のなかに次のように書かれていた。

此のリーフレットは爆弾であり得たのだ。工場、鉄道、港湾等の軍事施設に近寄らぬ様諸君に警告する。軍閥がこの無益の戦争に結末をつけるまでは幾度となく各軍事施設を爆撃するのである。軍事施設に近寄るな！

他の一つは、長さ約一三センチ、幅一八センチの赤刷りの紙に、次のように書かれていた。

工場、軍事施設、発電所、鉄道、停車場等に絶対近寄るな、人民を害するのが米国の目的ではない。

併し日本軍閥を無力にするには軍需工場を皆破壊しなければならぬ。
出来る丈《だけ》軍事施設のみを爆破する。
併し地方の人も怪我をしないとはかぎらない。
日本の軍閥が此の戦争を始めたと云う事を覚えて居て貰いたい。軍閥の始めた戦争の後始末を米国がする。
念の為もう一度忠告す。軍事施設に近寄るな。

そして、裏面を四段に区切り、上段から工場、汽車と停車場、埠頭荷役、防空高射砲陣地をそれぞれ図示し、各段に矢じるしをつけて「危険」と表示していた。

府警察局は管下全警察署に指令を出して、伝単の発見と収集に努めた結果、八万二五九二枚を回収することができた。相当な数である。

この伝単によると、爆撃は軍事施設を目標とすると予告されていて、市民に対しては「軍事施設に近寄るな」と警告が発せられている。軍事目標への精密爆撃の予告ビラであった。

ところが、実際の空襲は予告とまるでちがっていた。市街地への無差別絨緞爆撃であり、住家を焼払い、住民を殺傷するのが目的だった。三月四日のアメリカ軍の伝単は、内容的にはウソであり、戦争の残酷さを示す一つの例である。

伝単投下から三日後の三月七日午前七時（日本時間）、グアム島の第二一爆撃機軍団司令官ルメイ少将は、麾下の第七三・三一三・三一四各航空団司令官に対して、一〇日未明の東京大空襲命令を発した。日本都市への本格的無差別絨緞爆撃の開始だった。大阪もまた、一三日深夜から一四日未明にかけて、大空襲にさらされた。

それでは、以下に幾人かの人びとの体験談を記そう。

翼燈をつけたB29

今上《いまじょう》紀世子（現姓金野《こんの》）は、築港八条通の帝国精機工業勤労課に勤める二二歳の事務員だった。今上の一家は、父が大阪市港湾局の職員なので、港区出崎町三丁目（現在海岸通三丁目）の公舎に住んでいた。それは帝国精機のごく近くであった。そして、公舎の目と鼻の先に第二突堤があり、そのすぐ北は第一突堤、南は第三突堤だった。大阪湾に突き出た岸壁の根元のところに、紀世子の住居があったわけである。

このように大阪市の西端、海に突き出た場所に住んでいたために、紀世子は西方から大阪上空に侵入するB29を真っ先に目撃し、さらには次から次へと来襲するB29の大群の頭上通過を深夜三時間半にわたって経験することにもなった。

第二一爆撃機軍団の報告書によると、三月一三〜一四日に大阪を攻撃したB29部隊は、徳島県東端の蒲生田《かもだ》岬を陸地確認点として紀伊水道を北上し、淡路島南西部の西淡《せいだん》町を進入点として機首を右へ六一度ないし六三度転じることとされていた。進入点とは、投弾航程にはいる地点を意味している。B29部隊は西淡町上空から大阪湾中央部を北東東進して、大阪港に到達し、目標別に扇状に散開して、四か所（扇町、阿波座、市岡元町、塩草町）の平均弾着点（照準点）に向かうよう指令されていた。この場合、時間調節点として用いる間接照準点が、安治川河口と大正区鶴町と定められていた。

大阪上空に最初に到達したのは、グアム発進の第三一四航空団のB29であった。同航空団の全機は、安治川河口の一〇〇〇ヤード（九〇〇メートル）南側を時間調節点として飛行するよう命ぜられていた。この地点は、まさに第二突堤、第三突堤の上空に該当する。そして、第七三航空団の半分、第三一三航空団の三分の一も、同じ命令を受けていた。第三一三航空団の三分の二が大正区鶴町を時間調節点とすることになっていたが、これは第三突堤の一〇〇〇メートルばかり南であり、出崎町に近い。安治川河口の北一〇〇〇ヤードを時間調節点とした第七三航空団の半分だけが、やや北に離れたところから侵入することになっていた。つまり、当夜来襲B29の一番機はじめ後続機の大部分は、今上紀世子の居住する地域の上空を通過して、定められた目標に向かったのであった。

三月一三日の夜、警戒警報が発令されたのは午後一一時、そして二〇分後には空襲警報が発令された。当時、警戒警報伝達のサイレンは三分間連続吹鳴、警鐘は一点と二点斑打《はんだ》だった。空襲警報のサイレンは、四秒ずつ、八秒の間隔を置いて一〇回吹鳴であり、これが工場やビルの屋上からいっせいに吹鳴されると、たいへんな迫力があった。これに一点と四点斑打の警鐘が加わって、人びとの心に極度の緊迫感と衝撃を与えた（五月一日から警戒警報のサイレンは一分間連続、空襲警報は八秒を間し四秒ずつ五回の吹鳴に改正）。警防団員や町会役員がメガホンで警報発令を伝達してまわり、ラジオも警報を伝達するとともに、来襲敵機の状況を中部軍管区情報として刻々と放送した。空襲警報のときは、電燈も数秒間隔で五回以上点滅した。こうして、大阪の街は戦場の雰囲気に包まれた。

空襲警報の発令は、この日までに何度もあった。だが、一三日深夜の警報は、いつもとちがった、ただならぬ空気を人びとに感じさせた。一〇日東京、一二日名古屋と大空襲が続いて、次は大阪と予期されていた。ラジオは紀伊水道を北上するB29の大群の存在を知らせている。大阪の街は暗黒と化し、静まりかえっていた。

港区出崎町の市港湾局公舎の住民の大部分は、バケツや火叩きをたずさえて、空地につくられた大きな防空壕へ移動していった。今上紀世子は隣家の若い主婦とともに、自宅近辺にとどまっていた。庭につくられた半地下式の壕のそばで、紀世子はたたずんでいた。西の海上から、B29が一機、低空で現れた。轟音をとどろかせて、紀世子の頭上を通りすぎた。機体は巨大で、真っ黒に見えた。そのあとから数機、つづいてあとはたえまなく、何機も何機も、海上から現れては、東へ飛び去っていった。いずれも翼端に赤色の燈火をつけていた。

地上から眺めていた紀世子は、「日本の空へやって来るのに燈火をつけているとは、なんと生意気な敵機だ」と思い、腹を立てた。日華事変がはじまって以来、大阪港からは何百隻とも知れぬ軍用船が兵士たちを積んで出港していった。やがて、傷病兵を乗せた病院船が帰ってくるようになった。戦争が長びくにつれ、白木の箱に入った兵士たちの遺骨送還の船の入港が多くなってきた。陸軍道路とよばれていた海岸通を長い長い葬送の行列が続く光景を、紀世子は何十度となく目撃した。しかし、徹底した軍国主義教育を受け、軍国乙女として育った紀世子は、戦死者を勇士としてたたえることはあっても、心から人間の死に思いをはせることはなかった。鬼畜米英撃滅の信念に燃えていた。防空頭巾、モンペ姿の紀世子は、翼燈をつけて侵入するB29の大群に歯ぎしりをしていた。

紀世子の頭上を東方へ飛び去ったB29は、大阪市の中心部に、暗黒の空からものすごい音響とともに、滝のような火の雨を降りそそいだ。この夜、港区の築港方面は、B29の攻撃目標から外されていた。紀世子は、頭上の敵機に切歯扼腕するだけですんだ。だが、二か月半後、六月一日の大空襲で、紀世子は九死に一生の目に遭う。

太平洋戦争が終わって四半世紀を経て、一九七一年（昭和四六）五月、紀世子は数人の主婦たちとともに、大阪大空襲の体験を語る会をつくった。この会は現在までに、六冊の体験記と一冊の画集を刊行した。会に参加して、空襲体験を文章や絵にした人びとは約三〇〇人にも達する。最近は、男の兵士たちの戦場体験を語る会も開催している。全国の空襲・戦災を記録する会のなかで、主婦たちが中心になってこれだけの活動をしている団体がほかにあるだろうか。この大阪大空襲の体験を語る会の代表金野紀世子は、一九四五年三月一三日の深更、大阪に来襲したB29の大群を真っ先に目撃したのだった。

これが三郎ちゃんかな

市立境川女子商業一年生の大島孝子（現姓伊賀）は当時一三歳、浪速《なにわ》区栄町二丁目（現在浪速東二丁目）に住んでいた。父信一（当時五五歳）は靴屋を営み、母志よ（当時四八歳）、弟三郎（当時七歳）と孝子の四人家族だった。兄姉たちは出征したり、結婚したりしていて、国民学校五年生の妹は滋賀県坂本に集団疎開していた。

その夜、裁縫の宿題をすませた孝子は、弟と二人で家のなかの防空壕で寝ていた。防空壕といっても、店のたたきを掘って、板をかぶせた簡単なものである。警報発令で起こされた彼女が身づくろいをしていると、両親も壕に入ってきた。父が「今日は様子がおかしいぞ」といっているうちに、「焼夷弾が落ちた」との叫び声が、戸外から聞こえてきた。壕から出て外を見ると、すでに西の空が夕焼けのように赤くなっていた。その夕焼けのような明るみのなか、馬を連れて逃げてきた人がいたのを、孝子は鮮明に覚えている。

B29がつぎつぎとやってくるので、壕に入ったり、出たりしていたが、父が「逃げなあかん」といいだした。隣組の組長さんが「逃げるな。消火に困る」と止めたので、ちょっとためらった。だが、「もうこれではあかん」と一家四人が壕を出た。「何か持たなくては」と母が押入れから出した毛布を孝子が受けとって、おもてに足を踏み出したと同時に、焼夷弾が落下してきた。その瞬間、何が起こったか、孝子は覚えていない。パーンとはねとばされて、左を下に倒れた。なぜ倒れたか判らない。

孝子は自分が死んだと思った。だが、本当に死んだのであれば気がつくはずはない。生きている。立ちあがったが、丸太のようなものを踏んだ。おかしい。こんなところに丸太があるはずはない。足があつい。見ると、右足の甲に火がついて燃えている。それだけではない、身体のあちこちが燃えている。お向かいの兄ちゃん二人が、呆然と突っ立っている。「私があついというているのに、なんで火を消してくれへんね」と不満に思った。孝子は、向かいの防火用水にとびこんで肩までつかって、火を消した。左手が水にしみた。てのひらの皮がめくれて、ぶらんとぶらさがっていたので、その皮をもとへもどした。

近所のおばさんがこどもを連れてきて、孝子の入っている防火用水にジャブンとつけ、おばさんも水をかぶった。そのおばさんは、孝子の隣家の男の子が股下に火がついて「あつい」と走ってきたのをつかまえて、これまたジャブンと水へつけた。火が消えたその子は、自分の家のなかへとびこんでいった。すぐそばでは、火だるまの人が火だるまの人の火を消していた。すべて一瞬の出来事なのだが、孝子は防火用水につかって、それらを見ていた。

そこへ父がやってきて「孝子とちがうか」、「うん、そうや」と答えると「おかあちゃんは？」と母の行方をきかれた。孝子は「おかあーちゃん、おかあーちゃん」と泣き叫びはじめた。向かいの兄ちゃんに背中をドカンと叩かれて、われにかえった。何度も叩かれたらしいのだが、一度だったとしか覚えていない。「火を消せ」といわれたのだと思って、防火用水から出て、日ごろの訓練どおり、バケツで二杯、燃えている自分の家に水をかけた。父が「そんなことをしても駄目だ」と、孝子の手を引っ張って、一軒おいた左隣の家の防火用水のところへ連れて行った。その防火用水に弟の三郎が入っていたのである。

国民学校一年生の三郎は、防空頭巾も焼けてしまい、顔が大きくふくれあがり、丸い目が細くなっていた。姉と弟は言葉も出ずにお互いをみつめあった。「これが三郎ちゃんかな」と、孝子は変わり果てた弟をみつめた。三郎も姉をじっとみつめた。「にらみっこみたいだった」と孝子はいう。

あとでわかったことだが、三郎は全身火傷を負い、頭巾も衣服も焼け落ち、腹のまわりのベルトの部分が残っているだけだった。つめも焦げていた。孝子も「ショートパンツ姿」になっていた。モンペの上にズボンをはいていたのに、下着まで焼けてなくなり、ショートパンツ同然の姿になっていた。孝子の顔も火傷を負っていたから、赤むくれにふくれあがっていたはずだが、これは本人にはわからない。左手首から先、右手首の手袋と袖のあいだ、右足の甲、左足のもも、そのほか下半身の各所が火傷。父も顔全体と両手が火傷。親子・姉弟なのに、「孝子とちがうか」、「お父ちゃんの顔かな」、「これが三郎ちゃんかな」、「姉ちゃんかな」と不審に思うほど、三人とも生きたままで変わり果てていたのだった。

あのときの心の動き

大島孝子が住んでいた家の前の道路幅は五メートルぐらい、孝子が入った防火用水と弟の三郎が入った防火用水との距離は八メートルぐらいである。この狭い空間で、ほんの一瞬といってよいほどの短い時間のうちに、一家四人の運命が急転し、惨劇が展開された。

父と孝子と弟は、火傷を負いながらも生きている。だが、母志よの行方がわからない。おかあちゃんはどこにいるのか。そのときの孝子の脳裏に刻みつけられていたのは、一家四人がおもてへ出る直前、三畳の間で手さげ金庫を入れたリュックサックを背負い、板をあげて壕のなかへ行李を入れていた母の姿である。いよいよ家を離れるとなって、志よは衣類の入った行李の保存を図ったのであろう。孝子の頭のなかでは、母は家のなかにいるのである。

父は弟を背負って、「おかあちゃんがいない。どこだ、どこだ」と叫んでいる。弟が入っていた防火用水の家の奥さんが、一人の子を背負い、もう一人の手を引いて、「娘がいない」と孝子よりひとつ年長の女の子を探している。父がその奥さんに「うちの家内もいないのです」と話しかけている。孝子は「母は家の中にいる」と思っている。だが、父にそれをいわない。

孝子の両親は、夫婦げんかもしたことがないほど、仲が良い。孝子は思った、「いまここで、母が家のなかにいるというと、父のことだから、私と弟をほったらかしにして、火のなかへ母を助けに行くだろう。そうすると、私と三郎はどうなるのか」と。ほんの短い時間だが、孝子の心がそのように動いたのである。自分を守るために、父に母の居場所、孝子が頭で思っている母の居場所を教えなかった。一三歳の女の子の、極限状況におけるこの心の動きは、戦後四〇年間、孝子が自分を責め続ける原因となる。実際には母は即死していたのだから、なんの責任もない。だが、「心のなかで自分は母を見殺しにした」との思いが、孝子を苦しめ続けるのである。

父が弟を背負い、孝子は父の服のすそを持って、燃える家をあとに、親子三人が逃げだした。逃げながら、「自分が助かりたいために、母を見殺しにした」との思いが、孝子の頭を占める。

少し行くと近くの町は、まだ燃えていなかった。荷物を戸外に出して逃げる用意をしている人びとがいた。魚屋の兄ちゃんがあとから追いかけてきて、「防空頭巾が燃えている」といってくれた。孝子は防空頭巾を脱ぎ捨てて、父について走った。父は娘の頭巾の火に気がつかないままで、こどもを引き連れて逃げていたのだった。

市電通りへ出ると、逃げてきた人びとがいっぱい、右往左往していた。弟が「水、水」というので、父の知人の家で水をもらった。

栄国民学校の正門の付近は、人でごった返しになっていた。「治療室はどこですか」と叫びながら、人ごみをかきわけて、学校のなかへ入っていった。二人の医者のうちの一人は、顔見知りだった。弟をうつ伏せに寝かせたが、その姿を見た孝子は「ギャアー」と絶叫した。弟は腹のまわりが焼け残っているだけで、裸体同然、全身ずるむけとなっていたのである。

父の信一も、孝子と同じく、家を出た途端、ぶっ倒れた。気がつくと、そばで火だるまになった三郎が、燃える防空頭巾を脱ごうともがいていた。父は、火だるまの息子を引っつかんで防火用水のなかへつけたのだった。三郎は、顔も身体も、全身に火傷を負ったのである。

もう一人の医者に「見たらいかん」と孝子は引き離され、仕切りを引かれて治療を受けた。顔全体にぐるぐると包帯をまかれた。孝子の診断書には重傷と書かれた。

親子三人が応急手当を受けたあと、学校も煙に巻かれだしたので、裏門から逃げた。あたりは火の海、アスファルトの道が燃えていた。そこを、はだしで逃げた。孝子の靴は焼けて、はだしになっていた。燃える道路を、火をよけながら、はだしで逃げた。

父子三人は、市電の線路に沿って、津守町（西成区）に向かった。父の背中の弟が「水、水」というので一軒の家で「こんなときに、水なんか」と怒られながら、杓に一杯の水をもらった。途中で防空壕に入ると、なかの人たちから「ふたが閉められない。出て行け」とどなられた。父だけが出て、ふたをしようとしたが、しまらない。仕方なく、孝子と三郎も外へ出た。

B29の来襲が途絶えると、人びとは栄国民学校に向かって歩きはじめた。孝子たちも、その行列に加わって、学校に収容された。夜が明けて、父が母を探しに出かけたあいだに、津守町の叔父が探しにきてくれた。叔父は孝子たちを判別できないのだが、そのときの孝子はまだ目が見えていたので、叔父をみつけることができたのである。このあと、孝子の顔は水ぶくれがひどくなり、一〇日間ほど目がみえなくなる。

母と弟の死

火傷を負った父子三人は、津守の叔父の家に移った。重体の三郎は、叔父二人が担架で運んだ。一四日朝のことである。

横たわっている孝子たち三人のそばで、二人の叔父、義兄（姉むこ）、いとこたちが集まって、母志よの行方を心配していた。ここで孝子は、ついにいった。

「お母ちゃんは死んでいると思う。家のなかで死んでいると思う。手さげ金庫を探したら、お母ちゃんがわかる」

父が「早くいわんか！　今ごろになって、なんということや」と、たいへんな見幕でどなった。

叔父や義兄が「まあ、まあ、そんなに怒らんと」と、とりなしてくれた。火傷の父子三人を残して、二人の叔父、義兄たちが母を探しに出かけた。

叔父たちは焼けた家の防空壕の入口のところで、手さげ金庫をみつけた。リュックサックは燃えてしまって、金庫だけが焼け残っていたのだ。そして、壕のなかをのぞくと、母の焼死体があった。孝子のいうとおり、家のなかの、手さげ金庫のところに、母がいたのだった。もちろん、孝子が目撃したのではない。これは、叔父たちから聞いた話である。

母は壕の階段にすわりこんだ形になって、死んでいた。焼夷弾が二本、胸に当たっていたという。

一家四人が戸外へ出た途端、焼夷弾がおそってきた。孝子も父も、はねとばされて、ぶっ倒れた。弟の三郎は火だるまになった。そのとき、母は二本の焼夷弾の直撃を受けて、身体が一回転して、防空壕のなかへすべりこんだのである。壕の階段をうしろに、すわりこんだ恰好で即死した。背中の手さげ金庫は、身体から引き離されて、地上に残ったのだった。案の定というか、孝子の脳裏に刻みつけられていた母の最後の姿が、母の遺体を発見する手がかりとなったのである。

一日おいて、一六日の朝、弟の三郎が息を引きとった。叔父の家で、孝子と三郎は枕を並べて寝ていた。孝子は、のどを痛めていて、大きな声が出ない。「お水を飲みたい。だれか呼んで」と孝子は、弟に頼んだ。三郎は「おっちゃん！」と大きな声を出した。看病のためにいた姉が「なに？」と顔を出したので、孝子は「お水、飲みたい」といった。姉は孝子に水を飲ませながら、弟に向かって「三郎ちゃん、お水を飲む?」と問いかけたが、そのときすでに、三郎はことされていた。姉のために「おっちゃん!」と大きな声で叫んだのが、三郎のさいごの言葉だったのである。

三郎が死ぬ前、「一つ、軍人は忠節を尽くすを本分とすべし」と、さかんにうわごとをいっていたのを、孝子は聞いている。孝子がこの話をすると、「国民学校一年生の、七歳のこどもが軍人勅諭をうわごとでいうはずはない」と、みんなにいわれる。だが、孝子は弟のうわごとを、はっきり聞いているのである。

孝子たちの父の信一は、若いころ、軍隊で成績が良かったことを誇りに思い、いつも自慢していた。靴屋の信一にとって、兵士たちは良いお得意さんであり、兵隊さんが靴の修理によく店へ来ていた。父は末っ子の三郎に、軍人勅諭をしょっちゅう教えこんでいた。こうして「軍人教育」を叩きこまれていた三郎は、敵B29の焼夷弾で瀕死の重傷を負い、いまや命が消えようとするとき、自分をあこがれの兵隊さんになぞらえて、「一つ、軍人は忠節を尽くすを本分とすべし。一つ、……」と唱えたものと思われる。はるかに年上だったけれども、同じく軍国少年だった私としては、三郎のうわごとが、痛いほどよく理解できる。

こうして母と弟を失った孝子にとって、隣の一家のことも忘れられない。孝子が防火用水に入っていたとき、股下に火がついてとびだしてきて、よそのおばさんにジャブンと水へつけられた男の子、その年の四月に一年生になる男の子の一家のことである。

火を消してもらったその子が、どうしてふたたび、炎上している家のなかへ走りこんでいったのか。それは、日ごろから「空襲のときは防空壕へ入りなさい。壕におれば安全です」と教えこまれていたからである。防空壕は家のなかにある。「壕へ入らないといけない」と六歳の男の子は、火焔のなかを家へとびこんでいって死んだのである。

その男の子の父親は召集され、華中を転戦していた。母親は三歳の弟を背負っていたが、顔に焼夷弾の直撃を受けて即死した。三歳の男の子だけが生き残った。燃えさかる家のなかの壕にもどった六歳の男の子は、骨がこなごなに砕かれ、遺体として収容できない状態で亡くなっていたということを、孝子は一九八三年（昭和五八）の原水禁広島大会の帰途、偶然出会った隣家の親戚の人から知らされた。しょっちゅう孝子の家へ遊びにきていた幼い兄弟一家の運命も、彼女にとって涙なしには語れない物語である。

五二歳で高校卒業

戦後、成人した大島孝子は結婚し、伊賀姓となったが、その後離婚し、二人の娘を成人させた。一九七四年（昭和四九）に結成された大阪戦災傷害者・遺族の会に参加、代表者片山靖子が亡くなったあと、会の代表に選ばれ、戦時災害援護法の制定を政府に要求している。一般空襲の犠牲となった市民たちへの国家による補償の実現をめざす伊賀孝子は、原爆被害者との連帯の必要性を強く感じ、そのために奮闘している。

これだけの活動をしながら、一九八四年（昭和五九）三月、五二歳の孝子は定時制高校を卒業した。文の里中学校夜間学級に三年間通学し、市立第二工芸高校の四年間の課程を終え、七年かかって、ついに高校の卒業証書を手にしたのである。

四〇年前、境川女子商業一年生の孝子は、三学期の定期試験をがんばって受けた。全科目一〇〇点をめざして、一所懸命勉強した。だから、試験の答案用紙を返してもらうのが楽しみで仕方がなかったという。ところが、三月一三日から一四日にかけての大空襲で、ついに答案を返してもらえずじまいになった。境川女子商業は焼失した。それでも元気でさえあれば、校舎も校名も転々としながら通学できたし、卒業もできた。だが、孝子は重傷を負った。身体が回復しても、母を亡くした家では学校どころではなかった。

楽しみにしていた良い成績のはずの答案を返してもらえなかった悲しさ、くやしさ。それが四五歳から五二歳までの七年間、朝刊配達をしながら、夜間の中学と高校に通学したエネルギーの源泉となった。

浪速区は一夜の空襲で壊滅した。浪速区は、大阪のなかでも最も大阪らしい街、庶民的な街である。その庶民の街が、焼夷弾の集中攻撃を受け、一瞬にして灼熱地獄と化した。孝子の一家と近所の人びとは、この生き地獄のなかに投入された虫けらのような存在だった。母は死に、弟も死んだ。孝子と父は重い火傷を負った。隣家の少年とその母も死んだ。

この悲惨な体験をもとに平和運動にとりくみ、若者たちに空襲のひどさを語り続けてきた伊賀孝子ではあったが、すべてを語ることはなかなかできなかった。四〇年の歳月を経て、ようやくあのときの心の動きを話せるようになった。「心のなかで、私は母を見殺しにした」と語れるようになった。戦争の体験の重さとは、このようなものなのである。

夫の半鐘をききながら

近藤寿恵（当時三八歳）の一家は、西区北堀江上通（現在北堀江）二丁目に住んでいた。西長堀川の宇和島橋を南へ渡り、四つ辻を少し行って東側の路地を入ったところだった。五軒長屋の狭い路地には石畳が敷きつめられ、四つ並んだ白壁の土蔵の地の下いっぱいに大きな棗《なつめ》の木が根を張っていた。隣家は三味線の師匠、カラコロと石畳を鳴らして、芸妓さんが稽古に通っていた。家の入口には車井戸があり、つるべでくるくると水を汲んだ。古い大阪の情緒を残した堀江の町で、親子三人がむつまじく暮らしていた。夫の名は順一といい、寿恵と同じ三八歳。順一は小学校教員だったが、数年前に退職し、寿恵と二人で小学生相手の学習塾を開いていた。人気が高くて、戦局が苛烈となる以前は、一〇〇人ぐらいの児童が通っていた。娘の汲《くみ》は府立清水谷高女（現在清水谷高校）の二年生だった。

三月一三日の深夜、警戒警報発令とともに、警防団員の順一は近くの市立西区商業学校（現在西商業高校）に駆けつけた。彼の任務は、空襲時に屋上の監視哨で半鐘を叩くことであった。最後まで監視哨に踏みとどまり、敵機来襲を半鐘で知らせ、近辺住民に待避行動をとらせるのが任務であった。

　空襲警報が発令された。いつもとは様子が違う。寿恵は娘の汲を連れて、棗の木のそばの防空壕に入った。救急袋、非常用のリュックサックを持って、壕の入口から見上げた空は、もう真昼のような明るさだった。西の空がまるで花火を打上げたようになり、火の玉が次から次へと降りそそぎ、大きな火の群となる。ザァーという恐怖の音、体験者であれば忘れることのできないあの恐怖の落下音が頭上におおいかぶさってきたかと思うと、堀江の空も真っ赤に染まり、四方が炎に包まれた。半鐘が鳴りひびいている。夫の順一が打ち鳴らしているのだ。

　警鐘による待避信号は、一点と七点斑打であり、「待避信号の斑打は切迫感を伴う如く急速に行うこと」（「防空警報伝達要領」）と定められていた。斑打の各点の間に時間的間隔を置かないで、早打ちするのが「敵機来襲」「待避」の合図だった。学校の屋上にいる寿恵の夫は、敵機の来襲を認めて半鐘を打ち鳴らす。敵機は次から次へと来襲する。夫の半鐘は乱打の連続となる。

　火の玉、火の粉が降ってくる。焼夷弾が屋根を突き抜いて、ゴーッという音とともに火を吹く。何発も落ちてくる。あちらでも、こちらでも、壁にも、塀にも、格子にも、畳にも、ハガキ大の火のかたまりがペタペタとくっついて燃えている。くっついたら離れない。身体についたらたいへんである。M69焼夷弾のナパーム剤（油脂）が小片となって噴射され、付着した場所で燃焼しているのだ。アメリカ軍が日本の木造家屋を焼き払うために開発した兵器が、みごとに威力を発揮しているのである。軒先を這うように、紅蓮《ぐれん》の炎が流れる。石畳に突きささっている焼夷弾もある。

日ごろの防火訓練は、何の役にも立たない。手がつけられなくなっている。寿恵の家は、狭い路地である。路地の出口の家は燃えている。寿恵は路地の奥の突き当たりの板塀を力まかせに引きはがして、娘と二人で脱出した。ふり返ると、わが家の二階の真ん中からどっと火の手があがっている。心のなかで住み馴れたわが家の焼けるのに手を合わせ、すぐそばの防火用水の氷を割って冷たい水を娘の頭からかぶせ、自分も頭巾と半てんを水につけてそれを着た。

板塀のなかは、よその家の勝手口だった。寿恵はその勝手口のガラス戸を力いっぱい素手で叩きわって戸口をあけ、その家のなかを通り抜けて外へ出た。不思議にけがひとつしていない。手の痛さも頭巾の冷たさも感じない。とにかく、逃げられるだけ逃げなくてはならない。この子を助けなければならない。頭のなかはそれだけである。

出たところは東条病院の西側の道だった。窓という窓からメラメラと赤い炎が噴き出ている。あの家も、この家も燃えている。「ジャン、ジャン、……」、半鐘は、町中が火の海になっても鳴っている。「父ちゃん、まだ叩いてはるわ。早う逃げはらなあかん。鐘みたいなもん、なんぼ叩かはったかてあかんのに。はよ逃げな死んでしまう」、寿恵は気も狂いそうな気持ちで口走った。娘は口もきかない。恐ろしくて、声も出ないのであろう。熱くて真っ赤な炎が後から追いかけてくる。どこもかも火の町である。四つ辻へくれば、右も左も、前の道も火が走り、四方からの火攻めだ。

御堂筋は炎の川

火の海となった北堀江を逃げ出した寿恵と娘は、四つ橋の近くまでやって来た。堀江から四つ橋まではすぐ近くなのに、あっちこっち逃げまわって、一時間近くもかかったような気がする。疎開空地にも道路にも橋の下にも、人がいっぱいいて右往左往している。どっちへ行っても火の海なのである。寿恵たちは、まだ燃えていない家の前にすわりこんだ。どうしていいかわからない。と、その家の棟がどっと燃えあがって、頭の上におそいかかってくる。寿恵は娘の手を握って、隣の家の前に移動する。その家も火を噴き、くずれかかってくる。また移動する。ザァーという音、焼夷弾だ。火だ、火の玉だ。それも娘の身体すれすれに。とっさに娘を力いっぱい突きとばした。それこそ全身の力いっぱいに。

火と煙のなかに、一台の自動車が寿恵の目にうつった。急いで自動車の横に身を寄せた。だが、その瞬間、ものすごい旋風がまきおこった。自動車は宙に浮き、寿恵たちの身体はくるくると転がった。

もういよいよだめか、と思ったのにまだ命があった。娘も無事だ。電気科学館の屋上にも焼夷弾が落ちて、火を噴いている。寿恵と娘は呆然と周囲の火を見ながら、人の行く方へ行く方へ歩いた。だれもが黙って、歩き続けるばかりだった。あとになって寿恵は不思議に思うのだが、あのとき、どこからもこどもの泣き声を聞かなかった。おそろしさに泣くことさえ忘れていたのか。戦争中の親のしつけがそうさせたのか。ともかく、泣く子は一人もいなかった。

御堂筋は炎の川　3月14日午前1時すぎ、右・大丸、左・そごう（絵 近藤寿恵）

どこをどう歩いたのか、御堂筋へ出た。なんと、あの広い道幅いっぱいに炎が流れている。御堂筋は炎の川となり、赤い火の風が乱舞している。道の向こう側、大丸とそごうのそばにも、こちら側にも人がいっぱい。火の粉と炎の風は、人びとの前に立ちふさがっている。「ここで死ぬ」と思った。

そのとき、寿恵は地下鉄の階段に気がついた。炎から逃がれるために、急いで入って階段に腰をおろした。でも、頭の上から火の粉が降りかかってくる。逃げるときに水で濡らした防空頭巾は、もうからからに乾いていた。その頭巾を脱いで火の粉や炎をたたきながら、御堂筋を走る真っ赤な炎の流れを見ていた。真っ赤な炎が道路の幅いっぱいに広がり、南から北へ走っている。その車道を、兵隊を満載したトラックが全速力で北へ走り抜けた。

トラックに火がつかなかったのが不思議だった。向こうの方では、炎の竜巻きもおこっている。

またザァーと、あのものすごい不気味な音をたて焼夷弾が落下してくる。大丸百貨店の屋上に落ちた焼夷弾が高くはねあがって火を噴いている。こわさはどこへ行ったのか。ただ呆然と見ているだけである。そのとき、階段の下の方、地下に電気がついているのを見つけた。「助かるかも知れない」と、寿恵は娘の手を引いて、夢中で駆けおりていった。

大空襲下の地下鉄

地下鉄への階段は曲がっている。階段の先の地下に電気の灯りを見つけた寿恵と娘は、急いで階段を降りた。鉄の扉の前に、赤い旗を持った男がいた。「こどもだけでもいいから、なかへ入れて下さい。上は一面の火の海で逃げる所がないのです」、両手を合わせて頼んだ。「こどもだけ助かって、あなたが死んでもええのですか。あなたも入りなさい」、その男はいってくれた。上の階段には、一〇人余りの人たちがいる。自分たちだけ助かるわけにはいかない。「まだほかに一〇人ほどいるのですが」と寿恵はいった。「連れてきなさい」と聞くと同時に、寿恵は階段をかけ上がった。

地下の心斎橋駅には、電気がついていた。まるで別世界に来たような、夢でも見ているような気持ちであった。駅の構内は逃げてきた人びとで、だんだんといっぱいになってきた。六〇歳ぐらいの男の人から、いりこを両手にいっぱいもらった。食べ物を捨てて逃げてきたから、とてもうれしかった。

何時ごろだったろうか。要員輸送のためなのか、始発電車なのか、地下鉄の電車がホームに入ってきた。燃える大阪の地下鉄が動いていたのだ。駅長が「梅田方面は焼けてないようです。早く乗って下さい」と叫んでいる。寿恵と娘は、押し込まれるようにして、電車に乗った。心臓を悪くしていた寿恵は、「空襲のときは壕のなかで静かに寝ているように」と注意されていた。それなのに、猛火に追いかけられて、逃げまわって、こうして地下鉄に乗っている。胸に手を当ててみると、脈は打つことを忘れたように静かである。寿恵には、なにもかもわけがわからなくなっていた。

満員に詰め込まれた電車のなかで、突然、若い女性の泣き声がした。「赤ちゃんがおらん、赤ちゃんが」。見ると、その人の背中には赤ちゃんのケープとおんぶ紐だけがあって、赤ちゃんがいない。逃げまわる途中で、赤ちゃんを落としてしまったのだろう。その泣き叫ぶ若い母親を乗せたまま、電車は走った。とてもかわいそうだが、だれもどうすることもできない。みんな、自分の身さえ守りきれないのである。どうしてあげようもなかった。

梅田（大阪駅）へ着いて南を見ると、燃えているはずの空がなぜか真っ黒だった。身も心もくたくたになっていた。途中で出会った隣組の中島さんの親戚が塚本（東淀川区、現在は淀川区）に住んでいるというので、ひとまずそこへ一緒に行くことになった。淀川の十三《じゅうそう》大橋がとても長く感じられた。そろそろ夜が明けかけていた。

塚本の中島さんの親戚宅では、御飯と千切り《せんぎ》大根を煮たおかずを御馳走になった。わずかの配給米しかないときに、この心づくしの食事のなんとありがたかったこと。そして、おいしかったこと。あれから四〇年たったが、この朝の親切を寿恵は忘れることはできない。

疲れ果てているのに眠くない。よその親戚のお宅で、いつまでも御厄介になるわけにはいかない。寿恵と娘は、塚本から堀江まで歩いて引き返すことにした。第一に、夫を探さなければならない。

生きていた夫

寿恵は娘を連れて、梅田から南へ、市電の線路に沿って歩いた。南へ行くにしたがって、焼け跡が広くなり、やがて町はどちらを見ても焼野原、瓦礫《がれき》の町と変わる。むしろをかけた死体が、路上のあちこちに横たわっている。「もしや夫では?」と寿恵はひとつひとつ、むしろをめくって歩いた。ミイラのように茶色に焦げた男女の別さえつかないもの。こどもか大人か焼け縮んでしまって、両手だけは虚空をつかむように曲げられた指。合掌するいとまはない。心のなかで拝み、頭を下げては、次の死体をさがす。「ああ、この靴ではない」「ズボンの色がちがう」、いくら焼けていても、寿恵には他人と夫の区別はできる。

真っ黒な雨が降っていた。みんな黒い雨に濡れながら歩いている。西区商業屋上からきこえていた半鐘の音が、寿恵の耳にジーンと残っている。向こうから身体中焼けてふくれた女の人が歩いてくる。皮膚はうすもも色になり、胸をはだけて、ふらふら歩いている。うつろな目で、ニヤッと笑っている。生きながら焼けたのである。なんとひどいこと、むごいこと。

寿恵たちは、やっと長堀川にたどり着いた。川には死体がたくさん浮かんでいる。竿で引き寄せている人がいる。死体はまだ生きているような姿であった。みんな、昨夜おそくまで生きていたのだ。寿恵は自分が生きているのが夢のようだった。

わが家の焼け跡に帰ってみると、防空壕に焼夷弾が三本突きささっていた。その上に土蔵が焼けくずれて、のしかかっていた。寿恵は「もし、あのまま壕にいたら」と思って、ぞっとした。夫の蔵書が本の形のまま灰になっているのを見ると、思わず涙がこぼれた。

家主の蔵が焼け残っている、と思って見たときである。土蔵の壁に「近藤は大宮町へ行け」と貼りつけてあるのが、寿恵の目に入った。大宮町（旭区）には、従妹の家がある。夫が書いたのだ。夫が生きていたのだ。「父ちゃんが生きてはったよ。はよう来てごらん」と大声で娘をよんだ。一度にどっと涙が溢れ、全身の力が抜けて倒れそうになった。

路地の入口のところから、ぼろぼろに焦げた服、すすに汚れた顔の男がじっとこちらを見ている。ロイド眼鏡で夫の順一だとわかった。が、入ってこない。じっと見つめるだけである。このとき、順一は寿恵を見て、幽霊ではないかと思ったのである。空襲が終わったあと、順一は家の焼け跡まで来たが、妻と娘の焼死体を想像して防空壕のなかをのぞく気にはどうしてもならなかった。近くを歩きまわってたずねると、魚屋の主人が「四つ橋の川の端を逃げてはりましたぜ」

と教えてくれたので、思い直して、もう一度探しにきたのであった。

順一は、よごれた風呂敷から「兵隊さんにもらったが、お前たちにと思って持って歩いていたんだ」といって握り飯を出した。隣組の人たちと少しずつ分けて食べた。多くの人が死んだのに、近藤家の三人は無事だった。「家も物もみんな焼けた。命と引き替えたと思ったら惜しくない」と、順一は言った。空襲でなにもかも焼けて、下着一枚、箸一本も残らなかった。でも、大切な命が助かったのである。

このあと、一家三人は堀江から大宮町まで歩き、いったん従妹の家におちついたあと、順一と寿恵の故郷である高知に向かった。三月一七日未明、寿恵たちがやっと乗った罹災者の列車は、燃える神戸の町を走った。戦争はどこまでも追いかけてきた。高知市にも、七月三日夜、B29一二五機による大空襲が加えられた。また、土佐湾上から阪神方面に向かうグラマンF6Fなどの大群を、寿恵たちはなんども目撃した。

つむじ風に舞う

岡崎幸代《ゆきよ》（現姓西本）は当時一三歳、高等女学校の一年生だった。浪速区幸町通《さいわいちょうどおり》二丁目（現在幸町二丁目）に住んでいた。道頓堀川は西に流れて、大正橋のところで南下する木津川に合流するとともに、西に向かう尻無川にも分岐する。赤い灯、青い灯の道頓堀から少し離れて、このあたりは西道頓堀川ともよばれていたが、その川のほとり、幸橋のたもと近くに幸代の家があった。

父の満種（当時三八歳）は祖父の徳助（当時六一歳）と一緒に、近くの桜川町で浪速電鍍工業という鍍金《メッキ》工場を経営しており、幸代の記憶では飛行眼鏡のふちなどをつくっていたという。家族はほかに母静子（当時三七歳）、妹が二人で四歳の範子と九か月の悦子、祖母コヨ（当時五八歳）がいて、国民学校三年生の弟博繁は、広島県沼隈郡浦崎村（現在尾道市）の母の実家に縁故疎開をしていた。

空襲が激化する時期に、幼い二人の妹が大阪にとどまっているのはよくない。そこで、母が二人を連れて、弟のいる浦崎へ疎開することになった。ちょうど大阪から浦崎へ帰る機帆船があって、その便を利用することになった。その日がなんと三月一三日。この日の明け方までかかって荷造りをすませ、大阪港から尻無川に上がってくる機帆船に乗る用意ができた。ところが、潮の関係で船の来るのが一日延びた。このことが、幸代の一家にむごい運命をもたらすことになった。

その夜が大空襲。たった一日のことで、幸代の妹たち、範子と悦子の二人とも、短い生涯を終えてしまったのである。船に積み込むために梱包した家財道具もいっさい焼けた。幸代は背負っていた妹を死なせるという苛酷な体験をしたのだが、戦後の長い歳月、その悲痛な記憶に耐えて生きなければならなかった。

B29の来襲で、焼夷弾が花火のように飛び散り、幸町近辺は燃えはじめた。「工場はあきまへん。焼けました」と、従業員の男の人が知らせにきてくれた。その人はバケツを持っていた。近くの炭屋に焼夷弾が落ち、炭俵に引火し、ものすごい火勢となり、道路いっぱいに火がひろがった。祖父が「東へ逃げろ」と叫んだ。母が乳呑児の悦子を負い、幸代が四歳の範子を兵児帯《へこおび》で背負い、祖母と五人で少し離れた渋沢倉庫前の三差路まできた。バケツを持った従業員と一緒だった。町会の役員をしていたために家にいなかった父が、米を入れた一斗缶と衣類などを手あたり次第に包んだ一反風呂敷を自転車に積んで追いかけてきた。「お父さんが来た。良かった、良かった」とみんなでよろこんだ。だが祖父はいない。それが心配だった。実は、祖父は別の方向へ逃げていたのだった。

突然、火の粉を含んだつむじ風がおそってきた。母は悦子を背負ったまま、あっという間もなく一メートル半くらいも空中に巻き上げられ、祖母は地面をゴムまりのように転げまわった。従業員の男の人はバケツをかぶったまま、空中に舞った。幸代は電柱のかげの大きな石にしがみついて、その光景を見ていた。範子が幸代の背中にへばりついていた。ほんの一瞬の出来事だった。風が通り過ぎたあと、地面に打ちたおされた母と祖母の顔は、血と砂で目や鼻の見分けがつかないほどであった。父の自転車はぐにゃと曲がってひっくりかえり、せっかく積んであったお米も衣類もほったらかしにしなければならなくなった。

空襲の最中には、ずいぶん不思議な現象が起こる。体験者がよくいう旋風も、その例である。突拍子もなく激しい旋風が起こって、人間もドラム缶もトタン板も、空中高く舞い上がり、地上に叩きつけられる。さきの近藤寿恵の話のなかにも、自動車が宙に浮いた場面があった。西本幸代の話では、人間が舞い上がっている。

米国戦略爆撃調査団の「大阪における空襲防ぎょ、その関連事項に関する現地報告」は、「一九四五年三月一四日の大阪の火事以前までの風速は時速六・七マイル（秒速三メートル）であった。火事の最高潮時には風速は台風の程度にまで達し、避難中の人びとを火焔の道路に吹きとばした例もあったと消防課長（大阪市）は述べている。大火の歴史は旋風ほどの強さの風を記録しているから、この言明は驚くには当たらない」と記述している。B29による大量焼夷弾攻撃は、世界の都市災害史上に残る大火災を発生させた。そのために、旋風が至るところでまき起こった。

なお、大阪府警察局の第一次大阪大空襲第三報（一九四五年四月一二日付「空襲被害状況等に関する件」）によると、空襲下の気象状況の変化は次のように記録されている。これは、当時生野区に置かれていた大阪管区気象台の観測によるものと思われる。

午後一一時、風速〇・二メートル、気温五・四度、雲量一〇、層積雲、曇。
午後一二時、風速〇・七メートル（北東）、気温五・三度、雲量一〇、層積雲、曇。
午前二時、風速五・五メートル（北東）、気温五・五度、雲量一〇、層積雲、曇。
午前三時、風速一〇・〇メートル（北東）、気温七・二度、雲量一〇、乱層雲、雨。
午前四時、風速四・八メートル（南南東）、気温六・〇度、雲量一〇、乱層雲、雨。
午前五時、風速二・七メートル（南南東）、気温五・七度、雲量一〇、乱層雲、雨。

この夜、大阪管区気象台の近辺は燃えていない。それでも、右のような気象変化がおこった。空襲時間は、夜中の一二時近くから午前三時過ぎまでであった。風が強くなり、気温が上昇し、そして降雨となっているのに注目すべきである。

炎に追われ道頓堀川へ

「このままでは火責めになる」と、幸代たちは道頓堀川へ向かった。住吉橋と幸橋のあいだ、川へ降りる階段のところにたくさんの人がつめかけていた。みんな逃げ場を失って、道頓堀川へ入ろうと押しよせてきているのだった。範子を背負った幸代も、人びとに押されるようにして川へ降りていった。このとき、混乱する群衆のなかで、幸代は両親や祖母と離れ離れになってしまった。うしろの方からは「はよう入らんと、火が追っかけてくる」との大声。団平船が二、三艘燃えて沈んでいく。「船に乗るな。沈むぞ」という男の声が聞こえる。幸代は押されるままに川のなかへ入っていった。足首までつかったとき、川底がどろどろなのにおどろいた。人びとは丸太や筏にしがみつきながら、悲痛な叫び声をあげている。頭の上に金庫をのせてもがいている男の人もいた。川の上も、熱風が撫でまわすように吹き荒れていた。

大阪の三月中旬は寒い季節である。この夜も寒かった。道頓堀川に全身がつかったとき、背中の範子が「冷たいよう」といった。幸代は「辛抱しいや」といった。これが幸代と範子が交わした最後のことばとなった。兵児帯がとけて、背中の妹はいつのまにかいなくなってしまったのである。一三歳の姉の背にしがみついて、炎の旋風をくぐりぬけてきた四歳の範子は、冷たい道頓堀川のなかでついに姉から離れて短い生命を終えたのだった。

炎に追われ道頓堀川へ　3月14日未明、浪速区幸町附近（絵 西本幸代）

幸代は筏につかまっていた。筏につかまっていて、背中の妹がいないことにはっと気がついた。手足は硬直状態だった。たくさんの人が川に逃げこんだのに、どこへ行ったのか人影がまばらになっていた。不思議に静かだった。

強い風が吹き、赤く焼けたトタン板が何枚も高く舞い上がっては、川のなかにジューンとしぶきをあげて沈んでいった。川のまわりの家はなくなり、焦げた電信柱が立っていた。向こう岸の食糧倉庫の高粱《こうりゃん》が火の粉になって川面を走った。

幸代がつかまっていた筏の上に黒い人影があり、ゆっくりと近づいてきた。よく見ると、それは祖母だった。「幸《ゆき》ちゃんか。助けてあげるから、しっかりしいや」と、水を含んだ衣服が重い幸代を、長い時間かかって筏の上に引きあげてくれた。

「範ちゃんがいてないわ」と幸代がいうと、祖母は「かわいそうなことしたな」といった。強い熱風が吹いては、筏が揺れて動く。立つこともできない。もう一度川へ落ちたらたいへんである。

上流から舟が一艘漂ってきた。一〇人ぐらいが乗っていて、舟べりの火をバタバタと消している。舟の人が筏の幸代たちをみて、「向こうにもだれかいるぞ」「だれや」と叫ぶ。幸代がそれにこたえると、「幸ちゃん、助かっていたか」と母の声がした。漂流する舟に父と母が乗っていたのだ。「範ちゃんがいないんやわ」との幸代の声は、このとき両親に届かなかった。櫓《ろ》も櫂《かい》もない舟が流れていく。筏は括りつけられていて流れない。こっちが筏で、あっちが舟で、親子が水上で対面しながら、また離れ離れになった。

時間がずいぶんたって、今度は陸上の桜川国民学校で、散り散りになっていた家族が対面することになる。このとき、みんなからはぐれていた祖父も現れた。範子が川のなかで行方不明になったほか、悦子が重い火傷を負っていた。母に背負われた悦子の防空頭巾が燃えているのを、よその人が注意してくれたという。

岡崎家では尼崎の潮江に借家を持っており、それを「神崎の家」とよんでいた。そこへ行こうということになって、昼か夜か分からない薄暗い御堂筋を足袋はだしで歩いた。大丸百貨店の上の方の階からは炎があがっていた。途中で「神崎の家」ではなく、弟が疎開している母の実家の浦崎へ帰ることに変わった。弁当屋の三輪車が焼け跡にあり、それに濡れた衣服や病弱の祖母、火傷でむずがる妹を乗せて、ガラガラ押しながら歩いた。梅田の阪神前で三輪車を捨て、大阪駅から汽車に乗って、広島県へ向かった。

下の妹の悦子は、一週間後に死亡した。父の満種は四月から五月にかけて、何度も来阪し、道頓堀川に投網をして範子を探した。他人の死体や荷物ばかりが引っ掛かっていたが、ある日、とうとう範子の遺体を発見した。往来がことのほか不自由な時代のことである。しかも、水上のこととて、いくつもの警察署の許可が必要である。広島県の浦崎から大阪へ何度もやってきて、範子の遺体を遂に探し出した満種の執念に、たった一日のことで空襲のために生命を失ったわが子への父親の痛切きわまる哀惜の思いをみることができる。

一五日だけの命

織田鉄盛（当時四〇歳）とよし子（当時三一歳）の夫婦は、港区千代見町二丁目（現在弁天一丁目）に住んでいた。鉄盛は境川の川口製材所に勤務。よし子は三月一日に長男弘之を出産したばかりだった。長女富紀栄（当時五歳）、次女千賀栄（当時三歳）と女の子が続いたあと、三人目に男児が生まれたのであった。

三月一三日の深夜、空襲がはじまってすぐ、焼夷弾が近辺に落下、あたりは火の海になりはじめた。鉄盛は産後二週間のよし子とこどもたちを庭の防空壕に入れ、自分は火叩きで発火する焼夷弾を消し止めていた。しかし、燃えひろがる炎で壕内も危なくなってきた。「疎開地へ逃げろ」

15日だけの命　３月14日未明、港区千代見町７丁目附近（絵 織田よし子）

という夫のひと声で、よし子は長男を背負い、左手で五歳の長女の手を引き、右手で三歳の次女を乗せた乳母車を押して、約一〇〇メートル離れた建物疎開跡の空地へ向かって、必死に逃げた。

　逃げる道の周囲がすべて、めらめら燃えていた。バス通りの広い四つ辻に出たとたん、ゴォーという竜巻状の熱風にあふられて、乳母車は吹っ飛び、乗っていた次女は熱い地面に叩きつけられた。乳母車に積んでいた布団は空中高く舞い上がり、パッと火がつき、真っ二つに裂けた。

　子供たちと自分の衣服からポッポッと火が出るのを叩き落としながら、よし子は疎開跡の小さな空地になんとか逃げのびた。おくれて夫の鉄盛が到着した。鉄盛は家から客布団を持ち出してきたのだが、熱風のため、みているうちに舞い上がって、どこかへ飛んでいってしまった。布団を持って逃げている人が多かった。その布団に火がついて、舞い上がり、裂けて、ちぎれて、火の粉になって落ちてくる。火の粉が子供の衣服やねんねこに燃えつく。鉄盛はそれを消すのに必死だった。消しても、消しても火がつく。鉄盛はこのときばかりは男なのに泣きながら、ねんねこの火を消した。近くにうずくまっていた老人の火も消してあげていたが、そのうちに手伝えなくなった。朝方、その老人は焼死していた。

翌一四日は黒い雨の追い打ち。織田の一家五人は行くあてもなく、府立市岡中学校(現在市岡高校)の教室で泊った。一五日の明け方、赤ん坊の弘之は火のついたように泣きはじめ、真っ黒な血を吐いて死んだ。弘之は、熱風と火の粉を浴びるだけ浴びて、わずか一五日だけの命を終えたのだった。それだのに、この日、鉄盛は焼死体収容作業にかり出された。非情な話である。

次女の千賀栄もその年、終戦後九月一一日、流行した疫痢で他界した。食糧もなく、医療も不十分、衛生状態がきわめて悪い時代のことだった。今は七〇歳を越したよし子にとって、それらは辛い辛い思い出である。

大震災以来の大災害

伊勢戸佐一郎(当時一三歳)の家は、西横堀川の東岸、東区横堀五丁目の銘木《めいぼく》商だった。一九四四年(昭和一九)四月に西横堀川両岸の川筋疎開の通告を受け、その年七月、阿倍野区桃ケ池町一丁目に引越した。第一次大阪大空襲では、桃ケ池町界隈にも焼夷弾が落ち、家の裏手をかすめるようにして近辺が燃えたが、伊勢戸家にはなんの被害もなかった。強制疎開の犠牲になったおかげで、戦災から免れることができたのだった。

大空襲の夜が明けて、父の龍三郎（当時四五歳）が横堀一帯の状況を見に行くことになった。父は「関東大震災以来の大災害だ。よく見ておけ」といって、佐一郎を連れて行った。

父子二人が自転車で阿倍野橋までやってきた。北の方は燃えているから避けようということになって、西の方へ坂を下った。南霞町までくると、西方一帯は焼野原になっていた。関西本線のガードをくぐって北へ向かうと、市電の霞町車庫も新世界も焼け、戎《えびす》警察署だけが残っていた。

二人は堺筋を北上したが、自転車に乗って進むわけにはいかなかった。自転車をついて歩いた。道路には電線が垂れ、電柱が焼けぼっくいのようになり、あるいは電柱が電線にぶら下がり、瓦《が》礫《れき》で足の踏み場もないほどだった。あちこちくすぶっていて、けむたい。火を出している土蔵もある。そのうち、父子の自転車はいずれも、タイヤが燃えて、パンクしてしまった。それほど、道路が熱かったのである。

桃ケ池町から阿倍野橋までのあいだは、朝だから明るかった。ところが、罹災地に入ると暗かった。罹災地はまだ夜が明けていなかった。しかも、雨が降っていた。服が濡れるのだが、熱気ですぐ乾く。綿や衣料の焼けるにおいが充満していた。罹災した人びとは、自分の家の焼跡へもどっていたようだ。あっちこっちに固まっていた。半分幽霊のようだった。顔がすすけて、目は真っ赤、防空頭巾は焼け、髪の毛も焦げていた。眉毛が必ず焼けていた。衣服も焼けて、ボロボロだった。罹災者でない伊勢戸父子とは、一目で区別がつく。町名をあげて、そこが焼けたかどうかとたずねる人たちもいた。御堂筋の並木のところには、多くの人が虚脱したようになってすわっていた。

伊勢戸父子は、昨年の夏まで住んでいた横堀で、知人たちから空襲の様子をいろいろと聞いた。坐摩神社が五分ほどで焼け落ちた話、西横堀川に入って石垣の犬走《いぬばしり》につかまって助かった話、南御堂の大きな伽藍《がらん》が燃えて、その火の粉が川面にふりかかってものすごかった話、等々。帰途、南久宝寺町南側の堺筋で撃墜されたB29の残骸を見るとともに、その一角は最後まで焼け残っていたのにB29が落ちたために燃えてしまったという話もきいた。

現在、伊勢戸佐一郎は大阪屈指の地方史家であり、NHKドラマの「心はいつもラムネ色」の時代考証を担当するなど、大活躍である。この伊勢戸は、戦後にアメリカ軍が撮影した大阪の焼跡フィルム三巻に写されている場所の地名確定に力を傾けた。その成果が、大阪府平和祈念戦争資料室製作の「平和への祈り」「焦土大阪」「空から見た大阪」という、三本の記録映画に結実した。大阪空襲の実態を知るのにまことに適切な作品である。四〇年前、父に「関東大震災以来の大災害だ。よく見ておけ」といわれて、空襲直後の悲惨な状況を目撃した伊勢戸は、いま、戦争の悲劇が二度と起こらないことを念願して、大阪空襲の記録を未来に残すことに熱意を燃やしている。

こんな話もある。現在、大阪府公害監視センターに勤務する田口圭介が、四〇年たってなお鮮烈に記憶している場面のことである。当時三歳になったばかりの彼は、三月一四日未明、北区樋之上町一丁目（現在西天満一丁目）の自宅から、母の幸子（当時三四歳）に背負われ、中之島公園の難波《なにわ》橋の下に逃げてきた。そのとき、「鳩が羽を焼かれて、真っ赤になって飛んでいた」のを見たというのである。家の近くの天満の天神さんの鳩が燃えていると、こども心に思ったとのことである。鳩が火に燃えながら飛んでいた、という幼児であったからこその印象、こういうこともまた大空襲の実相を知るうえでの貴重な証言である。

想像を絶した空襲

米国戦略爆撃調査団の「大阪における空襲防ぎょ、その関連事項に関する現地報告」には、次のような記述がある（航空自衛隊幹部学校の訳文による）。

一九四五年三月一四日の焼夷弾爆撃は、日本人の理論どおりにはいかなかった。したがって、市の六〇パーセントは一度に防火線の両端から類焼して行き、通信系統は機能を喪失し、水道本管の水圧はゼロに近く、消防中隊さらには消防署も火に包囲された。消防総監は、B29爆撃機は最小限四五秒の間隔で単機で飛来し、あらゆる方角を攻撃したと述べた。火災は発生とほとんど同時に手に負えないものとなり、安全地帯を探し求めようとする人びとの間に大きな混乱を生ぜしめた。補助消防員（警防団員のこと―小山）は統制のとれた消防隊として活躍するよりも、むしろ自ら財産を守るか、もしくは火災地域から逃れることに懸命であった。通信系統が機能を失い、伝令があちこちの消防署に到達できなくなるにつれ、消防中隊はデタラメに行動した。彼らは火にまかれ、あるいは二時間分のガソリン保有が尽きたため、錯雑した地区から脱出できずに多くの器具を失った。この火災では、大阪市内では各大隊本部の一台のポンプを残して、使用しうるあらゆる防火器具が活動した。

消防ポンプ使用者は、その水を全部、運河および容量二万七五〇〇ガロンの有蓋・無蓋の貯水池（固定タンク）に依存した。住民が防火用水樽やバケツを一杯にするため、水道栓を開いたときは水道本管の水圧はゼロに落ちていた。さらに、家屋内の鉛管の水道管は家が焼けるときに溶け、これによって炎焼地帯では多量の水がむだとなった。

この空襲における人命の損失は、人びとが防空壕に安全を求めているうちに窒息し、狂暴化した人びとが火災の中を突っ走って錯雑した地区から逃れようとして窒息したため特に高かった。

伝統的な死体処理方法では手におえなくなったとき、死体は集められて空地で焼却された。いささか陰惨ではあったが、この方法は能率的であり、大量の死体処理の必要性に合致した。

何度もいうように、三月一〇日の東京、一二日の名古屋についで、大阪大空襲があることは十分に予期されていた。三月一六日付の大阪府警察局の報告書「空襲被害状況に関する件」（第一報）によると、「マリアナ方面に於ける敵基地に於ける情況厳戒を要するものありとの情報を得たるを以て」「三月十三日午後八時五十分管下各警察消防署長に対し、非番警察消防官吏の非常召集（甲号召集）を下命し、かつ警防団其他の各警防機関に対しても同様の措置を講じ、防衛態勢を強化し置くべきこと」が厳達されていた。大阪中央放送局は、一三日夜九時のニュースのあとで「今夜にも敵機は大阪に来襲するかも知れません」と防火防空用意の点検を促す注意を放送していた（朝日新聞一九四五年三月一五日付の記事による）。

こうして、東京の場合とはちがって、万全の態勢をととのえていたのだった。ところが、米国戦略爆撃調査団の報告書の表現を借りると、「日本人の理論どおりにはいかなかったのである」。市民がたよりにしたラジオの中部軍管区情報は、「沈着に最初の焼夷弾を処置して下さい」とか「天王寺附近に若干の焼夷弾を落としました。火災は敵機の目標になりますので、一刻も早く消火に全力を尽くして下さい」とさかんによびかけたが、バケツや火叩き、砂袋で消せるような火災ではなかった（中部軍情報は川本道次『戦争体験日記』による）。焼夷弾が集中的に投下された地域ではラジオをきくどころではなかったし、第一に停電してしまった。想像を絶した大空襲の前には、日ごろの防空訓練や防空態勢は完全に無力であり、大阪市民の戦意に決定的な打撃を与えた。そのことは、すでに記した体験談で十分にわかる。

市民の衝撃

この想像を絶した空襲による市民の衝撃の大きさについて、府警察局の報告書に記されているところをすでに若干紹介した。ここでは、さらにくわしく述べることにする。

一九四五年（昭和二〇）四月一二日付の「空襲被害状況等に関する件」（第一次大阪大空襲に関する第三報）のなかの「一般民心の動向」では、「被害当初に於ては興奮状態」「一部にありては当局誹謗の言動を為すの向あり」「更に次期敵機の来襲に対する恐怖感を増大せるやの風は一般に看取せらるるところ」、「罹災者」では、「罹災直後にありては呆然自失の状態」「戦争指導に関し当局を非難誹謗するもの又は防空指導に関し攻撃するもの乃至《ない》徒《いたず》らに空襲の恐怖に駆らるるもの等多き実情」、「有識者層」では、「戦争全局の動きは通常観察の域にては判断し得ざることを銘肝」「政治面に於ても簡素強力に施策を断行し驀直的に戦勝獲得を図るを緊要とすべく当局に要望」、「庶民層」では、「大阪も亦《また》全滅の悲運にあるやと即断」「国民は克《よ》く一人一殺の突撃を行い得るやと杞憂」、そして「鮮人層」では、「特に注目すべきは関東震災当時の事例を惧《おそ》れ、官憲の行動を注視せんとするの風あることにして、此の点は向後の宣撫施策上殊に考研を要するものあり」と記述されている。

このときの空襲では攻撃を受けなかった吹田市民の動向について、吹田署長西沢与志雄の日記には、「午後特高主任を伴い市内派出所を巡視す。通行人中、家財を積みたるリヤカーを引く者頗《すこぶ》る多し。逃避気分の旺溢《おういつ》せる事実を目の辺《ま》《あた》りにして遺憾千万と思う」（三月一六日）、「朝六時前漸く警報解除となる。管内に被害なかりしも、人心がかなり不安動揺を来たしつつあるは由々しき事実と感じたり」（三月一七日、神戸大空襲の日）とある。惨害を目前にした市民たちは、次の空襲におそれおののいていたのであった。

次に、三月一八日付の大阪府知事池田清から内務大臣大達茂雄あて「空襲被害状況並びに同罹災者の動向に関する件」をみると、前文に「既に一部にありては反軍反官的言動散見せられ、治安上相当注意警戒を要すべき動向にあり」と書かれており、「罹災者の声」のうち「軍に対するもの」は次のとおりである。

(イ) 従来一機ずつ侵入していた敵機に対しては味方機が飛び立っても敵機を捕捉するのに困難であるから、これを攻撃に飛立たないと言われていたので、吾々も其の気持になっていたが、この度の空襲に敵機の侵入して来たのが監視哨において一々判っているのにもかかわらず、味方機は何故大阪上空に侵入する以前にこれを捕捉して攻撃しなかっただろうか。味方機が有るのか無いのか判らない。

(ロ) 一体こんなに焼け出されてどうなるだろう。戦争のことが心配だ。新聞では十一機撃墜と発表されたが、何処で墜されたのか判らない。僅か九十機位でこんな状況だ。独逸のように五百機も千機も来て、爆弾や焼夷弾を混合して落としたらこの上どうなるだろうか。心細いことだ。

(ハ) 軍防空態勢の脆弱性は意想外だった。これがため軍に対する信頼感は漸次稀薄化し、戦争将来に対する危惧は益々加わった。

(ニ) 軍はこの際建軍以来の精神に還元、現在の政治責任を痛感し、作戦の徹底を期し、守勢態勢より攻勢に転移するよう猛省すべきである。
(ホ) 配給もせず、軍用と言って保存してあった食糧は大変なものだ。これを焼く位なら一般に配給して置けば良いものを。
(ヘ) 軍の方ではこんなことになる位のことは、世界の実例からでも少しは判っていたと思うが、何等の対策もなかったものか。

結局戦争は負けだ

この報告書には、ほかに罹災者の「当局への要望」、「罹災者の声」として「指導者に対するもの」「消火活動に就て」「その他」と「流言蜚語発生状況」が記されている。「その他」のなかには戦意さかんなことばもあるが、これとて「今回の被害は甲乙の区別なくやられたので、今度こそ国民は起ち上ろう。此の仇はきっと撃つぞ」「着のみ着の儘で第一歩からやり直しだ。これで物に対する執着もなく、気楽に仕事が出来る」「恐ろしい闇もこれで無くなるだろう。今の配給品だけで結構です。多い少ないといっている場合ではない」など、絶望的な状況が反映されている。そして「現在罹災による一時的興奮は敵愾《てきがい》心を昂揚するが、各自の冷厳な生活苦が深刻化するにつれ、漸次厭戦敗戦的となる危険性が多分にある」「今度の様な大空襲が二、三度続けば大阪は全滅し、手を挙げねばならぬ。結局戦争は負けだ」「敵の物量の恐ろしさをしみじみと知った。これで戦争に勝てるのか」「これで何もかも一時機能停止だ。生産の増強も何もあったものではない」「死んだ方が極楽だ。後に残されてこの様な苦労や心配をするのは本当に地獄だ」「こんな恐ろしい事があるとは夢にも思わなかった。これから先どうなることだろう」などの、罹災者のいつわらざる心情が数多く記録されているのである。

三月二〇日付の同じく内務大臣あて「罹災者の動向に関する件(第二報)」では、「当局への要望」のなかに「為政者は余りにも民防空と鳴物入りで宣伝に努めつつあるが、今次の結果では軍防空が充分でなく、ただ国民にのみ宣伝、責任を課し過ぎていると異口同音に唱えられてゐるが、この口々に語らるる国民思想はやがて反軍思想となって現れる危険がある」と書かれている。「罹災者の声」の「軍に対するもの」は、次のとおりである。

(1) 誹謗的なもの

(イ) 照準が拙劣なのか性能が悪いのか、高射砲は実に無力なものだ。これで国土防衛の将来が案ぜられる。

(ロ) B29を邀撃《ようげき》するような優秀な飛行機は持たぬのか。戦果の発表も良い加減なものだろう。こんな調子では日本全土が焼野ケ原だ。

(ハ) 僅か百機足らずの敵機で、斯様な甚大な損害を受けた。軍は大きなことを言っているが果たして国土を護り通せるか。

(ニ) 敵機の戦法は実に優れて居る。犠牲を少なくする為単機ずつ侵入して来て、満点の効果を挙げているのに我が邀撃戦果の僅少なのは誠に情ない。

(2) 建設的なもの

(イ) たとえば少数機でも良い。一度敵の本土を爆撃したら、軍に対する信頼も昂まり、国民士気も興起する。

(ロ) 我々は被弾でなく、類焼により罹災した。消防隊が我々の附近に出動して来たが、最後迄何等の手を下し得なかった。被弾地区より延焼を防ぐ破壊消防は当然行わるべきであった。軍隊も出動して来たが、消防活動は全然なく、ただ焼跡に着剣の歩哨を見るのみである。こんな時戦車を利用し、家屋破壊を行い、被害を最小限度に止むる応急措置は当然講ぜらるべきであった。

神戸大空襲

三月一三～一四日の大阪大空襲についで、一七日未明、神戸が大量焼夷弾攻撃を受けた。マリアナ基地発進のB29は三三一機、そのうち三〇六機が神戸上空に到達して、爆撃をおこなった。この空襲では、先導機はAN-M76という五〇〇ポンド（二二五キロ）の炸裂型ナパーム（油脂マグネシウム焼夷弾を用いた。この大型焼夷弾は強固な建築物用のものだが、マグネシウムから非常に強烈な火焰を出して燃えるため、先導機による識別弾として投下されたのである。主力部隊は、大阪と同じく六ポンドのAN-M69の集束弾を使用したほか、AN-M17集束弾（五〇〇ポンド）も投下した。M17は、四ポンド（一・八キロ）のテルミット・マグネシウム焼夷弾AN-M50を一一〇個集束していた。M50は貫通力が強く、重建築物用だった。さしものアメリカ軍としても、たび重なる大爆撃でM47やM69を使い果たし、代用品としてのM50の登場となったのである。

M50は、長さ三三センチ、六角筒の小型弾だった。その一部には、弾頭部に爆薬を詰めたものや、爆発時間を遅延させる装置をつけたものがあり、消火活動を著しく困難にした。造船所や工場の多い神戸を攻撃するのにM50は適当であったし、さらにマグネシウム弾であることが有効だった。M50は脆弱な日本の都市には貫徹力が強過ぎるといわれた。しかし、高温を発すること、濃密な火点が得られること、手榴弾程度の爆発力をもつものがあることなどから、神戸の消防陣の裏をかく効果をねらったのであった。

また、T4E4五〇〇ポンド（二〇ポンド片鋼弾集束）爆弾も使われている（二月四日の神戸空襲でも使用）。神戸大空襲では、いろんなタイプの焼夷弾や爆弾が投下されたのだった。なお、アメリカ軍側によると、B29の損失三機、損傷一一機だった。

この神戸大空襲についての大本営発表（三月一七日午後四時）では、「B29約六十機神戸地区に来襲」「其の二十機を撃墜、他の殆ど全機に損害を与えたり」と、大戦果があがったことになっている。

朝日新聞の三月一九日付は、「敵機、支離滅裂遁走」と報じ、「さきに東京来襲に際しては百三十機、名古屋地区へは百三十機、大阪地区には九十機、今回の神戸地区へは六十機と、敵機来襲の度にその機数が漸減していることは、敵が来襲の都度、わが制空部隊の邀撃により少からぬ損害を被っていることを裏書きするものである」などと記した。なんのことはない、神戸の場合がそれまでの空襲のなかでもっとも多い来襲機数三〇六機を記録したのであった。

ところで、神戸に向かったB29部隊のうち一機が、一七日午前三時五分ごろ、岸和田市に投弾した。大阪府警察局の報告書によると、岸和田市阿間ケ瀧町の「民家を中心とせる附近田圃《たんぼ》中、密柑《みかん》畑並びに小林内」に、四ポンドのテルミット弾約一二〇〇個が落下し、「農小家四棟焼失、民家被弾十八戸ありたるも直ちに鎮火、民家並びに人畜とも被害なし」、岸和田市福田町に六ポンドの油脂弾約六〇〇個が落下したが、「全部田圃中」で「被害なし」だった。

つづいて三月一九日未明、名古屋に対して、もう一度、大量焼夷弾攻撃が加えられた。出撃機数三一三機、爆撃機数二九〇機、損失二機、損傷三七機と、アメリカ軍資料に記録されている（これらの機数については、米軍の記録がまちまちで、なかなか一致しない。大阪空襲に関しては諸資料を検討して、私が妥当と思う数字を記すことにしたが、他都市についてはそこまでの吟味をしていないことを断わっておく）。大本営発表（三月一九日午後二時三〇分）によると、このときの名古屋来襲B29は百数十機であり、敵機に与えた損害は調査中とのことだった。その後、調査の結果として、撃墜四機、損害を与えたもの八〇機と発表された。

空襲による降伏の強要

一九四五年（昭和二〇）三月中旬、大阪を真ん中にはさんで、五回にわたる四大都市への大規模焼夷弾攻撃が、第二一爆撃機軍団のB29部隊によって実施された。それは、対日戦略爆撃の全コースを変えてしまった。

米国戦略爆撃調査団の報告書「B29部隊の対日戦略爆撃作戦」は、次のように述べている(『東京大空襲・戦災誌』第三巻の訳文による)。

全般の局面はわずか一〇日間で一変してしまった。B29爆撃機は各機ごとに飛行しながら、平均高度二一〇〇メートルで夜間爆撃をおこない、日本の四大都市に焼け野原を出現させ、最も有力な戦時産業の密集地帯三二平方マイルを破壊しさった。

この一〇日間に、第二一爆撃機軍団は平均三八〇機の保有機数をもって、延べ一五九五機(過去三か月半の総出撃機数の七五%に相当)が出動し、焼夷弾九三六五トン(過去三か月半の投下爆弾総量の三倍に相当)を投下したが、参加搭乗員の犠牲は〇・九%に過ぎず、これまでの最低の損耗率にとどまった。

この結果、「日本の都市工業密集地帯が焼夷弾攻撃による威力に対してはきわめて脆いことが判明した」ために、「直ちに日本の残存工業地区に対する大規模な焼夷弾攻撃を実施する準備がおこなわれた」のであり、それによって「日本本土上陸以前に日本に降伏を強要」しようとしたのであった。以後、日本が降伏する日まで、B29による激烈な空襲が本土各地域に執拗にくり返されたのである。

なお、大空襲以後の三月中の大阪への空襲は、次のとおりだった。

三月一九日、アメリカ海軍機動部隊の艦上機がはじめて大阪に来襲した。府警察局の報告書によると、土佐沖南方海上の航空母艦から発進したＦ６Ｆ、ＴＢＦ、Ｆ４Ｆ、ＳＢ２Ｃ延べ八四〇機が、午前六時三〇分から一一時二〇分の間、四国と京阪神地区に来襲、大阪では飛行場、船舶、民家を銃爆撃した。ついで、同じく艦上機延べ五〇機が、午後一二時一三分から一時一九分の間、徳島南岸から和歌山県、京阪神地区に来襲、大阪では小型爆弾を投下した。

三月二五日には、午前二時過ぎ、来襲Ｂ29一機が布施市（現在東大阪市）に爆弾一二個（五〇キロないし二五〇キロと推定）を投下、住家や納屋に損害を与えたが、人畜に被害はなかった。

第三章　六月空襲の激烈性

1　絨緞爆撃の反復

高井田へのB29撃墜

最初の大空襲があった一九四五年（昭和二〇）三月のあと、四月から五月にかけて、B29は大阪上空に飛来しても投弾することなく、比較的平穏な日が続いた。この期間に起きた事件としては、五月九日午前零時すぎ、B29一機が布施市（現在東大阪市）高井田に撃墜されたことがあげられる。機体は高井田東三丁目を中心に、隣接の新喜多、さらに一・五キロ離れた盾津町中野（現在東大阪市）など、十数か所に分解して落下した。当時、この地域は田畑が多かったため、被害が少なかったというものの、民家にプロペラのついた発動機が屋根から飛びこみ、死者二人、重軽傷四人などの犠牲が出た。B29搭乗員のうち一人が捕虜となり、他の一〇人は死体となって発見された。

翌一〇日付の毎日新聞が「大阪上空における渇望久しきB29眼前撃墜」と報じたように、日ごろなかなか命中しない高射砲にいらだっていた府民は、やっと日本軍の対空砲火がB29を撃墜したというので昂奮状態におちいった。三月一四日未明、Ｂ29一機が東区南久宝寺町に撃墜されたが、このときは大空襲の混乱の最中であり、目撃者も少なかった。こんどはたった一機がやって来て、それが撃墜されたのだから、衆人環視のなかのできごとだった。夜が明けると、現場の高井田には多くの見物人がおしかけた。なかには、アメリカ兵の遺体に非人道的な仕打ちを加えた者もいたという。

Ｂ29撃墜の模様を、毎日新聞の記事から次に引用しておこう。

九日零時過ぎ大阪上空で撃墜されたＢ29一機は幾つかに割れて、布施市の上空に真逆様に落ちて行く。津浪のような異様な音が断末魔を知らせるように凄《すご》く響き渡った。「敵機は布施市上空で撃墜されました」とのラジオの快報に市民たちはどっと思わず歓声をあげ、東の空を仰いだ。機体はなお地上で燃えつづけ、焔が燈火管制の夜空に映え、しばらくは大阪東郊の雲の一面を赤く染めているのが見られた。

Ｂ29のような巨大な飛行機が、燃料もろとも墜落したのだから、地上では大火災となったのである。

なお、この時期の阪神地域への精密爆撃としては、五月一一日午前一〇時前後、Ｂ29九二機が兵庫県武庫郡本庄村（現在神戸市東灘区）の川西航空機甲南製作所を目標に来襲、約五〇〇〇メートルの高度から高性能通常爆弾約四六〇トンを投下したことがあげられる。この被害は本庄村、御影町、本山村、魚崎町から神戸市灘区、西宮、芦屋に及んだ。

大阪湾への機雷投下

五月に入ると、B29による日本沿岸への機雷投下が激しくなった。この作戦には、テニアン北飛行場の第三一三航空団が従事した。五月三日深夜から四日未明にかけて、および五日深夜から六日未明にかけて、下関海峡から大阪湾に至る瀬戸内海北岸一帯、名古屋水域、東京水域に、大規模な機雷敷設作戦が実施された。三~四日の出撃機数九七機、機雷投下機数八八機、五~六日の出撃機数九八機、機雷投下機数八六機だった。そのうち、神戸—大阪水域を目標としたのは、二度とも一二機だった。B29一機の搭載量は、二〇〇〇ポンド機雷六~八個、または一〇〇〇ポンド機雷一二個であり、このときの神戸—大阪水域への作戦では一機当たり二〇〇〇ポンド機雷七個を投下したようである。以上は、第二一爆撃機軍団の報告書に記されているところである。

日本側の資料（五月一五日付、府警察局長「警備情報送付に関する件」）によると、瀬戸内海への投下機雷は、一八一五ポンドの音響機雷（全長二〇〇センチ、直径六〇センチ）と九六五ポンドの磁気機雷（全長一七〇センチ、直径四七・五センチ）の二種類で、B29一機の搭載量は六~七個もしくは一二個と、きわめて正確に把握している。そして、夜間高度二〇〇〇~三〇〇〇メートルから青色落下傘を付した機雷を、四〇〇~五〇〇メートルの等間距離で敷設したと記されている。このようによく判っていながら、「海中に落下せる機雷処理は、現在のところ、航空機もしくは掃海艇による爆破手段のほか、手段なき模様なり。よって近接せざるを要す」と、当時の日本の戦力ではお手あげの状態だったことが示されている。

これ以後、B29による大阪湾への機雷投下作戦がくり返された。日本軍の掃海が不十分であったため、船舶は機雷原突破の危険をおかして航行することを余儀なくされた。そのために、数多くの触雷による被害が生じた。

本土決戦を呼号

四月と五月の二か月間、大阪には爆弾も焼夷弾も落ちなかった。しかし、投弾はなかったというものの、四月は二九回、五月は三二回の警戒警報が発令されており、そのなかには空襲警報に至ったものもある。

四月一日にはアメリカ軍が沖縄本島に上陸し、五日に小磯国昭内閣が総辞職したあと、鈴木貫太郎が内閣を組織した。五月二日にはベルリンが陥落し、八日ドイツは無条件降伏をした。このような戦局の極度の悪化のもとで、建物疎開が強行され、多くの人びとが住家を失った。三月中旬から六月中旬までの大阪市内の緊急疎開だけで、三万四九〇二戸が取り壊された。

そして、「本土決戦」が本気になって呼号される時期となった。この年四月一三日の日付のある中部軍管区司令部、舞鶴鎮守府、大阪警備府作成の「近畿地方総力交戦準備要綱草案」という文書がある。タイプ印刷三五ページに「近畿地方防衛地帯要図」が付せられたこの文書には、もちろん「極秘」のスタンプ印が押されている。当時の軍部の本土決戦準備を示す貴重な資料である。

これによると、近畿地方は、南岸防衛地帯、滋賀防衛地帯、大阪湾岸防衛地帯、北岸防衛地帯、中部防衛地帯の五地帯に分かたれて、交戦準備を進めることになっていた。なかでも「敵を沿岸附近に撃砕することを第一義とし、特に南岸防衛地帯の交戦に関する準備に重点を置く」として、近畿地方では紀伊半島の防衛態勢確立に最重点をおくことが明記されていた。南岸防衛地帯については、次のようにも記されていた。

紀伊水道およびその南方海上より上陸し来たる敵、並びに空中より降下する敵に対し、軍の作戦および作戦準備に協力する為、交戦その他必要なる事項に関する準備を行う。

本防衛地帯に対する諸準備は、他の防衛地帯に対するものよりも特に優先せしめ、極力強大なる戦力をこの地帯に結集することに努むるものとす。

この文書は、標題の示すとおり「草案」であった。だが、最終的に決定された「要綱」の存否は不明である。目次のところに、註として「本草案は尚研究の余地ありと雖も、戦局推移の急速なるに鑑み、先ず本草案により、なし得る限り交戦に関する諸準備を迅速に進捗せしむるものとす」と書かれていて、本案にしたがって、本土決戦態勢の確立が急がれたものと思われる。

その具体的なあらわれが、五月ごろから始まった紀伊半島での陣地構築であった。和歌山県と大阪府から、大量の人員が動員された。紀伊半島に「極力強大なる戦力」を結集すべく、紀州の山々に穴を掘り、陣地を構築することが企図されたのである。大阪府内の中学生も、行先も知らされずに汽車で運ばれ、小学校校舎の床の上や造り酒屋の酒蔵の土間で寝起きし、空き腹をかかえながら、陣地構築作業に従事させられた。しかし、泥縄式に始められたこの作業、人間をいかに大量に動員しても、宿舎や食糧の準備さえととのっていなかったし、作業計画はお座なり、鶴嘴《つるはし》さえわずかしかなく、岩山に人力で穴をあけようとしてもできる話ではなかった。ただ、陣地構築に動員された者にとって、生涯忘れることのできない苦痛の思い出となっただけである。本土決戦準備といっても、その実情は余りにも貧弱であり、机上の作文に過ぎなかったといってよい。

五大都市の破壊

マリアナ基地のB29部隊による日本の大都市市街地への大規模焼夷弾爆撃は、その後、どう展開されたかについて述べよう。一九四五年三月中旬の四大都市への五回の攻撃のあと、四月一三～一四日に東京北西部、ついで四月一五～一六日に東京南部と川崎地区に大量焼夷弾攻撃が加えられた。そのあと、B29部隊の主任務は、沖縄進攻支援にきりかえられ、主として九州の飛行場や航空廠への攻撃がおこなわれた。

五月一一日をもって沖縄作戦支援任務が終了するとともに、B29による大都市への絨緞《じゅうたん》爆撃が再開されることになった。五月一四日と一六～一七日に名古屋、五月二三～二四日と二五～二六日に東京、五月二九日に横浜がそれぞれ大空襲にさらされた。これによって、東京、名古屋、横浜の三都市はほぼ壊滅した。

五つの大都市目標のうち、三つまでが潰《つい》え去り、残ったのは大阪と神戸の二つとなった。かくして、大阪と神戸の破壊が、六月早々のスケジュールとなった。

大阪に対しては、六月一日の白昼、B29とP51による第二次大空襲がおこなわれたのをはじめとして、七日に第三次、一五日に第四次と大規模焼夷弾爆撃がくり返された。この間、五日には神戸への大規模焼夷弾爆撃、九日には鳴尾（現在西宮）と明石の航空機工場への精密爆撃がおこなわれたため、六月前半の阪神地域は激烈な空襲に明け暮れた。そして、六月一五日の第四次大阪大空襲をもって、B29部隊による東京、大阪、名古屋、横浜、神戸の五大都市に対する焼夷弾攻撃による破壊作戦は完了し、以後、焼夷弾攻撃は中小都市に向けられることになった。七月一〇日の堺空襲（第六次大阪大空襲）も、中小都市攻撃のひとつであった。

なお、その後も高性能爆弾による軍需工場への精密爆撃という形での大都市への空襲が存在するわけで、六月二六日の第五次大阪大空襲、七月二四日の第七次大阪大空襲、八月一四日の第八次大阪大空襲がそれであった。これらB29による爆撃のほかに、硫黄島基地発進のP51や空母発進の艦上機による銃爆撃も、いくどかくり返された。

白昼の大量焼夷弾攻撃

六月一日の第二次大阪大空襲は昼間爆撃であり、硫黄島基地の第七戦闘機軍団のノースアメリカンP51（ムスタング、野生の馬という意味）もB29援護のため発進した。

市街地への焼夷弾による本格的絨緞爆撃がはじめて白昼におこなわれたのは、五月一四日の名古屋大空襲であったが、これは日本の防空態勢を混乱させるためと、爆撃を正確におこなうためだったとされている。

ついで、五月二九日の横浜大空襲が昼間爆撃であり、このとき、P51戦闘機がB29の市街地絨緞爆撃の最初の護衛任務に出動した。この理由として、第二一爆撃機軍団の報告書は、五月二三〜二四日と二五〜二六日の東京に対する夜間低空焼夷弾爆撃のさいの損害が大きかったので、爆撃方式を変え、P51を護衛につけたと記している。ところで、今井清一著『大空襲5月29日』(有隣新書、一九八一年刊)は、横浜大空襲を日米双方の資料を使って分析したきわめてすぐれた書物であるが、この本のなかで著者は、地形の複雑な横浜への攻撃を成功させるために昼間爆撃にしたのではないかと述べている。この推察は的を射ていると私は思う。横浜大空襲の三日後の大阪空襲が白昼におこなわれたのは、大阪の焼け残った地域の地形上の難点を理由としていたからである。

六月一日の大阪大空襲に関する戦術作戦任務報告の冒頭には、次のように記されている。

大阪に対する先の焼夷弾攻撃(三月一三〜一四日の大空襲をさす)の結果、市の中心部は焼失してしまった。残された地域はむずかしく爆撃できなかった。まだ爆撃されていない最も重要な地域は、海岸線に沿った西部と、造兵廠をとりかこむ住宅地区の北部と東部にあった。二つの計画が準備された。一つは海岸線附近、大阪の西部に対して最大の力を使って爆撃を実行すること、そしてもう一つは北東部と最も東寄りの地区を最大の力を使って爆撃することであった。

攻撃目標の位置のため、正確な爆撃は、夜間攻撃よりも昼間攻撃の方が、比較的良い結果が得られると考えられた。

六月一日の大阪大空襲の場合、それが白昼におこなわれたのは、市街地の中心部が焼き払われているという地形上の理由によることを、アメリカ軍側が明言しているのである。以後、六月七日、一五日と大阪都市地域に加えられた大量焼夷弾攻撃は、すべて昼間におこなわれた。

米軍資料による6・1大空襲

アメリカ軍側の資料によると、六月一日の大阪大空襲は以下のようであった（資料は幾種類もあり、それぞれに異同がある。本書では主として作戦任務報告によった）。この日、マリアナ基地を発進したB29の攻撃部隊は、第五八航空団（テニアン西飛行場）一一九機、第七三航空団（サイパン・アイズレイ飛行場）一五三機、第三一三航空団（テニアン北飛行場）一一九機、第三一四航空団（グアム北飛行場）一一八機、あわせて五〇九機だった。うち四五八機が二七八八・五トンを大阪都市地域に投弾し、三・一五平方マイル（約八・二平方キロ）に損害を与えた。隣接の尼崎市には、〇・一一平方マイルに損害を与えた。爆撃時間は、日本時間で一日午前九時二八分から一一時まで、高度は一万八〇〇〇フィート（五五〇〇メートル）から二万八五〇〇フィート（八七〇〇メートル）だったという。なお、第五八航空団というのは、中国・インド基地の第二〇爆撃機軍団の解体とともに、四月一日にマリアナ基地の第二一爆撃機軍団に転属してきた部隊である。この作戦におけるB29の損失は一〇機、うち日本軍の対空砲火によるもの五機、故障または不測の事故によるもの四機、原因不明一機、そして対空砲火により損傷したのは一二七機（または一三三機）と記されている。

この空襲では、M47焼夷弾、M69焼夷弾（E46集束弾）、M50焼夷弾（M17集束弾）、T4E4破砕集束弾が投下された。

M47は一〇〇ポンド（四五キロ）の炸裂型油脂（ナパーム）焼夷弾、M69は六ポンド（二・七キロ）の尾部噴射、油脂焼夷弾であり、いずれも三月一三～一四日の第一次大阪大空襲で使用された。M50は四ポンド（一・八キロ）の小型テルミット・マグネシウム焼夷弾であり、三月一七日の神戸大空襲のときに登場している。アメリカ軍は当初マグネシウムが不足したので、テルミットで代用していた。その後、マグネシウムを豊富に使用できるようになり、AN-M50を生産し始めた。日本攻撃用に使われたのはAN-M50であり、したがってマグネシウム（エレクトロン）焼夷弾だった。

M69が中径八センチ、長さ五〇センチの六角筒だったのに対し、M50も六角筒だったが、中径四・八センチ、長さ三三センチと小さく、空襲体験者にはよく知られている焼夷弾である。M69は麻布製のリボンを尾翼の代用にしていたが、M50は長さ二二センチのアルミニウム翼をつけていた。日本の木造建築に対しては、M50の貫徹力は強すぎ、重工業地帯に効果のある武器だった。

それは重建築物を貫通し、目標地区内の金属を溶解する強烈な熱を発生した。M50の一部には、頭部にテトリール爆薬を装塡しているものがあって、落達後四〇秒から一分で燃焼を終わってから、爆発する仕掛けになっていた。殺傷威力は手榴弾程度、半径五メートル以内は危険で、これがために消火活動が妨害されたし、不発弾処理のミスで犠牲を出した事例も多かった。なお、M50の集束弾M17は五〇〇ポンドであり、一一〇個のM50を内蔵していた。

T4E4破砕集束弾というのは、二〇ポンド（九キロ）片鋼弾（破片弾）集束の五〇〇ポンド爆弾であり、人間を殺傷するための武器だった。これも二月四日と三月一七日の神戸空襲で使用されている。一個の爆弾から、長さ三〇センチ、中径九センチ、重さ九キロの片鋼弾が二〇個とびちって、人間をなぎたおす残虐きわまる爆弾で、九州や四国の飛行場攻撃にも用いられ、整備兵を殺傷した。これが都市爆撃に用いられたのである。ところが、日本の軍部は、B29がこの残虐な爆弾を投下した事実をあまり公表しなかった。当時の新聞には、アメリカ軍の爆弾や焼夷弾の型状や性能についての記事がしばしば掲載されたが、T4E4についてはほとんど触れられていない。この爆弾の性能を知って市民が恐怖心をおこし、消火活動をやめて逃げてしまうのをおそれたからだった。すなわち、当時の市民は非人道的な日米両軍の犠牲になったのである。

一平方キロに八六・五トン

第二一爆撃機軍団司令部としては、六月一日の大阪爆撃の目標は、淀川（新淀川）左岸の地域と大阪港沿岸の地域だった。照準点は、国鉄福島駅近辺（福島区）、大開《おおびらき》町近辺（福島区）、国鉄安治川口駅近辺（此花区）、市立運動場近辺（港区）、福町近辺（大正区）の五か所だった。そして、照準点を中心に、それぞれが一・八平方マイル（四・七平方キロ）から成る五つの焼夷弾攻撃目標が指定された。

この作戦計画どおりに爆撃が実行されなかったことは、第一次大空襲のときと同じである。だが、アメリカ軍としては、西または南西の風を予想して、もっとも東の目標、すなわち福島駅近辺への投弾から開始して、西へ西へと攻撃を移動していくことにしていた。それは、目標が煙でおおわれるのを避けるためだった。

まず、第三一四航空団一一八機の半数、二航空群（グループ）が福島駅近辺、ついで残りの二航空群が大開町近辺を照準点として、攻撃することとされていた。M47焼夷弾搭載の一航空群とM69焼夷弾（E46集束弾）搭載の一航空群が、それぞれの照準点に割り当てられた。この二つの目標地域は住宅建物が主であるために、M47とM69の組合せが効果的と考えられたのだった。

第三一三航空団の一一九機は、安治川口駅近辺を照準点とした。二航空群がM47焼夷弾、二航空群がM50焼夷弾（M17集束弾）を搭載した。住宅と工場建物の両方を含む地域だったからである。

第五八航空団の一一九機は、市立運動場近辺を照準点とした。一航空群がM47、三航空群がM69を搭載した。住宅・工業混合地域だったからである。

第七三航空団一五三機は、福町近辺を照準点とした。三航空群がM47、一航空群がM50を搭載した。工業地域だったからである。

そして、全航空団のすべてのB29は、五〇〇ポンドT4E4破砕集束弾一個を積むこととされていた。この爆弾はB29の下、三〇〇〇フィート（九〇〇メートル）で解束するようにセットされた。二〇ポンド（九キロ）の片鋼弾を飛散させて、消火活動を妨害し、焼夷弾攻撃の効果をあげようとしたのであった。焼夷集束弾は、すべて目標上空五〇〇〇フィート（一五〇〇メートル）で解束するようにセットされた。M47焼夷弾には七五フィート（二三メートル）、集束弾には三五フィート（一一メートル）に投下間隔管制装置がセットされた。これによって、一平方マイル（二・六平方キロ）につき、約二二五トンの密度で投弾できるというのが、第二一爆撃機軍団の計算だった。これは、一平方キロに約八六・五トンということになる。

B29部隊の航路は、以下のように指示されていた。マリアナ基地から硫黄島上空を経て、日本の海岸から離れた位置（個々に指定）で集結して編隊を組み、北緯三四度零分三〇秒、東経一三四度三八分、つまり徳島県那賀郡和田島の突端和田ノ鼻の上空に達する。この和田ノ鼻が飛行転移点（ディパーチャ・ポイント）であり、航路を決めるための位置標識として用いるわけである。そして、北緯三四度一三分、東経一三四度四三分の淡路島西南端押登《おしのぼり》岬が、編隊を進入点と目標のあいだの線に揃える地点として選ばれた。進入点（イニシャル・ポイント）の洲本《すもと》（淡路島）上空から投弾航程に入って、目標大阪へ向かうこととされた。押登岬上空から洲本—大阪と直進するというわけである。爆撃後は、北緯三四度二〇分、東経一三五度四五分、奈良県下市町の方向へ進み、三重県尾鷲《おわせ》上空から海上に脱去する。レーダー飛行、有視界飛行、目標への有効な攻撃、日本軍の対空砲火の配置など、いろんな要素を検討して、このような航路が指示された。

第二一爆撃機軍団の六月一六日付「航空情報レポート」によると、一日に大阪を実際に爆撃したのは、第五八航空団一〇六機（投下弾六五〇トン）、第七三航空団一四〇機（九〇四トン）、第三一三航空団一〇八機（七四七トン）、第三一四航空団一〇三機（四八一トン）だった。この合計機数は四五七機で、作戦任務報告の四五八機と合致しないが、後者には他地域に投弾し、大阪にも投弾したとされる一機が含まれている。ここから数字の差が生じたのだろう。

この日、硫黄島と日本本土の中間の海上はたいへんな悪天候だった。後述するように、硫黄島を発進したP51部隊は大打撃を受けた。B29部隊の各機も悪天候になやまされ、指示どおりの航路を飛行することは困難だった。第二一爆撃機軍団の戦術作戦任務報告をみると、「悪天候による混乱が生じた」「飛行を困難にした問題は、また爆撃を困難にする原因にもなった」「悪天候は編隊をばらばらにした」「編隊が爆撃高度へ上昇する間に出合った悪天候はB29を追い散らした」などの表現がある。発進五〇九機のうち、一〇機損失だったから、四九九機が帰還した。ところが四九九機のうち、八一機が燃料不足と故障のため、途中の硫黄島へ着陸した。硫黄島をアメリカ軍が手に入れたことの効果が、こういうふうに発揮されていたわけである。

なお、この作戦で日本軍戦闘機一五機を撃墜、九機を不確実撃墜したと、アメリカ軍側は記録している。

P51ムスタング

ノースアメリカンP51（ムスタング）は、第二次世界大戦におけるアメリカ軍最強の戦闘機といわれる。ヨーロッパの空ではナチス空軍を向こうにまわし、アジアの空では日の丸の銀翼と死闘を展開した。すぐれた操縦性と頑丈な機体が特長で、いかなる戦闘機に対しても対等以上の戦闘力を発揮できる万能の戦闘機だった。最大の長所は航続距離の長さで、この点では当時の単座戦闘機のすべてを大きく上まわっていた。

一九四五年（昭和二〇）三月六日、戦闘が依然として続いている硫黄島の南部飛行場にP51が進出した。さらに、その月の一五日、島の北西部の飛行場にもP51が到着した。

マリアナ諸島は、日本の南東二四〇〇キロに位置し、B29による本土空襲に絶好の基地だった。しかし、B29護衛の長距離戦闘機には、日本にもっと近い基地が必要だった。東京から約一〇〇〇キロの硫黄島は、P51が日本本土に出撃するためにはぎりぎりの基地だった。

四月七日、東京近郊立川の中島飛行機武蔵製作所と名古屋の三菱重工業発動機製作所爆撃の任務を帯びたB29の大部隊を援護するため、一〇八機のP51が発進した。

硫黄島のP51が日本爆撃のB29援護作戦に要する全飛行距離は二四〇〇キロ、これは二個の補助タンクを装備したP51にとっても限界に近かった。しかも、P51が日本上空にとどまる時間は、

B29が爆撃をおこなう時間に限定される。そのため、P51が航法ミスをおかさないように、爆弾を搭載しないB29がP51編隊を誘導して、日本の沖合上空までの長い海上飛行を案内した。誘導のB29は、目標地域からのP51の帰還を待って海上で旋回飛行をつづけ、硫黄島への帰路を導いた。日本への長い往復の海上に起こる悪天候も、P51の大敵だった。通常、P51に先立って気象偵察のB29が飛行した。

このように、P51の日本出撃は苦労が多かった。だが、その効果は大きかったようである。一九五〇年(昭和二五)一二月に第一復員局が作成した『本土防空作戦記録(関東地区)』によると、一九四五年四月七日のP51初来襲について次のように記されている。

午前B29約九〇機P51約三〇機戦爆連合にて来襲す。硫黄島陥落してよりP51の進出を伝えありしが、これが来襲は今日が始めてにて、今後は必ず戦爆連合の攻撃を予期せざるを得ざるに至り、師団の邀撃は一層困難を加う。

師団長は当初の意図の如く、対戦闘機戦闘を避け、損害の減少を図り、出動せしむることなく、器材を遮蔽分散せしむ。

P51はB29の掩護を任務とせるものの如く、B29より分離せず、また飛行場等に対するP51の単独攻撃を行わず。

かくて今後師団の活動の舞台は夜間空襲に限られ、昼間の攻撃には殆ど出動する好機なく、民間に於ては一時華やかに新聞を飾れる防空部隊は如何にせしやとの疑問を抱くに至れり。

京浜防衛の第一〇飛行師団（陸軍航空隊）は、Ｐ51戦闘機がＢ29を援護して来襲したので、迎撃を断念したのである。当時の日本軍戦闘機では、Ｐ51にとても太刀打ちできなかった。「対戦闘機戦闘を避け」「器材を遮蔽分散」したのだった。同じ日、名古屋・阪神防衛の第一一飛行師団は迎撃に出動し、伊勢上空で優勢なＰ51約三〇機に遭遇して不利な戦闘を交えた旨、防衛庁戦史室の『本土防空作戦』（一九六八年刊）に記されている。

以後、Ｐ51はＢ29を援護して、京浜・東海地方にしばしば来襲した。五月八日には、はじめて単独で来襲した。『本土防空作戦記録（関東地区）』をみると、第一〇飛行師団はＰ51が来襲すると絶対に出動せず、Ｂ29だけのときに「勇躍出動」している。日本軍戦闘機にとって、Ｐ51がいかに大敵であったかがよくわかる。

Ｐ51大阪初来襲

Ｐ51が大阪にはじめて来襲したのは、六月一日、第二次大空襲のときである。この日、硫黄島基地からＰ51一四八機が飛び立った。大阪に焼夷弾攻撃を加えるＢ29部隊を援護するためだった。

第七戦闘機軍団（司令官Ｅ・ムーア准将）の総合作戦任務報告によると、Ｐ51部隊は午前六時一九分から三八分にかけて離陸し、七時から五分間で航法誘導のＢ29と空中集結を完了した。Ｐ51部隊は三つの戦闘機群（グループ）から成っていたので、航法誘導機は三機だった。ところが、それから二時間後、Ｐ51部隊は極端に悪化した天候と遭遇し、思いがけない痛手を受けた。

海面から七〇〇〇メートル以上に広がった雲の固い壁から成る不連続線にぶつかったのである。気象観測機は、戦闘機隊に先立つ三〇分前には天候良好と伝えていた。P51部隊の指揮官は、このまま進んでも安全と判断した。ところが、その海域は視界がまったくきかず、激しい雨、雪、氷、猛烈な乱気流と大荒れに荒れており、P51はばらばらに散らされてしまった。航法誘導機を見失ったパイロットたちは大混乱におちいり、交信に必死になったが、お互いに連絡をとることもできなかった。

一四八機のP51のうち、二七機（「航空情報レポート」では二三機）だけがこの悪天候を突破して目標までたどりついた。九四機が基地にひきかえした。二七機が失われたが、二機は故障によるもので、残りの二五機は天候のためであった。パイロット二人が救出されたが、二五人は行方不明となった。六月一日の大空襲に出動したP51は、ムスタング部隊の歴史のなかで最大の災難に出合ったのだった。

第七戦闘機軍団の報告では、「二七機が気象前線を突破し、目標上空を飛行し続けた」とあり、目標上空にいたのは一〇時から一一時の間だった旨、記されている。勝浦湾で四、五隻の漁船を機銃掃射、太地《たいじ》の兵舎と無線電信局も銃撃、ナガハエ（中芳養《なかはや》か）の無線電信局を焼失させたこと、屠龍（陸軍複座戦闘機）一機を撃墜したことなども記されている。大阪については、「大阪上空の煙は二万一〇〇〇フィート（六四〇〇メートル）あがった」「大阪市は、一万四〇〇〇フィート（四三〇〇メートル）にのぼる煙の柱とともに、激しく燃えていた」との、P51パイロットの報告も書かれている。

六四〇〇メートルといい、四三〇〇メートルといい、これだけ上空高く煙があがっていたとのことだから、大阪の街は、ほんとうによく燃えていたのである。

日本側の発表

六月一日の大阪大空襲に関する発表は、中部軍管区司令部がおこなった。水谷鋼一・織田三乗『日本列島空襲戦災誌』(東京新聞出版局、一九七五年刊)によると、六月一日を期して、特別の情報をのぞき、空襲発表を大本営から各軍管区司令部に移したとのことである。

中部軍管区司令部の発表を次に記しておこう。

中部軍管区司令部発表(六月一日正午)

南方基地のB29約四百機は、一日午前八時三十五分より、紀伊半島南端附近および土佐湾附近に旋回集結の後、約十機乃至三十機の編隊を以て、紀伊水道および高知の両方向より大阪に侵入、約二時間にわたり、主として焼夷弾による無差別爆撃を行い、逐次奈良県中部を経て、紀伊半島より脱去せり。これがため、大阪市西北部および尼崎市に火災の発生をみたるが、民防空の敢闘により漸次鎮火しつつあり。わが方の戦果は正午までに判明せるもの、撃墜二十四機、撃破三十機にして、なお増加の見込なり。

ついで、中部軍管区司令部と大阪警備府、つまり陸海軍共同の発表がおこなわれた。

中部軍管区司令部・大阪警備府発表（六月一日十六時）
一、わが陸海制空部隊の収めたる戦果中その後に判明せるもの左の如し。
撃墜四十七機、撃破八十三機（正午発表の戦果を含む）
二、わが方の損害、自爆一、未帰還一、

六月二日の朝日新聞は、この軍発表に「大阪・尼崎を焼夷暴爆　B29四百、編隊来襲　撃墜破実に百卅機」と見出しをつけた。アメリカ軍側の記録では、B29の損失一〇機、対空砲火による損傷一二七機（または一三三機）だから、その点では日本側のいう「撃墜破百卅機」はむしろ控え目といえる。だが、撃墜機数において日米の間で大差がある。当時、府立天王寺中学校（現在天王寺高校）三年生が大正区の大阪市電気局福町車両工場に動員されていた。その一人である高橋和利（旧姓湯川）によると、「六月一日の空襲の最中、海中の丸い浮標《ブイ》にしがみついて難をのがれたが、海岸に構築された高射砲陣地の対空砲火によって、淡路島方面からぞくぞくと東進するB29大編隊のなかから少くとも数機以上が煙や焔を吐いて、翼を傾けながら紀伊水道方向に逃げ去るのを目撃した」とのことである。この日、大阪の高射砲部隊は大活躍した。それがアメリカ軍側のいうB29の損失、損傷数にもよく現れているのである。しかし、日本側のいう撃墜四七機と、アメリカ側のいう損失一〇機（うち対空砲火によるもの五機）とのあいだのくいちがいは大きかった。

この日、大阪を爆撃したB29は四五八機、これを中部軍は約四百機と発表した。このことは、大本営が五月一四日の名古屋空襲のB29四七二機を約四〇〇機、同二九日の横浜空襲のB29四五四機を約五〇〇機と発表したのと並ぶ正確さだった。いずれも昼間爆撃だった。これについて、第二〇航空軍の六月一日から三〇日までの期間の「戦記」（ナラティブ・ヒストリー）は、次のように述べている。

主要な空襲に参加した実際の機数も、日本国民にはひたかくしにされた。日本国民は、本土への主要な攻撃に参加しているB29の平均機数は二五〇〜三五〇機と知らされていた。実際には、主要目標を爆撃するときの機数は、六月一〇日の二八〇機から六月二六日の五〇〇機までであった。目標を攻撃したB29の平均機数は、四二〇機だった。日本国民が四〇〇機来襲と知らされたのは、六月一日の大阪空襲のほんの一度だけであった。日本を四〇〇機以上のB29で攻撃したのは、六月には七回を数えたのであるが。

第二〇航空軍の「戦記」のこの部分は、日本のラジオ放送を分析した箇所である。この戦記は、「五月後半に日本の指導者たちは、国民に第二一爆撃機軍団の空襲について正当に知らせようとした」と書いている。たしかに、五月一四日名古屋、同二九日横浜、六月一日大阪の白昼大空襲のB29機数はほぼ正確だった。だが、六月五日の神戸大空襲以後は、昼間攻撃の場合も不正確になった。「六月には不正確になった」とは、「戦記」の記述である。

とにかく、六月一日のB29の来襲機数を、中部軍はまともに発表した。ところが、撃墜機数は四七機と発表され、アメリカ軍側の記録とくいちがった。第二〇航空軍の「戦記」は、次のように記している。

撃墜したB29の数を報道したときも、その数はかなり過大に見積もられていた。事実、日本のラジオ解説者は、六月一日の大阪空襲のさい、撃墜したB29は四七機だと称していた。この憶説的なB29撃墜数は、六月中の敵の反撃で失った第二一爆撃機軍団の全機数を上回っている。

アメリカ軍側は、このように日本のラジオ放送を傍受して、分析を加えていたのであった。

P51の来襲には触れず

なお、中部軍の発表では、P51の大阪来襲については触れられていない。新聞報道として、「午前十時ごろ紀伊半島南端に侵入したP51十一機は新宮方面を銃撃して南方に脱去した」と、P51の南紀来襲が報じられただけである。この日のP51部隊は、アメリカ軍の資料によっても、悪天候のためB29部隊援護の目的は果たせていない。そして、すでに述べたように、和歌山県南部への機銃掃射が記録されているだけで、大阪での行動内容は具体的でない。ただ、P51のパイロットが大阪上空高くのぼった煙を目撃したことが記されていて、これが何機かのP51の大阪来襲をうかがわせる文面である。

大阪府警察局の報告書である六月一日付「空襲被害状況に関する件」には、次のように書かれている。

マリアナ基地を発進せるB29約四〇〇機及びP51約一一機は、紀伊水道及び室戸岬附近に於て集結後、一部は和歌山、奈良県を、主力は徳島、香川県を経て大阪市に侵入し、前記時刻（午前九時〇分～午前一一時五分）の間、主として焼夷弾を、一部爆弾を投下せる後、十一時三十分頃尾鷲附近より南方洋上に脱去せり。

この表現では、P51が大阪に来襲したことを認めているようにとれるものの、判然とはしない。七月九日付の「大阪空襲被害に就いて」、および終戦後の一〇月作成の「大阪府空襲被害状況」は、いずれも府警察局の文書であるが、これには「六月一日（午前）にB29約四五〇機及びP51約一一機主として大阪湾地帯及び市の西部地区に対する焼夷弾及び爆弾の混用投下による攻撃を受け」と、P51の来襲があったととれる記述がなされている。

ともあれ、この日、何機かのP51が大阪上空に現れて、市内に機銃掃射を加えたことは確かな事実である。それを証明する体験者の記憶を、本章の次節「白昼の暗黒と炎」で記すことにする。

神戸が壊滅

六月五日の毎日新聞は「必至・阪神大連襲　備えはよいか・戦友諸君」、朝日新聞は「布陣を急げ・次の空襲」との見出しの、いずれも囲み記事を掲載し、読者の注意を喚起した。前日の四日、三度にわたって、B29が京阪神地区を入念に偵察したことから、大空襲必至とみたのである。なお、この四日午前一一時すぎに大阪に飛来した一番機のB29は、数種類の伝単約一三万五〇〇〇枚を散布した。さらにこれとほぼ同時刻、東成区深江に小型爆弾一発、南区の上汐町などに時限爆弾三発（推定）が投下された旨、東成・南両消防署長から府警察局に電話で届出られている（山内篤発見の書類綴「空襲被害詳報」による）。

ところが、市民が阪神空襲必至を報じた新聞を読むか読まないかの五日早朝、神戸はB29の大空襲に見舞われた。五日の朝日新聞は「次の空襲は再び京阪神に対して明日にでもあるかもしれぬのだ」と警告を発していた。「明日にでも」どころか、朝刊と一緒にB29が神戸に大挙襲来したのである。

第五八航空団一二〇機、第七三航空団一五〇機、第三一三航空団一二四機、第三一四航空団一二七機、あわせて五二三機のB29がマリアナ基地を発進し、うち四七三機に気象観測機一機が加わって、午前七時二二分から八時四七分までの一時間半、神戸に焼夷弾の雨を降らせた。

一万三六五〇フィート（四一六〇メートル）ないし一万八八〇〇フィート（五七〇〇メートル）の高度から、M47、M69、M50焼夷弾とT4E4爆弾三〇七九トンを投下、神戸市とその近郊（西宮市、芦屋市など）五・八五平方マイル（一五・二平方キロ）を焼失させた。

この大空襲で神戸は壊滅した。第二一爆撃機軍団の報告書によると、この作戦を実施すれば「おそらく神戸は焼夷弾攻撃目標としては取り除かれるであろう」と予測されていた。その予測どおり、六月五日の空襲で、神戸は都市への焼夷弾攻撃リストから外された。東京、名古屋、横浜が五月末までに壊滅し、いま神戸が壊滅した。五大都市のなかで、まだ焼き払われるべき箇所の残っているのは大阪だけとなったのである。

この日、B29部隊は紀伊水道を北上し、徳島県東端の蒲生田岬を陸地確認点とし、和歌山県北西端加太《かだ》湾の沖合にある沖ノ島を進入点として北進し、神戸を襲ったあと、大阪上空から奈良・三重県へと東進して、熊野灘に脱去した。B29の損失は一一機、うち日本軍戦闘機によるもの三機、対空砲火によるもの三機、両者の組合わせによるもの三機、事故一機、原因不明一機だった。B29による日本機撃墜四四機、不確実撃墜一四機と報告された。以上はアメリカ軍側の資料による。

なお、この作戦にはP51一四四機が援護のため発進することになっていたが、天候上の理由で中止になった。一日の大被害のあとだけに、アメリカ軍としても慎重になったのであろう。

中部軍管区司令部と大阪警備府の発表（五日午後二時）によると、戦果は撃墜五六機、撃破一四四機、わが方の損害は未帰還七機だった。だから、翌六日の朝日新聞の見出しは「神戸へB29三百五十　六割、二百機を屠る　御影、芦屋、西宮にも火災」だった。そして、社説では「殊にわが制空部隊による戦果、撃墜破実に二百機の発表は特筆すべきものというべく、国民の勇猛心を鼓舞すること極めて至大である」と論じた。神戸防衛の高射砲部隊の活躍がめざましかったことは確かだった。しかし、発表された戦果は誇大だった。

米軍資料による6・7大空襲

六月七日正午前後、大阪都市地域に第三次大空襲が加えられた。この日の空襲は、第二一爆撃機軍団の作戦計画では大阪市東部と大阪陸軍造兵廠への攻撃が目的となっていた。戦術作戦任務報告には「焼夷弾攻撃および高性能爆弾攻撃」と表現されており、B29の七五%は焼夷弾を積むが、残りの二五%は高性能通常爆弾を搭載するよう指示されていた。

当日、マリアナ基地を発進したB29攻撃部隊は、第五八航空団（四航空群で編成）一一五機、第七三航空団（四航空群）一三二機、第三一三航空団（三航空群）八三機、第三一四航空団（四航空群）一一九機、合計四四九機であった。

この日の攻撃目標はだいたい次のようだった。まず、大阪城の北東部と東部の二か所、これは陸軍造兵廠である。北東部に対して、第七三航空団と第三一三航空団の各一航空群、つまり二航空群のB29が二〇〇〇ポンド爆弾（九〇〇キロ、日本流にいうと一トン爆弾）で攻撃する。東部に対して、第五八航空団の一航空群が一〇〇〇ポンド爆弾、第三一四航空団の一航空群が二〇〇〇ポンド爆弾で攻撃する。ただし、この爆弾の型式は戦術作戦任務報告によるものであって、六月一五日付の作戦任務要約（ミッション・サマリー）によると、一〇〇〇ポンド爆弾と五〇〇ポンド爆弾となっている。これが高性能爆弾攻撃である。

焼夷弾攻撃は、大阪市東部を北から都島区高倉町界隈、城東線（環状線）鶴橋駅附近、天王寺駅附近の三か所が平均弾着点とされた。高倉町界隈には四航空団から各一航空群、つまり四航空群、鶴橋駅附近にも同じく四航空群、天王寺駅附近には第五八、七三、三一四航空団から各一航空群、つまり三航空群が、一〇〇ポンドM47焼夷弾、六ポンドM69焼夷弾（五〇〇ポンドE46集束弾）、一〇〇ポンドM74焼夷弾（五〇〇ポンドE48集束弾、三八個集束）などで攻撃することとされていた。M74はナパーム・黄燐焼夷弾で、この後、岡山、佐世保、青森、津、および熊本への空襲に用いられたものである。そして各航空団の判断で一機につき一個、T4E4破砕集束弾（五〇〇ポンド）を搭載してもよいとされていた。

結果は大阪市北東部に大打撃を与えることができたが、陸軍造兵廠の被害はたいしたことなく、南東部もそれほどではなかった。作戦計画どおりの爆撃は、なかなか困難だったようである。しかし、被災した市民たちは、不正確に落とされた爆弾や焼夷弾でたいへんな目にあった。陸軍造兵廠に投下されるはずの爆弾が大阪市北東部に大量に落とされたため、城北《しろきた》公園の惨事、長柄《ながら》橋や崇禅寺《そうぜんじ》の悲劇が展開されたのである。これらの地域は焼夷弾や機銃掃射に加えて、爆弾攻撃を受けたために、四〇年後の現在に語り継がれる地獄絵巻がくりひろげられたのだった。

当日のB29部隊は、徳島県小松島市の東端、和田島の和田岬を飛行転移点とし、淡路島南端の潮崎ないしは押登岬から直線コースに入り、洲本市を進入点として大阪に投弾し、東へ生駒山を越えて脱去した。四四九機のうち大阪を攻撃したのは四〇九機、その内訳は第五八航空団一〇七機、第七三航空団一二〇機、第三一三航空団七七機、第三一四航空団一〇五機だった。午前一一時九分から一二時二八分の間、一万七九〇〇フィート（五五〇〇メートル）から二万三一五〇フィート（七〇〇〇メートル）の高度で、二五九三・六トンを投下、大阪市の二・二一平方マイル（五・七平方キロ）、尼崎市の〇・〇六平方マイル（〇・一六平方キロ）を破壊した。九四機が帰路硫黄島に着陸した。

Ｂ29の損失は二機、うち一機は燃料不足、一機は原因不明だった。Ｂ29が撃破した日本機は三機だった。日本軍戦闘機により損傷を受けたもの四機、Ｂ29が撃破した日本機は三機だった。

この作戦では、Ｐ51一五二機がＢ29援護のため硫黄島を発進した。一機が往路、硫黄島近くで事故で失われた。午前一一時、一三八機が四国上空でＢ29部隊と出合い、Ｂ29の二〇〇〇フィート上空、二万フィートの高度で援護隊形をとって目標に進入した。一二時一五分まで目標上空で戦い、屠龍（陸軍二式複座戦闘機）一機と単発機一機を撃墜、百式司偵一機を撃破した。以上は第七戦闘機軍団の報告書によるが、第二一爆撃機軍団の六月一六日付「航空情報レポート」には、「Ｐ51一四四機が硫黄島を発進。Ｂ29搭乗員たちは目標地域上空で四〇～六〇機のＰ51を視認し、彼らが敵二機を撃墜したのを目撃したと報告した」と書かれている。

日本側の発表

六月七日午後二時、中部軍管区司令部と大阪警備府は、次のように発表した。

一、南方基地の敵Ｂ29約二百五十機は、本七日十時頃、紀伊水道方面より大阪市周辺に来襲し、主として焼夷弾、一部爆弾を混じて投下せる後、十時四十分以降、十三時十分に亙り、熊野灘より逐次脱去せり。大阪市北部及び東北部に火災発生せるも逐次鎮火中なり。

二、戦果及び被害は目下調査中。

なんと元気のない、他人事のような文面であることか。機数も来襲時間も不正確、P51の来襲にも触れていない。このたびの第三次大阪大空襲についての陸海軍の共同発表にみられる虚偽は、従前と同様に意図的なものだったことは確かだが、今回はそれに加うるに中部軍が状況把握能力を喪失したせいもあるのではないかと思いたくなる。

調査中だったはずの戦果について、ついに発表はなかった。誇大戦果をぶちあげる力もなくなったのか。

市民たちがP51の機銃掃射で多大の犠牲を出しているのに、それについては一言半句も触れていない。新聞記事にも出てこない。前回の六月一日のP51は少数機だった。六月七日は多数機であり、無視することはできないはずなのに、不思議なことである。二日後の九日朝、阪神地区の航空機工場を目標としたB29による大爆撃がおこなわれ、つづいて正午前後に、P51部隊が中部軍管区内を行動した後、東海軍管区内に向かった。これを報じた六月一〇日付朝日紙は「京阪神の懐中近く初のP51」と見出しをつけた。

朝日新聞も毎日新聞も、七月九日に至ってP51が京阪神へ初来襲したと報じた(七月一〇日付記事)。当時のこの種のニュースはすべて軍部提供のものである。当時の日本軍としては、七月九日にP51がはじめて大阪を攻撃したのであって、それ以前はP51は来襲していないとの態度だったのだ。

だから、当時の大阪の人たちは戦闘機の機銃掃射を受けても、それはグラマンF6F（ヘルキャット）などの艦上機だと思い込んでいた。大阪地方は、三月一九日にすでに艦上機に襲撃されており、グラマンとはなじみになっていた。六月一日以降、P51が大阪上空へ現れて銃爆撃をおこなったのだが、大阪の人たちはP51をグラマンだと思っていた。

六月空襲の体験者の話をきくと、必ずといってよいほど、グラマンの機銃掃射を受けたという。P51ムスタングの話はほとんど出てこない。それは、日本軍がP51の来襲を認めなかったからである。七月九日に至って、やっとP51の来襲を認めたのである。当時の中部軍の軍人たちにとっては、P51が硫黄島をとびたって阪神地方を攻撃するほどの遠距離飛行ができるということをなかなか信じられなかったという面もあったようである。

軍も警察も混乱

大阪府警察局の報告書である「空襲被害状況に関する件」の六月七日大空襲の分は、六月一九日付となっていて、報告書作成の遅延ぶりが目立つが、以下のようになっている。来襲時間は一一時一〇分から一二時四〇分までと記されていて、米軍資料の記述とあまり変わらない。ところが、来襲状況は「B29約二五〇機以上及びB24少数機は、串本附近に於て集結の後、一八機ないし八〇機を単位として四梯団に分かれ、紀伊水道及び室戸岬より侵入し、前記時刻の間投弾せる後、一二時五〇分頃、熊野灘より南方に脱去せり」と、なんとコンソリデーテッドB24（リベレータ）爆撃機も来襲したというのである。投下弾種については、「第一梯団は主として小型爆弾（一部五〇〇封度《ポンド》）を、第二、三、四梯団は小型エレクトロン及び六封度油脂焼夷弾（一部一〇〇封度）を投下せり」と記述している。

その後に作成された大阪空襲に関する総合的報告書である二つの文書、すなわち七月九日付の「大阪空襲被害に就いて」と一〇月作成の「大阪府空襲被害状況」は、いずれも「六月七日（午前）B29約二五〇機主として大阪市の北部及び東北部地区及び豊中市及び吹田市、守口町等の衛星都市に対し、焼夷弾、爆弾の混用投下による攻撃を受け」と、さすがにB24来襲は削除しているが、P51に関する記述はない。

激烈な空襲の反復で、軍も警察も混乱し、無力化したことが、このような記録の不完全性を生んだのであろう。

第三次大空襲を報じた新聞記事の見出しを列挙すると、八日の朝日新聞は「敵機三度び大阪を暴爆　B29二百五十来襲　焼夷弾、爆弾を混投」「淀川沿いにまず投弾　市北部、東北部にも火災」「吹田の一部も火災」「何度でも来い・大阪魂は焼けぬ」「微動もせぬわが食糧陣　戦災者へ温かい生パン」「敵暴爆更に激化　敵弾、浪費に終らせん」、毎日新聞は「大阪へB29二百五十　北部、東北部を焼爆　逐次鎮火」「前触れ偵察なし」「刎《はね》返せ・阪神焦土化戦法　連日大空襲も覚悟　『昨日来たから』と油断するな」「急げ工場復帰　證明書で乗車券発売」「モンペの着替え　生産陣はぜひ携帯　緩《ゆる》みはないか〝決戦女性服装〟」などだった。翌九日の朝日紙は「我らの勝利は焦土の中から」「徹せよ〝野戦生活〟配給に頼らず備蓄で」とよびかけた。やけくそというか、絶望的というか、正気の沙汰と思えぬ状況が見出しにあらわれている。

八幡から大阪への目標変更

六月一五日、B29四四四機による第四次大阪大空襲がおこなわれた。それは、大阪・尼崎都市地域への昼間焼夷弾攻撃だった。

マリアナ基地のB29部隊は、この日、八幡を攻撃する予定であった。ところが、北九州地域の天候がわるいため、目標を大阪に変更したのである。第二一爆撃機軍団の戦術作戦任務報告には、次のように記されている。

元来、この日には、別の目標を攻撃するよう計画されていた。しかし、同地域の天候不順のため、当初の攻撃は放棄され、本計画が実施されることとなった。大阪地方の天気は良好であるとの予報に基づき、六月一五日に攻撃することが決定された。

これだけでは、当初予定されていた「別の目標」がどこかわからない。ところで、米軍資料のなかに、「六月一五日尼崎・大阪焼夷弾空襲」についての、第二一爆撃機軍団の要旨説明資料（ブリーフィング・マテリアル）というのがある。第四次大阪大空襲の作戦計画原案に基づいて作られた資料と思われる。そのなかにファイルされている「大阪・尼崎都市地域への焼夷弾攻撃の航空団別戦闘計画」という三ページの文書の末尾に、次の註が記されている。

各航空団は、この作戦計画（大阪・尼崎攻撃）に適当な型式の焼夷弾を搭載するかわりに、八幡に対する攻撃のために搭載ずみの焼夷弾を用いることが認められた。八幡攻撃のために搭載された焼夷弾の形式は、圧倒的にM17集束焼夷弾だった。

M17に集束されているのは、四ポンドAN-M50型マグネシウム焼夷弾である。このM50は重建築物を貫通し、金属を溶解する強烈な熱を発生する。その貫徹力は日本の木造家屋には強すぎ、重工業地帯に有効な焼夷弾だった。木造建築に最適なのは、六ポンド油脂焼夷弾AN-M69だった。だから、先導機がまず一〇〇ポンドの炸裂型油脂焼夷弾AN-M47を投下して大火災を発生させたあと、主力部隊がM69の集束弾で攻撃するというのが、日本の都市地域に対するオーソドックスな空襲の方法であった。ただM69が不足した場合や工場地帯が目標の場合、B29部隊はM50を使用した。

要旨説明資料に付せられた「航空団別戦闘計画」では、大阪・尼崎地域へ四航空団の一五航空群の戦力が出撃することになっていた。その一五航空群のうち、M47搭載が五航空群、M69を内蔵する集束弾搭載が六航空群、M50内蔵のM17集束弾搭載が四航空群と指示されている。この場合、M50を積んだ四つの航空群は工業用建物の多い地域（主として尼崎）への攻撃、M69を積んだ六つの航空群は一般住居の多い地域（主として大阪）への攻撃を割当てられることになったはずである。

ところが、八幡への出撃準備をしていたB29部隊が、急きょ、大阪・尼崎攻撃に向かうことになった。八幡という重工業地域を空襲することになっていたのだから、M50を集束したM17搭載のB29が多かった。本来であれば、「航空団別戦闘計画」記載のとおりに、焼夷弾を大阪・尼崎向きに積みかえるべきであったが、時間的余裕がないので、そのまま基地を発進したのだった。このことについて、戦術作戦任務報告は、次のように表現している。

この種の目標に対しては、異なる焼夷弾を用いた方が効果的であっただろうが、爆撃機はすでに当初の目標攻撃のために焼夷弾を搭載しており、これをとりかえるだけの十分な時間がなかったために、当初の目標を攻撃するために選ばれた爆弾をそのまま用いることが決定された。

この変更された作戦任務をおこなう一五航空群のうちの一二航空群は、目標上空五〇〇〇フィートで解束するように信管装置を施されたAN-M17A1集束焼夷弾を搭載した。残る三群は、瞬発弾頭信管を装備したAN-M47A2焼夷弾を搭載した。

投下間隔管制装置は、AN-M17A1型については三五フィートに、AN-M47A2型についてはは七五フィートにセットされた。

一五航空群のうち、一二航空群がM50（M17集束弾）、三航空群がM47というのだから、これは明らかに大阪都市地域向きではない。八幡攻撃用の装備であった。なお、作戦任務要約（六月二八日付）によると、六月一五日空襲では、M50とM47のほかに、M69（E46集束弾）も用いられたと記録されている。

さらにもうひとつ、目を引くことがある。第二一爆撃機軍団の要旨説明資料に付された「大阪・尼崎都市地域への焼夷弾攻撃の航空団別戦闘計画」、さきほどから盛んに引用している文書だが、実はこの標題の部分に一九四五年六月一二日と明記されているのである。これでは、「六月一二日に大阪・尼崎都市地域を攻撃する計画」という意味になるのである。米軍資料には、数字の誤記が多い。しかし、この場合は、タイトルの箇所である。誤記ではないと考えられる。すると、どうなるか。もともと、六月一二日に大阪・尼崎に大空襲を加える計画だった。それが何らかの理由で延期された。一五日、八幡空襲の予定が天候悪化で中止となった。そこで延びていた大阪・尼崎空襲を実行することになった。こうして、第四次大空襲が六月一五日におこなわれたと考えてよいのではなかろうか。

米軍資料による6・15大空襲

第二一爆撃機軍団の要旨説明資料のなかの「大阪・尼崎都市工業地域の重要性」は、次のようにいう。

大阪・尼崎地域には、日本の他のどの大都市よりも多くの目に見えない工場が存在している。そこには、攻撃目標として拾いあげるには余りにも小さく、余りにも多い作業所や家内工場と、大工場傘下の下請けの〝影の工場〟が含まれている。工業地であると同時に大火が起こりやすいのは、実に大阪と尼崎の最も重要な特色である。この両市には、一九三八年に一万五〇〇〇以上の工場が存在した。

「目に見えない工場」「家内工場」「影の工場」が、大阪や尼崎の密集した建物のなかに数えきれないほど存在している。裏長屋の家内工場からかなり大きい工場までが入り混って操業し、そこで働く労働者の住宅もその地域に混在している。大阪や尼崎の街のすみずみまでが、軍需工業を営み、兵器を生産している、とアメリカ軍はみた。かくして、大阪・尼崎都市地域への、最後の大規模焼夷弾攻撃がおこなわれることになった。

同じく要旨説明資料のなかの「平均弾着点の選定」では、攻撃目標について、以下のように書かれている。三月一三〜一四日の最初の大空襲で大阪市の最大の心臓部を破壊した。六月一日と七日の大空襲で、西部、北部、北東部を破壊した。残ったのは、市の南東部と新淀川（淀川）の北側である。そこで、五つの平均弾着点が選定された。大阪の南東部に二つ、北部に一つ、尼崎の心臓部に二つである、と。戦術作戦任務報告に添付された平均弾着点の図をみると、阪神出屋敷《でやしき》駅附近、国鉄福知山線支線金楽寺《きんらくじ》駅附近、以上が尼崎市内、西淀川区の神崎大橋東詰附近、これが大阪北部、鶴橋駅附近、天王寺駅附近、以上が大阪南東部、合計五か所が指定されている（同報告では、目標を大阪二地点、尼崎三地点として、神崎大橋近辺を尼崎に入れている）。

この日、マリアナ基地を発進したB29攻撃部隊は、第五八航空団一三八機、第七三航空団一四四機、第三一三航空団九四機、第三一四航空団一三五機、合計五一一機であった。

B29の航路は、徳島県蒲生田岬と和歌山県日ノ御埼（日ノ岬）のあいだを飛行転移点とし、和歌山県の西北端加太《かだ》を進入点として、大阪または尼崎の目標に投弾したあと、大阪攻撃機は生駒山を越えて熊野灘へ、尼崎攻撃機は北上して能勢から亀岡南方へと飛行して、熊野灘へ向かうこととされていた。

五一一機のうち四四四機のB29が、大阪・尼崎都市地域に対して、八時四四分から一〇時五五分の間に、高度一万六三〇〇フィート(五〇〇〇メートル)から二万六九〇〇フィート(八二〇〇メートル)で、三一五七・三トンの焼夷弾を投下した。これによって、大阪一・九平方マイル(四・九平方キロ)、尼崎〇・五九平方マイル(一・五平方キロ)、計二・四九平方マイルを破壊した。

日本軍機はたった二機あらわれたが、攻撃してこなかった。この作戦でのB29の損失は二機、一機は離陸直後に海中へ墜落、一機は離陸時に爆発した。帰路、四三機が硫黄島へ着陸した。

B29部隊を援護するため、P51一〇〇機が硫黄島基地を発進したが、天候悪化のため、中止命令が出て全機引き返した。

以上が、アメリカ軍側の資料に記された第四次大阪大空襲の内容である。

日本側の発表

六月一五日正午、中部軍管区司令部と大阪警備府は、次のように発表した。

マリアナ基地の敵B29約三百機以上は、若干の小型機を伴い、本六月十五日七時三十分頃より紀伊水道に侵入、旋回集結の後、八時四十分頃より約一時間にわたり、大阪附近に侵入、主として大阪市東部地区に焼夷弾及び爆弾を混用投下せり。これがため、市内の各所及び周辺都市の一部に火災を発生す。敵機は奈良、三重県境を経て、九時頃より逐次熊野灘南方に退去せり。

軍による公式発表は、ついに、戦果に触れることもなくなった。敵B29にやられっぱなしにやられたことを、他人事のように、淡々と述べているだけである。軍自身がすでに戦意を喪失してしまったのではないか、と思いたくなるような文章である。

この空襲についての府警察局の報告書、すなわち六月二二日付「空襲被害状況に関する件」は、敵機来襲状況を次のように記している。

マリアナ基地を進発せるB29約五〇目標（三〇〇機以上と推定）は、潮岬及び室戸岬附近に集結、八時三〇分頃から一〇時二〇分頃までの間、約七〇編隊を以て北西進し、主力は和歌山県より、一部は紀淡海峡を経て、大阪湾より侵入し、八時四〇分頃より一〇時五〇分に至る間、大阪市全域（主として東南部）を攻撃した後、京都南部、奈良、三重県境より、九時一〇分より一一時二〇分に至る間、熊野灘を経て南方洋上に脱去せり。

被弾区域については、次のようであった。

主として市内北東南方面に攻撃を受けたるも、被弾は市内全域に及び、尚、堺北、布施、池田、守口、枚方、四条畷、八尾、三宅の郡部各警察署管内に及びたり。

投下弾の種類については、「油脂六封度《ポンド》、エレクトロン四封度の外に、黄燐焼夷弾を一部混用投下せる模様なり」と、焼夷弾のみによる空襲だったとしている。この点では、空襲直後に軍が焼夷弾と爆弾の混用投下だったと発表したのを訂正した形となっている。

大都市への焼夷弾攻撃の終了

六月一五日の第四次大阪大空襲をもって、日本の大都市地域への大量焼夷弾攻撃は終了した。米国戦略爆撃調査団の報告書のなかの「B29部隊の対日戦略爆撃作戦」（一九四七年刊）は、「計画どおり、東京、横浜、名古屋、大阪および神戸の破壊を完了した」と述べ、三月一〇日未明から六月一五日白昼までの諸攻撃について、次のように記している（訳は『東京大空襲・戦災誌』第三巻による。東京空襲を記録する会、一九七三年刊）。

地区名	市街地全面積	計画目標面積	破壊面積
	（平方マイル）	（平方マイル）	（平方マイル）
東　京	110.8	55	56.3
名古屋	39.7	16	12.4
神　戸	15.7	7	8.8
大　阪	59.8	20	15.6
横　浜	20.2	8	8.9
合　計	246.2	106	102.0

大都市工業地区の破壊に要求された一七回の大規模攻撃は、B29出撃機数延べ六九六〇機、投下した焼夷弾は四万一五九二トンに達し、日本における最も密集した重要都市工業地区の一〇二平方マイルが完全に破壊された。一七回の出撃の実施に当たって、総計一三六機のB29が失われたが、これは出撃機数の平均二・〇%であった。

そして、五大都市に与えた損害を前頁のような表で示している。
『第二次世界大戦における米国陸軍航空部隊史』第五巻（一九五三年刊）では、この間の焼夷弾攻撃について、川崎（市街地全面積一一・〇平方マイル、計画目標面積六・七平方マイル、破壊面積三・六平方マイル）を加え、六大工業都市を破壊したと記述している。同書は、次のように述べている（訳は『東京大空襲・戦災誌』第三巻による）。

日本の最も重要な六つの工業都市はほとんど壊滅した。大工場は破壊されるか、または大損害を受けた。数千の家内工場下請工場は灰となった。人命損失数は一〇万単位で数えられるものであった。数百万の人びとが家を失い、また生存者が疎開したので、残された工場も労働力を得ることが困難となった。日本の防空施設は超重爆群の長期間にわたる攻撃に対応するためには、哀れなほど不十分なものであった。すなわち、組織、既訓練者、退避壕、消防器具、救助および撤退施設ならびに市民教育について不十分であった。あいつぐ大攻撃の圧力のもとに、地方の防空組織は壊滅し、すでに過重の負担がかかっていた政府にさらに責任をつけ加えることとなった。

京浜の川崎に相当するのは、阪神の尼崎である。第二一爆撃軍団としては、尼崎都市地域も川崎と同じく、焼夷弾攻撃の目標としていた。しかし、米軍資料によると、尼崎の総面積九・八平方マイル、建造物地域六・九平方マイル、これに対して与えた損害は総計〇・七平方マイルにとどまった。したがって、この段階では、尼崎を壊滅させたことにはならなかったのである。

2　白昼の暗黒と炎

6・1大空襲の被害

六月はことのほか激しかった。「空襲の期間を通じ、大阪市に住んでいた人びとは、一九四五年三月一三〜一四日、六月の一日、七日、一五日の空襲を、〝大阪の四大空襲〟と称している」とは、米国戦略爆撃調査団の「大阪における空襲防ぎょ、その関連事項に関する現地報告」に記されている言葉である。当時大阪に住んでいた私にとって、この四大空襲の記憶はきわだって鮮烈である。しかも、そのうち三つまでが六月前半に集中した。そして、大阪は壊滅した。

六月一日の大空襲について、米国戦略爆撃調査団の前記報告書は次のように述べている（航空自衛隊幹部学校の訳文による）。

六月一日の空襲（投下弾二七八八・五トン）は、市の西側の海岸地帯に集中した。これはとくに船舶、製造業に損害を与え、四大空襲の中では二番目にひどいものであった。造船所、ドック、倉庫（その多くは陸海軍の補給物資を格納していた）、鉄工場、セメント工場、製油工場、石油ガソリン貯蔵タンク、電機器具工場、航空機のプロペラ工場が破壊された。淀川と堂島川の中間にある港湾から北方にのびた多くの小地域（小売商店や多数の小工場がある）が焼けた。中央車庫が三分の二の電車とともにこの空襲で焼け、地方交通機関は深刻な打撃を受けた。大阪に隣接する多くの小さい町がこの空襲で破壊された。

これは、戦後の調査に基づくアメリカ側の記述である。軍需工場や軍施設の破壊が強調され、非戦闘員である一般市民の住家や生命を数多く奪ったことにはほとんど触れていない。不正確な箇所もある。しかし、重要施設に与えた損害については、要を得た説明となっている。

大阪府警察局の第二次大阪大空襲第二報（第一報は六月一日付）、すなわち六月一三日付「空襲被害状況に関する件」は、被弾地域を大阪市の主として西部地区と記している。そして、軍施設、交通関係、埠頭施設、船舶、主要工場、倉庫などの被害を相当くわしく記録している。これをみると、西淀川区、此花区、港区、大正区、西成区、住吉区の重化学工場はじめ、大阪西部の重要施設が大打撃を受けたことがわかる。この報告書は、工場関係の被害について、次のように表現している。

被害工場は航空機関係四一三を筆頭に、兵器、鉄鋼、化学等二一二六工場にして、従業員数一四万一九四二名、罹災従業員二万五一一二名なり。出勤率は被害工場に於て五〇％乃至《ないし》八〇％の数字を示したるが、時日の経過と共に漸次上昇しつつありたり。

ただし、戦後作成の大阪府警察局『大阪府空襲被害状況』（一九四五年一〇月）では、「一六二九工場に被害ありて、航空機関係三二六工場、兵器関係二三九工場、その他鉄鋼造船等の関係工場に於ても相当大なる被害」となっている。

『大阪府空襲被害状況』によると、六月一日の家屋被害は六万五一八三戸、罹災者二一万八六八二人、死者三一一二人、重軽傷者一万九九五人、行方不明八七七人であった（この文書の数字は誤記や計算まちがいが多く、どの数字が正しいのか判断不能である。空襲直後作成の「空襲被害状況に関する件」ともくいちがっている。ここにあげたのは、私が正しいと判断した数値ではない。以下も同じ）。

六月一日の大空襲で、家を失ったのは約二二万人だった。警察局の第二次大阪大空襲第二報によって、警察署管内別にみると次のようになる。もっとも被害の多かったのは港区の築港署管内で、全焼二万三二三戸、死者一四八六人、重傷九八六人、軽傷三二七三人、そして罹災者は七万二九六〇人だった。三月一三〜一四日大空襲では焼け残った港区西部、築港地域が、このたびの爆撃でほとんど焦土と化したのである。

築港署管内についで、罹災者の多い順に列挙すると、此花署三万五四三一人、大正署一万九五七〇人、福島署一万八六七一人、天満署（北区）一万五五二三人、天王寺署一万二一六九人、曽根崎署（北区）九九八七人、東署九六四二人、大淀署九三九四人、大阪港水上署六一二八人、西署四九七三人であった。大阪港水上署管内の水上生活者にも、多くの犠牲が出たのだった。

6・7大空襲の被害

六月七日の大空襲について、前記の米国戦略爆撃調査団の報告書は次のように述べている。

六月七日の空襲は、大阪市中心街のすぐ北東の、広範な変化に富んだ地域を含む広大な地帯に集中した。重要な繊維工場、多くの小さな機械工場や若干の貧弱な住宅地域が破壊された。吸水ポンプに動力を供給する電気施設がつぶされた。水道本管には一月以上にわたって水がなくなり、その間、飲料水は井戸からとった。

たしかに、この日の空襲の結果、大阪市民は上水道による水の供給を受けられなくなった。大阪府警察局の報告書（六月一九日付「空襲被害状況に関する件」）記載の水道関係被害は、次のとおりである。

柴島《くにじま》水源地に爆弾、焼夷弾落下したる為、沈澱池の一部破壊、送水ポンプ場（蒸気ポンプ及び電動ポンプ）の一部焼失し、かつまた市内重要送水幹線破壊せられたるにより、給水全域にわたり送水不能となりたり。

よりて給水車一五台を以て応急飲料水の配給に努むると共に、消毒剤を配布し、極力井戸水、貯水等を使用して飲料ならびに炊飯用水を賄《まかな》わしむるに努めたり。配水幹線の復旧遅々として進捗せず。為に送水可能の見込み容易に立たざりしが、漸く六月十五日頃より概《おおむ》ね給水し得るに至りし処、同日また全域にわたり空襲被害発生したるにより、遂に復旧せざるままなりき。

戦後作成の『大阪府空襲被害状況』は、工場被害について、「一〇二三工場に被害ありて、そのうち航空機一六七工場、兵器関係六〇工場に鉄鋼関係一〇四工場あり。都島、曽根崎、大淀、十三橋、旭、城東、豊中等各警察署方面の工場被害最も甚し」と記している。家屋被害は五万八一六五戸、罹災者一九万九一〇五人、死者二七五九人、重軽傷者六六八二人、行方不明七三人だった。

六月七日の大空襲で、家を失った人びとは約二〇万人（府警察局の六月一九日付報告書では二〇万七三八三人）であった。警察局の報告書によって、警察署管内別にみると、もっとも被害の多かったのは都島署管内で、全焼二万九〇四戸、罹災者七万三二〇〇人だった。今までの空襲ではほとんど被害のなかった大阪市北東部の街、都島区が大打撃を被ったのであった。

都島署管内についで、罹災者の多い順にならべると、大淀署三万二九五一人、旭署一万八五六八人、十三橋署（東淀川区、現在は淀川区）一万八一五八人、淡路署（東淀川区）一万七四八一人、豊中署一万一七六人、東署八三五七人、福島署七八二一人、天満署（北区）六六三九人、此花署四〇八一人、曽根崎署（北区）三四六二人だった。

6・15大空襲の被害

米国戦略爆撃調査団の報告書には、次のように書かれている。

六月一五日の空襲（投下弾三一五七・三トン）は、他の大空襲よりも分散し、東方および南方ならびに都心から北西の多数の小地域を破壊した。これらのなかには、兵器廠、火薬製造に切替えられた肥料工場、鋳鉄、鍛鋼工場、多くの小売商店や住宅地域が含まれていた。

『大阪府空襲被害状況』によると、「主として大阪市の東部及び北東部、並びに堺、布施、豊中、守口等の衛星都市、及びその周辺の郡部地区」に被害があり、被害家屋五万三一一二戸、罹災者一七万六四五一人、死者四七七人、重軽傷者二三八五人、行方不明六七人だった。そして、工場と水道の被害については、次のように記している。

工場関係に於ては、一四七九工場に被害あり。その内、航空機関係四七二工場、兵器関係二六五工場、鉄鋼関係一三八工場ありて、直接戦力兵器増強上、多大の影響を及ぼせり。

水道関係にありては、前回（六月七日）空襲による被害未だ復旧せざるに、各送水幹線に被害あり。為に一般の災害被害を大ならしめたる憾《うらみ》なしとせず。

工場の生産力にいかに壊滅的な打撃が与えられたか、府警察局の報告書（六月二二日付「空襲被害状況に関する件」）は、次のように述べている。

電気、瓦斯《ガス》、水道、交通機関等の杜絶または不通により、一時操業不能に陥りたる工場も相当数を算したり。加うるに従業員の罹災、その他により、無被害工場にして約五〇ないし六〇%、被害工場にして約三〇ないし四〇%の低調なる出勤率を示し、生産能率一般的に芳《かんば》しからず。十八日以降、各種施設の復旧に伴い、徐々に上昇しつつあるも、全般的に操業に支障を招来せざる程度の被害工場以外は目下その復旧見込なきものの如し。

報告書に掲げられている被災した軍需工場、軍管理・監督工場のリストをみると、こんなにたくさんやられたのかとため息が出るほどである。とにかく、三月に一回、六月に三回、あわせて四回の大空襲で、大阪の工場も住家も壊滅状態におちいったことはたしかである。

六月一五日の大空襲で、家を失ったのは約一八万人（府警察局の六月二二日付報告書では一八万一六三六人）であった。

警察署別に罹災者数の多い順に記すと、このようになる。一番多かったのは西淀川署管内の二万九七一七人（九〇二二戸）、二番目は天王寺署管内の二万七五六二人（七五二一戸）、三番目は生野署管内の二万四一九五人（七八二〇戸）、四番目は東成署管内の二万六九九人（六五一四戸）であった。被害の多かったこの四つの区の分布をみれば、「六月一五日の空襲は、他の大空襲よりも分散し、東方および南方ならびに都心から北西の多数の小地域を破壊した」という、米国戦略爆撃調査団報告書の表現がうなずける。

ついで罹災者の多かったのは、西成署一万三八七七人、十三橋署（東淀川区、現在は淀川区）一万二一六九人、東署七七九三人、城東署七一一五人、天満署（北区）六六三九人、阿倍野署五二九四人、大淀署三九〇二人、築港署（港区）三〇八〇人、布施署二九二二人、曽根崎署（北区）二八四四人、田辺署（東住吉区）二七〇六人であった。なお、豊中署は一四八七人、堺北署は一三二五人だった。

火焔の上昇は七〇〇〇メートル

大阪府警察局の極秘報告書「空襲被害状況に関する件」は、文語体の淡々たる文章と被災施設を列挙した表とで成り立っているが、私たちはそこから空襲の激烈さ、戦災のひどさ、罹災者たちの悲しみや怒りをうかがうことができる。

たとえば、六月一日の大空襲についての同日付文書の「気象状況」は、次のとおりである。

九時頃上層雲八割、雲高六〇〇〇メートルなりしも、火勢強烈となるに伴い、積乱雲旺盛となり、大阪市内中部以北は降雨となり、かつ雷鳴を生じたり。

風向北東、風速〇・五メートル、湿度九五％。

火焔の上昇は約七〇〇〇メートル附近に及びたり。

なんと、すごい記述であることか。火勢強烈、積乱雲旺盛、降雨、雷鳴。そして、火焔の上昇は約七〇〇〇メートルというのである。

六月一五日の大空襲についての六月二二日付文書の「気象状況」は、次のように記されている。

一般状況

八時　北東の風一メートル　曇天　雲高下層雲七〇〇〇メートル

九時　南東の風二メートル　下層雲一〇割　一〇〇〇メートル　視界一〇キロメートル

一〇時　北東の風八メートル　小雨　下層雲一〇割　雲高一〇〇〇メートル　温度二二度

湿度八〇％　視界不明

気象変化の状況
早朝より高曇程度にして、下層雲比較的少なく五割内外なるも、次第に雲量を増加し、北東の風一メートル内外の静穏状態なり。火災発生とともに火煙は移流されることなく、垂直に上昇するも、発達しつつある中層雲の雲層顕著なるため、雲層はあたかも逆転層の如き作用をなし、それを突破し得ず拡散し、その雲底は霧の如く地上近くまで降下せり。ために市内は暗夜の如く、天空は暗灰色を呈し、視程は著しく低下し、通視不可能となり、わずかに火焰の光明により物体を識別し得るのみなり。風勢も火災の発生とともに激増し、北東風平均六メートル内外となる。

九時頃より約五時間微雨断続し、午後二時以降より上空も薄暮の如くなり恢復す。

超重爆B29数百機による雨あられのような焼夷弾投下が、市街地をたちまちにして火の海にする。それまでは晴れていたのに、一転して黒い雨が降りはじめ、真夏の白昼であるはずが暗夜の状態になる。暗闇に猛煙がたちこめ、真っ赤な火焰が全市をおおう。空襲体験者にとっては忘れ得ない状景が目前に浮かんできて、感無量である。

「火焰の上昇は約七〇〇〇メートル附近に及びたり」との記述も、大袈裟と言いきることはできない。六月一日の大空襲のときに来襲したP51のパイロットたちが「大阪上空の煙は二万一〇〇〇フィート（六四〇〇メートル）あがった」「大阪市は一万四〇〇〇フィート（四三〇〇メートル）にのぼる煙の柱とともに、激しく燃えていた」と報告したと、前節で紹介しておいた。大阪のような巨大都市が一挙に燃えあがると、たいへんなことがおこるのである。B29の大空襲のすさまじさは、日米双方の記録をあわせみることで、いっそう確かなものとなる。

黒い雨

大空襲があると、必ずといってよいほど、黒い雨が降った。黒い雨は、原子爆弾投下のときにだけ発生するのではない。一般空襲でも、黒い雨が降ったのである。B29の焼夷弾攻撃で炎上する町を黒い雨に打たれながら彷徨した記憶は、空襲体験者の脳裏から消し去ることができない。黒い雨だけではない。突風も起こり、雷鳴も生じた。

第二次大阪大空襲のあと、六月五日の毎日新聞は「大空襲と俄雨《にわかあめ》　火災の熱がそもそもの原因風は上昇気流に伴う低気圧で」との見出しの囲み記事を掲載した。なぜ黒い雨が降るのか、当時の私たちの疑問を解くためであった。

大空襲のあとには、よく俄雨が降ったり、風が吹き始めたりすることがあるが、この理由を大阪管区気象台長国富信一氏にきいてみよう。

大火事によって地上の空気が熱せられ、非常に強い上昇気流が起こる。上昇した空気は冷却され、冷却されると空気の水蒸気を含みうる飽和点が低くなって、沢山の水滴が出来、普通に入道雲とも雷雲ともいわれる積乱雲が生まれる。黒い煙の上に真白くむくむくと見えるのは、火事の煙ではなくて、この積乱雲なのだ。また、この水滴は普通の場合はこまかい塵や空気の分子を中心にして凝結するのだが、火災の場合は灰の粒を核にして凝結する。それで〝黒い雨〟が降るのだ。

また、高射砲弾が破裂すると空気が膨張する。急に膨張するとき、空気は必ず冷えるものだが、それによっても水滴が出来、また砲弾の破裂によって水滴がくっつき合い、雨になるのを多少助けることにもなる。そして消防ポンプにも勝る天佑の大雨となって、火勢を抑える働きもする。また、水滴がひどい勢いで上昇するので、摩擦によって電気が起こり、その電気が集まって雷になる。そして、この雷雨の中には敵機は突込めなくなる。入ると空中分解してしまうからだ。

雨乞いのために山の上で大焚火《たきび》をすることが伝わっているが、これは昔の人が大きな山火事のあとに、雲が起こり、雨が降ったのを経験で知っていたからであろう。上昇気流のあとには小さな低気圧が出来るので、周囲から風が吹込み、強い風が吹き始めたり、風の方向が変わったりする。大正十二年の関東大震災のときには雨は降らなかったが、非常に大きな積乱雲が一週間くらいもあった。

雨が降れば火勢をおさえることができるとか、雷雨のなかには敵機は突込めないとか、負け惜しみの強さには辟易する。しかし、これだけの気象状況の大変化をもたらすような大空襲が、何度も、何度も、くり返されたのだった。

次に、六月空襲の体験談を記すことにしよう。

空を埋めるB29

淡路島の押登岬《おしのぼり》と洲本市《すもと》を結んだ線を、まっすぐ北東に延長すると、大阪港沿岸地域に到達する。六月一日のB29部隊は、この航路をとって大阪に来襲した。米軍資料によると、時間は午前九時二八分から一一時まで、爆撃機数は四五八機だった。

この日のB29の攻撃目標は、一つは大阪西部、海岸線の地域、他の一つは大阪北東部、新淀川（淀川）左岸の地域だった。結果としては、前者への攻撃が成功し、大阪港沿岸地域は焦土と化した。これに対し、後者への攻撃は、必ずしも成功したとはいえなかった。

今上《いまじょう》紀世子（現姓金野《こんの》）は、大阪市の西端、築港の第二突堤近くの市港湾局公舎に住んでいた。だから、三月一三～一四日の第一次大空襲のとき、西方海上から来襲するB29を最初に目撃する位置にいた。真夜中の三時間半、頭上を間断なく通過するB29を、二二歳の紀世子は切歯扼腕の思いで見送った（九六～一〇〇頁参照）。

六月一日午前、紀世子は帝国精機工業に出勤していた。会社は家のほんの近くだった。彼女は勤労課に所属して、動員学徒の係をしていた。空襲警報発令とともに、府立市岡高女（現在港高校）の生徒たちを引き連れて、防空壕へ走った。壕は高野堀（天保山運河）を渡った浮島橋のそばの空地につくられていた。四〇人余りの女生徒たちが全員壕に入ったのを確かめた紀世子は、壕の入口に腰をおろして、空を見上げた。

空を見上げた紀世子は、すさまじい光景を目にした。第一突堤の方向から、空一面を埋めつく

空を埋めるB 29　6月1日午前9時半ごろ、大阪港第一突堤（絵 金野紀世子）

して、B29の大編隊が襲来してきたのだった。編隊が編隊を組んで挺団となり、次から次へと、大阪港の水平線上から文字どおり湧き出る感じで殺到してきた。

B29の編隊の雁形が横に大きく広がって、遙か海上から頭上へ、次から次に迫ってくるのを、紀世子は見た。このとき、彼女の耳は爆音を聞いていない。サイレント映画をみるようだったという。不気味な静けさ、言いようのない怖さがあたりを支配した。B29の大群は、まだ陸地に到達しないうちに投弾を開始した。紀世子の周囲に、雨のように焼夷弾が落下しはじめた。築港地域が攻撃目標になっているのだ。

第二一爆撃機軍団の戦術作戦任務報告書には、こう書かれている。「大阪市の攻撃目標は、北西から南東へ、最も長いところで二万四〇〇〇フィート（七三二〇メートル）の距離がある。この広い目標地域へ九〇度の角度で攻撃するのが最適である」。なぜかというと、「この攻撃は昼間編隊爆撃であり、編隊の飛行隊形は、長さよりも、全体の幅の方が二・五倍広くなる傾向がある」、このため「九〇度の角度で目標を攻撃することで、投弾の横への広がりがそのまま広い幅の目標への投弾となる」と。

六月一日のB29部隊は、淡路島の押登岬から洲本上空を経て、まっすぐ大阪へ向かうことになっていた。これは、大阪湾上を北東へほぼ四五度の角度で進むことになる。そうすると、北西から南東へ延びた大阪市の海岸線に直角に到達することになる。縦の長さよりも横に幅が二・五倍も広がるB29の編隊隊形からすれば、最適の投弾コースになるというわけである。

この日、本土南方海上の悪天候のため、B29部隊は、航路をあやまったり、編隊がくずれたりした。それだけに、予測以上に横に広がって大阪上空に殺到したと思われる。「B29の編隊の雁形が横に大きく広がっていた」という紀世子の記憶は大いにうなずける。

海へ逃げよう

三〇機ぐらいの挺団が頭上を通過したと思うと、そのすぐ後から張りつくように別の大編隊が襲来し、そのすぐ後にまた大編隊がやってくる。大空はB29で覆い尽くされた。

その大編隊からは、雨のように焼夷弾が落下してきた。築港の高野山別院一帯は黒煙に包まれている。八幡屋方面は火の海になっている。工場や公舎の方向からはものすごい火と煙が見えてくる。八幡屋方面から浮島橋へ、布団をかぶった人たちが逃げてきはじめた。

紀世子は思った。この浮島橋が焼け落ちたら、逃げ場がなくなる。このまま壕におれば蒸し焼きにされる。第一突堤へ逃げるしか、道はない。紀世子は「ここは危ない。海の方へ逃げよう」と叫びながら、女生徒四十数人を連れて、走り出した。女生徒たちの学年主任の木村先生も「ぼくはこの附近の地理がわからない。今上さん、頼みます」と言って、一緒に走った。

周囲には焼夷弾が降りそそいでいる。B29がやって来る方向に走るのだから、生きた心地はしない。火には水、海のそばなら安全と、ただそれだけを考えて、第一突堤へ、第一突堤へと、宙天を飛ぶように走った。

浮島橋を渡り終わった途端、パタッと人が倒れるのを目の端でとらえて、あ、だれか死んだと思って、それでも走って、走って、第一突堤にたどり着いた。ここでも、砂地にブスブスと焼夷弾が突き刺さって、メラメラと燃えている。不発弾も転がっている。どこか安全なところはないか。突堤の先端に貨車がとまっていた。その貨車のかげにとびこんで、全員生命が助かった。

潮風のなかで、空襲警報解除のサイレンが鳴りひびき、紀世子たちが生ける喜びをかみしめたとき、女生徒の一人がふらっと倒れた。あまりの恐怖に耐え続けていたために、一度に気がゆるんだのであろう。同じく帝国精機に動員されていた明星工業(当時商業学校は工業学校に転換させられていた。現在明星高校)三年生の男生徒たちが帽子に海水を汲んできて、倒れた女生徒の頭を冷やしてくれた。沖では、船がさかんに燃えていた。

このあと、築港憲兵分隊員の手によって、大釜いっぱいの白い御飯の配給を受けた。いれものがないので、市岡高女の女生徒たちはハンカチやちり紙、明星工業の男生徒たちは帽子に御飯を盛り分けて、おかずも塩もないままで、いかにもおいしそうに食べた。木村先生と紀世子は、釜底に残ったおこげをおにぎりにして食べた。

この日の夕方、いったん動員先の帝国精機工業の余燼くすぶる焼跡にもどった女生徒たちは、木村先生に引率されて、廃虚と化した街のなかを抱月町の母校へ帰っていった。動員先の工場が焼けた女生徒たちは、日を置かず、大阪陸軍造兵廠に配置転換された。彼女たちは、そこでまた、大空襲に遭遇したのである。

六月一日の空襲で、今上紀世子の住む港湾局公舎も焼失した。そのときの母と妹の体験、翌日に紀世子が見た高野堀の死体引上げ作業、友人の遺体を前に放心の母親、焼死体を運ぶトラック、等々、紀世子はくわしく文章にも書き、絵にも描いた。それらは、文集『大阪大空襲』（大和書房、一九七三年刊）や画集『大阪大空襲の記録』（三省堂、一九八三年刊）などに収録されている。

大阪大空襲の体験を語る会の代表として、記録運動の先頭に立っている金野紀世子は、まず自分の体験を文章にし、絵にし、さらに体験者からのききとりをおこなってきた。妹の森谷カヨ子も白川喜久枝も、市岡高女生だった矢嶋種子も喜多那智子も、記録する運動に参加している。彼女たちの体験記や体験画は、いずれも貴重な歴史の証言となっている。これらがもっともっと多くの人びとの目にふれてほしいと、私は思う。

P51は六月一日に来襲した

市岡高等女学校三年は組の女生徒たちが帝国精機工業に動員されたのは、一九四四年（昭和一九）六月はじめのことであった。それからちょうど一年たったときに、彼女たちは大空襲をもろに体験したのだった。学校へ通わないで、工場で働いてばかりだったから、夏休みも春休みもなかったし、始業式も終業式もなかった。授業や試験もなく、学期や学年のけじめもなかった。だから、彼女たちは四年生になっていたのだが、上級学年に進級したという意識はほとんどなかったようである。彼女たちに話をきくと、六月一日の大空襲に出会ったのは、三年生のときだったと思っている人が多い。市岡高女の彼女たちだけではない。当時の中学生たち、いま五〇歳代半ばの人たちに、空襲を体験したときの学年をきくと、一年下の学年をいってくれる場合が多い。考えてみれば、無理もないことである。

帝国精機の動員学徒係今上紀世子に率いられて、浮島橋を渡って第一突堤まで走りに走ったのは、市岡高女四年は組の女生徒たちだった。そのなかに、浦那智子（現姓喜多）と藤倉種子（現姓矢嶋）がいた。この二人の話、紀世子の話、そのほかの人たちの話をきくと、六月一日の大空襲の最中、P51ムスタング戦闘機が築港地域一帯を機銃掃射したことはまちがいない事実である。

今上紀世子を先頭に、四〇余人の女生徒たちは、浮島橋から第一突堤まで宙天を飛ぶように走った。これだけの距離を落伍者も出さずに、よく走れたものだと思う。ズック靴、革靴の女生徒もいた。だが、靴の配給が不十分だったために、ゴム裏草履や下駄を履いた女生徒もいた。夏の

貨車の下　6月1日午前10時ごろ、大阪港第一突堤（絵 喜多那智子）

暑さのなか、防空頭巾をかぶって、下駄を履いて、よくぞ走れたと思う。みんな必死だったのである。

第一突堤へやってきた彼女たちは、木村先生や紀世子の指示で貨車の下へかくれた。突堤には臨海貨物線から引込線が敷設されていて、レールの上にたくさんの貨車がとまっていたのである。

Ｂ29の焼夷弾投下が一段落したあと、戦闘機の機銃掃射がはじまった。バリバリバリ、ヒューン、ヒューンと機銃弾が砂煙をあげ、火花を散らした。種子によると、飛行機は海岸方向からやってきたようだったという。

貨車の下の女生徒たちのなかには、念仏を唱える者、お互いの名を呼びあって抱きあう者、みんな生きた心地がしなかった。幸い全員無事だった。すべてが終わったあと、「大切なお嬢さんたちを預かって、かすり傷ひとつ負わせなくてよかった」と男泣きした木村先生の姿が、四〇年たった今でも、那智子のまぶたに浮かんでくる。

種子の記憶はこうである。機銃掃射の音がしなくなったので、目をあけて外をみた。そうすると、全身火傷の中年の男性が近づいてきた。衣服が焼けて、上半身は赤むけで、皮膚がぺろっと下へ垂れ下がっている。戦闘帽は頭にくっついているみたいだった。腰のベルトのところは焼け残り、ゲートルを巻いていた。このおじさんがふらふら、ふらふらとしているので、種子は「撃たれへんかな」と心配した。彼女たちの雑嚢《ざつのう》には、炒《い》り豆のほかに、三角巾や火傷のときの油ぐすり、血止めのための黄色い粉ぐすりなどが入っていた。ふらふらしているおじさんを助けてあげようと思ったが、木村先生かだれかが首を横に振って、「あのけがでは助からない」という顔をした。おじさんはどこかへ姿を消してしまった。

突堤に並んでいる大きな倉庫が炎上して、あつくてあつくてたまらなくなった。「あつかった」、那智子と種子の胸にもっとも強く焼きついているのは、これである。彼女たちは貨車の下から出て、作業衣のまま海へとびこんだ。防空頭巾を海水で濡らしてかぶった。だが、すぐ乾いた。明星の男生徒が海へ落とした帽子を取ろうとして、溺れかけた。今上紀世子がそれを助けようとして、突堤の下の浅いところから深いところへ動いたために、これまた溺れかけた。それを見た女生徒たちは笑った。箸がころんでも笑う年ごろである。敵機の来襲が終わり、みんな人心地がついてきた証拠だった。だけど、このとき、彼女たちの家の多くは焼けてしまっていたのである。紀世子の出崎町の家も、那智子と種子の八幡屋元町の家も燃えた。

機銃掃射による犠牲

それから、種子の話によると、近所の和田さんという、彼女より三つぐらい年長の女性が、高野堀の静波橋と浮島橋の中間の位置で、機銃掃射で死んだ。堤から川へおりて、舟のかげか、土手のかげかに待避していたのが、首に銃弾が命中して絶命したとのことである。

府立市岡高等女学校三一期生による『卒業三十周年記念誌』（一九七四年刊）という文集がある。そのなかに、渡辺あき子（旧姓勝見）の「思い出の記録」が収録されている。それによると、六月一日、あき子の母が静波橋の近くで機銃掃射のために亡くなったことが次のように記されている。

橋を渡ってすぐ左下に防空壕があり、その中へ大勢の人がどっと寄ったらしいが、入りきれずにあふれた人達が防空壕の直ぐ前から横に十四、五人いたでしょうか、機銃掃射でバタバタ倒れていました。母もその中の一人です。弾は腰を貫き、下肢に達し、腸はとび散り、肉はひきちぎられたように、あまりにも痛ましい姿で横たわっておりました。でも上半身は何一つ傷もなく、安らかな顔をして眠っていました。標準服のふところに懐中電灯を入れ、乳母車の中には、ヤカン、当座の必要品をあれやこれやいれて、ここまで逃がれたのでしょうか、母の傍にこれ等が残されていました。

今上紀世子の末妹喜久枝（現姓白川）も、六月一日、Ｐ51の機銃掃射に遭遇している。喜久枝は当時一七歳、大阪臨時教員養成所に通学していたが、たまたまこの日は休日で家にいた。

空襲がはじまると、喜久枝は母の貞子（当時四五歳）と二人で家の防空壕に入っていた。酸素ボンベぐらいの大きさの不発弾が屋根を貫いて、ドスンと台所に落下した。発火する焼夷弾も落ちてあちこちが燃えはじめた。これでは危険と、母とともに、三十間堀川の日和《ひより》橋の近くで幅の広い海岸通（陸軍道路）をこえ、ついで貨物線をこえ、第二突堤の高射砲陣地の方へ逃げた。その海岸通附近でP51の銃撃を受けたのである。海の方から超低空で、三機、アクロバットのように飛んできたという。帝国精機の女子工員が頭を撃たれて死んだ場面や、馬が弾にあたって転んで足を上に向けてもがいていた場面を、喜久枝は目撃している。

さらに、市岡高女四年は組の浦那智子の伯父の妻だった浦菊乃が、やはり、港区の千舟橋近辺で機銃掃射で首を撃たれて即死し、菊乃の長男善照（当時一八歳）も貫通銃創を受け、それがもとで一か月後に亡くなった。

今上紀世子は、大空襲の翌二日、帝国精機工業のとなりの寿屋（現在サントリー）工場のコンクリート塀に、直径三センチぐらいの機銃弾の丸い穴が無数にあいていたのをみている。なお、P51の機関銃は口径一二・七ミリのもので、P51Bはそれを四挺、P51Dは六挺、装備していた。

日本の軍部は、七月九日に至ってP51が大阪へはじめて来襲したと発表したが、実は六月一日に初来襲、つづいて七日にも来襲したというのが真相である。市民がP51の機銃掃射の犠牲になっているのに、どうしてその事実を認めなかったのだろうか。中部軍司令部では、P51の大阪来襲を信じられなかったのだろうか。関東地方や東海地方にはすでに来襲していたのに、不思議な話である。

御堂筋を機銃掃射

六月一日、当時二〇歳のタイピスト山野良子は、御堂筋でP51の機銃掃射を体験した。山野が勤めていた大建産業(伊藤忠商事の戦時中の社名)本社は本町二丁目にあったが、三月の大空襲で焼けたため、北浜五丁目に移っていた。この日、出勤して間もなく空襲警報が発令され、続いて「全員待避」と呼び交う声で、社員たちは地下室への階段をつぎつぎに降りていった。

このとき、山野は皆から離れて、会社の門を出た。堂島浜通の大福公司に勤めている友人のことが気がかりになって、そちらへ行こうと思ったのである。広い御堂筋を歩いているのは、山野ひとり、ほかにだれもいなかった。いつもは近いと思っていた堂島が、このときばかりは、遙か彼方に感じられた。

「敵機上空」という男の声、一瞬たちすくんだが戻るに戻れず、山野は走り出した。「危ない。早く待避しなさい」、地下鉄淀屋橋駅の階段に身をひそめ、鉄かぶとをかぶり腕章を巻いた男性が、山野に向かって手を振りあげて叫んでいた。爆音がきこえてくる。あたりは異常なほどシーンと静まりかえっている。山野の靴音が舗装道路にこだまする。不安感でいっぱいになり、ものにつかれたように一直線に走り出した。日銀支店の前を過ぎたと思うころ、左頭上からダッ、ダッ、ダッ、弾き出すような機銃音がしはじめた。鼓膜が破れそうだった。ハッと見上げた拍子に、超低空の戦闘機の黒い姿が目に入った。ほんの一瞬のことだった。

山野は走った。大江橋を渡りきり、堂島川沿いの大福公司の建物のなかに駆け込んだ。ここでも社員たちは、地下室へ待避していた。友人の名を呼ぶと、「ここ」という声がした。そのとき、焼夷弾が雨のように落ちてきて、炸裂音と地響きがした。みるみるうちに硝煙のにおいが地下室へ流れこんできた。「出よう、ここは危ない」、だれかの声で屋外へとびだした。五メートルと離れていない向かい側の家が、ものすごい火勢で、音を立てて燃えあがった。疎開をしないで、一緒に死ぬのだと言っておられた老人夫婦の家だった。

人が散るように走っている。山野も友人と一緒に夢中で駆けた。山野の家は、大阪市の東南端の平野《ひらの》である。東の方に生駒山がある。その方角にわが家があると思った。

御堂筋を東へ横切ろうとする中間で、すさまじい急降下音がした。

「機銃掃射だ」、「伏せろ」と男の声。山野は傍らの友人を押し倒して、体を投げ出し、両手で目と耳をおさえて伏せた。ほんの近くをヒュル、ヒュル、バシッ、バシッ、鋭い金属音とともに西から東へ間隔をおいて機銃弾が炸裂し、火と煙があがる。全身が硬直し、呼吸が止まるかと思う。体に吸いつくように、大きな機体の黒い影が這う。

おそるおそる顔をあげてみると、硝煙のたちこめる向こうには、直撃弾を受けたらしい馬が瀕死の状態で尻尾をけいれんさせながら、虚空を蹴っていた。

御堂筋を機銃掃射　6月1日午前、大江橋附近（絵 山野良子）

このあと、山野はB29の投弾で堂島川に何本もの水柱があがるのを目撃している。黒い雨が降り、雷鳴がとどろき、真夜中のようになった大阪の街を、平野のわが家に向かって歩いた。

六月七日の大空襲のときも、山野はP51の機銃掃射に出会った。この日は、会社は全員退社を命じた。地下室への避難は危険で、被害も大きくなると判断したからだった。地下鉄淀屋橋駅は満員で入れないので、終点の梅田まで歩くことにして、数人の同僚たちと御堂筋を北へ急いだ。

堂ビルと同和ビルの中間のあたりまできたとき、突如としてものすごい爆音のうなりがきこえてきた。それまでは音もしていなかったのに、急にP51がやはり西から襲ってきたのである。パッ、パッ、パッと白い煙が立った。そのとき、山野は一瞬、死のにおいをかいだと思った。B29の焼夷弾も雨あられのように降ってきた。

戦後の一九四九年（昭和二四）、若くして平野タイピスト養成所（一九六二年から平野タイピスト専門学院）を創設して以来、後進の育成につとめている山野良子は詩人であり、『関西文学』の同人である。一九七六年（昭和五一）に上梓した詩集『日本大空襲』（関西書院）は、迫力のあるすぐれた作品で満たされている。一九八二年（昭和五七）には、戦時中の日記やノート、メモをもとに『十八歳のノート―深い淵から』（関西書院）を公刊した。さらに山野は、大阪大空襲の体験を語る会の文集や画集をつくる活動にも積極的に参加し、自己の体験をもとに戦争を告発し続けている。

詩集『日本大空襲』から、山野の詩を一篇紹介しておこう。

大空襲　レクイエム　III

安らかで　ささやかな　灯があって
その下に　つましく　心やさしい　人たち
老人　女　子供　乳児　たち
手をつなぎ　支えあって
銃後の家をまもり　けんめいに　働く人びと
疎開もせずに　けわしく　乏しい　くらしに耐え

けなげに　いまを　生き続けようとしていた　人たち
空襲の悪鬼は　不正な暗黒の翼と　轟音で
空を覆いつくし　これらの何もかも　奪い去った
ほしいままに　おごり　跋こして
その殺戮の限りを　しつくした
爆弾と　焼い弾に　銃撃は
雨嵐となって　降り注ぎ
火炎るつぼへ　人間をズタズタにし　八つ裂きの　世界へ　叩き込んだ
モガレ　ヒキサキ　ヒキムシラレル　ムゴタラシサ

この日を　うつために　死者は死ねない
明日のために　死者は死ねない
生者のために　死者は死ねない

いのちあるものとして　どうして死ねようか　死なせられようか

長女の重傷と三女の死

松本亀代枝の一家は、港区田中元町四丁目（現在石田二丁目）に住んでいた。附近一帯は港新地とよばれ、繁華な街だった。夫の成政は四〇歳、亀代枝は二八歳、夫婦で理髪業を営んでいた。二人のあいだには、長女初枝五歳、次女政栄三歳、三女繁子一歳八か月の三人の女児がいた。

六月一日朝、空襲がはじまると、亀代枝の家に焼夷弾がつぎつぎと落下し、家の防空壕にはおれなくなった。夫婦は幼い三人の娘を連れて、町会の防空壕へ逃げることにした。亀代枝は右手に五歳の長女、左手に三歳の次女を引き連れ、背中に一歳八か月の三女を背負った。夫は荷物を持って走った。その途中、たいへんな惨事が一家をおそったのである。

すぐ近くで、ものすごい音とともに、爆弾が炸裂した。そのとき、亀代枝は伏せた。当時の日本人は、近くで爆発音がすると、反射的に身を低くして伏せるように訓練されていた。亀代枝が伏せたとき、右側の長女が「あつい」といった。見ると右手がぶらんとしている。破片創で上腕部がえぐられて、ぶら下がったままである。夫の成政がその子を抱いて、町会の防空壕にたどりついた。

壕のなかでは、長女が負傷しているものだから、みんなが気をつかってくれた。成政が親の一心で、男の力で、長女の腕をおさえて、止血を続けた。町会の壕に入った午前九時過ぎから夕方の五時ごろまで、成政は自分の腕がしびれ、疲れ果てても、なお止血を続けた。これが、長女の命を辛うじて救うことになった。

しかし、実は、もっともっと悲惨なことがおこっていた。空襲が終わって、みんなが壕から出ようとしたときに、亀代枝は隣にいた人に「すみませんが、背中の子がどうしているか見て下さい」とたずねた。おぶっていた三女の繁子がぐったりしているので、「朝からお乳をやっていないから、おなかがすいているのか」と思って、隣の人に様子を見てもらおうとしたのだった。「死んでますよ」という返事だった。

なんと、長女の大けがにばかり気をとられていたために、背中の三女の死に気づかなかったのである。火がついたように泣き、やがて声が出なくなったのを、寝込んだと思っていたのだ。

三女の繁子は、小さな身体に三つの破片を受けていた。防空頭巾が、鋭利な刃物で切られたようになっており、背中と尻、右脇に破片創があった。おそらく出血多量で死んだのであろう。亀代枝が伏せたとき、三発の破片が背中を襲い、背負われていた三女がそれをすべて引き受けたのである。

つまり、一歳八か月の繁子は、母親の身代わりになったのだった。長女の負傷に気をとられていたとはいえ、背中のわが子が身代わりになって死んだのを知らずにいた母親の情けなさ、くやしさ。亀代枝にとって、生涯消えることのない思いである。

二女の政栄は無事だった。夫の成政は、長女の初枝を抱いたまま、ずっと止血を続けていた。背中と頭にも傷があり、右腕はぶら下がったままである。身体を地上に置くと、すれて痛がり、泣くので、抱いて止血した。夕方やっと救急車で上本町六丁目の赤十字病院に運ばれ、長女の腕は再びつけられる状態でなかったので、切断された。荒療治で麻酔もなしに、切り落とされた。そのとき、医師はこんな重傷なのにだれが止血したのかと感心したという。父親の一心で、男の力をこめて止血したのが、娘の命を救ったのだった。

夫が長女を抱いて病院へ行くとき、「死んだ繁子を離すなよ。絶対に野良犬なんかに食わすなよ」と言った。亀代枝は犬に食われないようにと、死体をずっと背負っていた。六月三日になって、ようやく市立運動場で検死を受け、五日に四百何十人もの遺体とともに火葬にふされた。

亀代枝は次女の政栄とともに、野田阪神（福島区）の姉の家に身を寄せた。夫が右腕を切断した初枝を連れて、上六の赤十字病院を出たのが六月七日。この日は昼前から大空襲がはじまった。交通機関はすべてストップしているから、夫は初枝を抱いたり、おぶったりして野田阪神まで歩いた。途中、桜川二丁目で、都島方面や野田阪神方面は火の海とときき、初枝を抱きしめて「手のとれたお前と二人だけになってしまったなあ」と泣いたという。

このあと、一家四人は郷里石川県（能登）に帰った。切断した腕の傷がなおっていない長女をかかえて、罹災者一家の、田舎での苦しい生活がはじまった。医者に「米を持って来い」といわれてはなすすべもなく、夫の成政は親の一念でなおしてみせるといって、青木の葉が良いとききき、ずっと青木の葉をとってきて傷口に当てて熱をとり、ほんとうに親の一念で娘の傷をなおしたのだった。戦後、成人した長女は良縁に恵まれ、三児の母親となった。

大火傷の顔

中条《ちゅうじょう》大喜正《たきせ》（当時二八歳）は、大阪市電気局（現在交通局）の東洋一を誇る福町車両工場（大正区）に勤めていた。六月一日の朝九時過ぎ、空襲警報のサイレンが鳴り響いた。次から次へとB29が投下する焼夷弾の雨、たちまち工場も事務所も炎の海になった。

このとき、動員学徒の府立天王寺中学校（現在天王寺高校）三年四組の級長鈴木博美が、全身火だるまになりながら、炎上する事務所にバケツで水をかけているのを中条は見た。鈴木は火傷がもとで、翌二日夕方に息をひきとった。自分の命をかえりみないで火を消そうとしていた少年の姿を、中条は忘れることができない。この鈴木のことは、あとで述べる。

中条たち三、四人は正門近くの防空壕を出た。鍛工場の横の倉庫の火を消しにいくためだった。動員女学生三人ほどが「おかあちゃん」と泣きながら、中条たちが入っていた壕に向かうのとすれちがった。

またもや、敵機が来襲した。中条たちは、工場の敷地の奥の方の防空壕にとびこんだ。ものすごい音とともに、中条は壕の上にほうりあげられた。壕を大型焼夷弾が直撃したのである。くずれた壕のなかで、同僚四人が死んだ。中条だけがどうしたわけか、真上にほうり出され、くずれた壕の土の上にうつぶせになって失神していた。底なしの所へ落ちていく気がした。落ちていっても、落ちていっても底がない。きれいな、この世で見られない花園があった。「お前、ここへ来たらあかん」、声がきこえて、中条はわれにかえった。鉄かぶとも眼鏡も吹っ飛び、顔や手に大や

火だるまで消火の中学生　6月1日、大正区福町車両工場（絵 中条大喜正）

けどをしていた。

　中条は鶴浜通の海岸へ向かった。途中、鶴町の両側の家が燃えていた。路上に布団があり、その布団がうごめいていた。中条が布団をめくると、女性の顔が半分割れて、地面に血が吸いこまれていた。その女性の胸に小さなこどもがすがりついて、泣いていた。周囲は燃えている。このままでは燃け死んでしまう。中条はこどもをかかえて、鶴浜通の砂浜まで来た。

　そのこどもは生後一年と少しぐらいだったろうか。男の子か、女の子かも中条にはわかっていない。よちよち歩きのこどもだった。顔は砂と涙でくしゃくしゃだった。中条は腰の手ぬぐいで顔をふいてやった。砂浜の上に立たすと、にっこり笑った。「もう、お前にはお母さんがいないんやなあ」と、中条の顔に涙があふれた。そのこどもを警防団員に渡した。

海岸には、だんだん避難者がふえてきた。浜の潮風が顔のやけどにしみて、ヒリヒリと痛い。女の人に「鏡を貸して下さい」というと、「あなたはご自分の顔を見られたら気絶なさる」と断られた。「気絶しないからお願いします」と強いて頼んで、小さな鏡を借りて自分の顔を見た。顔一面が黒紫色になり、二倍ほどにふくれあがっていた。

午後五時ごろになって、やっと阿倍野橋の市民病院（現在市立大学病院）で治療を受け、ガーゼに白い薬をつけてもらった。口と目だけあいた包帯姿で、天王寺駅から関西本線で王寺に向かう途中、なんども目がくらんだ。中条の住んでいた港区寿町（現在弁天五丁目）の家は三月の大空襲で焼け、彼は奈良県生駒郡平群《へぐり》村（現在平群町）から通勤していたのだった。

鈴木博美の母の話

天王寺中学三年生の鈴木博美（当時一四歳）は、火だるまになりながら、炎上する市電車両工場事務所にバケツで水をかけていた。この姿を忘れられない中条大喜正は、四〇年近くたって体験画を描いた。三年四組の級長、すぐれた体格の持主、文武両道に秀でた模範生の鈴木は、日ごろ教えられたとおり、わが身を捨てて猛火にバケツで立ち向かったのである。

「火を消す」ことが、「敵と戦う」ことだった。おとなであれば、「こんな火にバケツでは駄目」とか「自分の命が大切」と判断するのだが、軍国少年はそんなことにおかまいなしに敢然と戦ったのである。私の級友たち（府立生野中学校三年生）も、六月七日の大空襲のとき、椿本チエイン製作所（城東区、現在鶴見区）の燃えさかる倉庫に向かって、数人がバケツリレーで消火活動をした。会社の職員も工員も姿を消していた。中学生たちだけが必死になって火を消そうとした。それを見た担任の教師が「もうやめて、逃げろ、逃げろ」と叫んで、やめさせた。目の前の防空壕が直撃弾を受け、級友四人を含む六人が即死するという惨事の現場で、「火は絶対に消せ」と教えられたとおり行動したのだった。教育というものの威力を、つくづくと感じる。

空襲が終わって、級友高橋和利（旧性湯川）が鶴町消防署の車庫内の路上に倒れている鈴木をみつけた。高橋は「親友の戦死」（『大阪大空襲体験記』第五集、一九七五年刊）のなかで、次のように書いている。

全身、さんまの丸焼けそっくり、焼けただれ、ふくれあがった顔の閉じた両方の眼尻から、糸を引く様に涙と血膿が頬を伝って流れた。わずかに見える白い歯は彼の面影をほんの少し伝えてくれた。声にならぬ声で不確かなうめきは「ウーウーッ」と発生するばかり。鈴木は生きている。これが或は俺だったかも知れない。先程迄の地獄で彼は斃れ、私は生き残った。すべての交通機関は杜絶、電話も駄目。高橋が重体の鈴木を背負って、というより背にして這うように歩いて、境川の電気局にたどりつき、それからようやく北区の行岡病院に収容、といっても病院のなかは病室も廊下も負傷者でいっぱい、とりあえず近くの国民学校校舎で救急手当を受ける程度であった。次に高橋がしなければならなかったのは、天王寺区堂ケ芝町の鈴木の家へ知らせることだった。このとき、すべての交通機関は杜絶、電話も駄目ともう一度記しておこう。高橋はこう書いている。「一人の動員学徒の生死の為に誰も関ってくれることが出来ないのだ。人の死ぬことは、車で猫がひかれることより無視される空襲下の大阪であった」と。

知らせを受けた鈴木博美の両親と妹は、自転車と徒歩で天王寺区から北区まで無我夢中で急いだ。父の朝司《あさじ》は会社員で当時四三歳、母の松子は三六歳、妹の行恵は一二歳で府立夕陽丘高女（現在夕陽丘高校）一年生だった。

その夜、阿倍野の市民病院に移してもらったが、幼稚園から九年余、皆勤賞を受け続けた頑健な身体も、翌二日午後七時に息絶えた。母の松子の話によると、鈴木は天王寺中学校の校歌をうたい続け、「天皇陛下万歳」といってから一時間ほどたって、息をひきとったという。戦場の兵士でさえ「天皇陛下万歳」という人が少なく、「お母さん」といって亡くなった人が多いと聞いているのに、私の息子は死ぬときに、見舞にかけつけた校長先生や友人たちの見守るなかで「天皇陛下万歳」といったと、松子は話す。同年齢、同じ軍国少年だった私にとっては、なんとも耐えがたい、やりきれない話である。

六月二日、鈴木博美の通夜の最中、八時か九時ごろ、父の朝司に召集令状がきた。もうすぐ満四四歳になる朝司だったが、陸軍少尉だったために召集されたのである。息子の葬式と父の召集で、てんやわんやの騒ぎになった。四日の葬式を終えると、半旗ならざる祝出征の日の丸の旗を掲げなければならなかった。五日に早い初七日をすませ、翌六日、朝司は静岡の聯隊に入隊した。

残された松子と行恵には、戦争がつぎつぎと追い討ちをかけてきた。六月一五日、大空襲で堂ケ芝町の家が焼けた。長男の遺品だけは欲しかったと、松子はいう。残ったのは、長男の遺骨と自転車とリュックだけだった。焼跡整理をすませたあと、浜松市木戸町の松子の実家へたどりつくと、六月一八日未明の浜松大空襲の直後で、市内は焼野原になっていた。焼け残った実家が疎開の最中で、大阪の罹災者母子を受け入れてくれるどころではなかった。そこで、夫の実家の浜名郡飯田村(現在浜松市)に身を寄せたが、一か月後の七月二九日深夜から翌日未明にかけての艦砲射撃の砲弾がその家に命中し、池のように大きな穴があいた。長男の法要のあとだったため、部屋に布団が積まれていて、それのおかげで行恵は土に埋もれたものの、九死に一生を得た。とにかく、たいへんだったとしか、いいようのない物語である。

友人の頭が割れた

吹田の千里山中学校は、一九四〇年(昭和一五)に創立された新しい学校だった。大淀区浦江北二丁目(現在大淀中五丁目)に住む山岡耕次は、この千里山中学の三期生として入学した。一九四四年四月、三年生に進級すると同時に、山岡たちは此花区の汽車製造会社大阪製作所(現在川崎重工業大阪工場)に動員された。はじめは三年生のうち三クラス約一八〇人、ついで残り三クラスも同じ工場で働くようになった。一年上級の二期生や市岡中学、泉尾工業の生徒たちも動員されていた。

山岡にとっては、国鉄西成線の福島駅（現在環状線）から安治川口駅（現在桜島線）までの通勤だったから、千里山までの通学とくらべると、うんと近くなった。汽車会社のある此花区西部は、西六社（住友電工、住友金属、住友化学、日立造船、汽車会社、大阪瓦斯）とよばれる巨大な工場が存在し、大阪市内では最大の重化学工業地域だった。

汽車会社に入所した山岡はガス熔接に従事することになり、社内の青年学校で理論一週間、実技一週間の指導を受けたのち、機関車のスーパーヒーターの熔接の仕事が割り当てられた。

動員されて一年がたち、一九四五年（昭和二〇）四月に四年生になっても、千里山中学の生徒たちは汽車会社に通勤し、山岡はガス熔接を続けていた。

六月一日の朝、全工員と動員学徒が集まっての朝礼でいつものとおり陸軍将校の訓示があったあと、全員は隊伍を組んでそれぞれの工場に入り、作業をはじめた。この日、大阪府には八時四〇分に警戒警報、九時三分に空襲警報が発令されている。したがって八時三〇分の始業後すぐに警報が出たのだが、山岡たちはそれを知らずにいた。騒音のなかで仕事をしていたために、警報発令を知らせるサイレンはきこえなかった。工場としても、警報が出るたびに作業を停止していたのでは、能率があがらない。だから、警報の口頭伝達をしなかったものと思われる。

突然、ドカンと大きな音と、ビリビリと地響きが感じられた。空襲がはじまったのである。作業を中止し、みんな外へとびだした。不気味な落下音と地響きが続く。会社のなかの大きな道を西へ、山岡たちは走った。途中の工場からとびだしてきた連中とぶつかりながら、走った。トラックなどが出入りする門から出て、今度は北へ走り、市電通りの島屋町を駆けぬけ、疎開道路を淀川の方向へ走った。隣接の住友金属伸銅所の動員学徒たちも一緒だった。ザァーという落下音、ドスン、ドカンと炸裂音。道ばたの露天の防空壕に何回もとびいり、とびだした。家が根こそぎ舞いあがり、ばらばらにくずれて落ちるありさまを目撃した。

場所がどこだったのか、まったくわからない。壕からとびだしたとき、一緒にいた泉尾工業の生徒の頭の皿が割れて、頭が半分ふっとび、そこから白い木綿糸のようなものが何本もぶらさがっているのを見た。その泉尾工業の生徒は、山岡の家の近くの助産婦の息子で、電気熔接をしていた。頭が割れながらも、彼は何メートルか走った。そして倒れた。「どうした」と声をかけると、「残念や」といって息絶えた。それを見届けて、山岡はまた走った。

行く手が燃えている。火のなかをとび歩いた。ネズミ色の作業服を着て、熔接の火を防ぐためズック靴の上から足カバーをつけていたが、いつのまにか両足とも脱げていた。

稲妻と黒い雨

山岡は淀川の堤防まで逃げた。汽車会社から淀川まで、相当の距離がある。北へ直線距離で一・五キロは十分にある。しかも、途中に正蓮寺川が流れている。山岡は正蓮寺川の北港大橋から新北港橋を渡り、燃える町並みをくぐって、淀川までやってきたことになる。堤防に這いあがり、草にすがりついて身を伏せた。堤防の上にのぼったのは、周囲を見渡すことができるからだった。

見渡すことができれば、敵機の来襲状況がわかって安心できる。大きな淀川に死体が浮いて流れていた。

頭を南へ向けて伏せていた。B29が一機、頭上を大きく旋回し、大阪港上空あたりでピタリと止まったように見えた。しばらくすると、B29の下方、空中で閃光が発した。丸く輪になった閃光が、いくつも見えた。焼夷集束弾が分解した瞬間だったのである。それからがこわかった。ザァーという落下音がおそってきた。何回も何回もおそってきた。ところかまわず、落ちてきた。じっとしておれなかった。だが、動けなかった。

その状態が過ぎると、だんだん、空が暗くなってきた。晴天だったのに、黒みがかった朱色となり、みるみる暗黒化した。暗黒のなかを稲妻が走った。黒い雨が降ったり、やんだりした。府警察局報告書のいう「大阪市内中部以北は降雨となり、かつ雷鳴を生じたり」（六月一日付「空襲被害状況に関する件」）の状況となったのである。

空襲が終わったので、山岡は汽車会社へもどることにした。帰り道は、火のなかであった。道さえ、さだかでなかった。泉尾工業の友人が死んだ位置を確かめたかったが、それは不可能だった。

汽車会社のなかでも、あちこちに死体がころがっていた。引込線の貨車の下に、待避した多数の人が死んでいた。指揮者であろうか、男の人が貨車に手をかけて立ったまま絶命していた。その人の身体は、全身が三倍ぐらいにふくれあがり、大入道の形相で死んでいた。これらの死体は、翌日までそのまま放置されていた。

夕方、山岡は汽車会社から自宅へ帰ったのだが、どこをどう歩いたのか、だれと一緒だったのか、記憶がさだかでない。電車の動いてない市電通りを、西九条の方へ向かった。風が西南から東北へ吹いていた。自宅のある浦江は東北の方向である。その方向に煙がたちこめていた。浦江は焼けたと思って、山岡はずいぶん迂回したようだ。六軒堀川の朝日橋を渡って西九条へ出て、そこから安治川隧道をくぐったのだろうか。西区の九条が丸焼けになっているのをみたと記憶している。

とにかく、まだ燃えていて、いぶっていて、あついなかを歩いた。はだしになっていたので、他人の死体から脱がした靴を履いた。荷車をひいた馬が何頭も死んでいて、その死体がブスブス燃えていた。包丁で馬肉を削っている人がいた。「腹がへっているやろ。食べよ」と、馬肉を差し出されたが受け取らなかった。帽子はなく、服はぼろぼろ、他人の靴を不揃いに履いた中学生への、その人の好意だったと思う。

中之島へ出て、堂島大橋を渡り、福島西通を経て、浦江の自宅へ帰り着いたときは、夏の長い日がとっぷりと暮れて、夜になっていた。浦江は焼け残っていて、両親と三歳の弟も無事だった。

防空壕で溺死

第三次大空襲の六月七日、浦江の山岡の家は焼けた。一家はしばらく三島郡安威村十日市（現在茨木市）の知人宅に身を寄せたのち、奈良県宇陀郡松山町神戸村（現在大宇陀町）に疎開した。山岡はそこから汽車会社に通勤した。近鉄大阪線榛原《はいばら》駅まで三里（一二キロ）、近鉄で鶴橋へ出て、国鉄城東線、西成線と乗り継いで出勤するためには、夜中の三時過ぎに起きなければならなかったという。

この年の四月に中部第二二部隊（歩兵第八聯隊）に入営した兄の礼之助は、六月二二日、和歌山県の潮岬で陣地構築中、B29の空襲で戦死した。礼之助は師範学校を卒業して小学校訓導になったばかりだったが、徴兵検査を受けて入隊したのだった。

六月二六日、汽車会社で働いていた山岡は、隣接の住友金属を目標にした第五次大空襲に出会った。このとき、B29部隊が投下したのは、四〇〇〇ポンド軽筒爆弾だった。四〇〇〇ポンドというと一八〇〇キロ、したがって日本流にいうと二トン爆弾であり、これは純粋に爆破用の巨大な炸薬弾だった。山岡の体験では、焼夷弾を主とする六月七日の空襲がじめじめしたものとすれば、二六日の空襲はカラッとしたものだったという。

爆弾は、ねらいどおり、住友金属の伸銅所とプロペラ製造所に集中した。当時、汽車会社は機能停止状態にあったが、工員たちによって住友金属救助隊が組織され出動したとのことである。

すり鉢状の大きな穴があき、もうもうと砂煙が立つ激烈な空襲だった。「ワッー」と落ちてきて、「ズバッー」と破裂した。汽車会社の工場では、満鉄用のミカロ号とマテイ号という二台の機関車ができあがっていた。正面に前照燈があり、汽笛のほかに鐘もあり、日本の国鉄にはみられない型なので、山岡たちには珍しかった。爆風の圧力で、この二台の機関車がくっついて一台になってしまった。

被害甚大だった住友金属では、こんな出来事がおこった。安治川の水路が裂けて、住友金属に大量の水が流入した。さすがに住友だけあって、堅牢で大きな防空壕がつくられていた。その立派な壕に水が流れ込んで、多くの人が死んだのである。救助隊は五日目に至って、ようやくその壕を処理することができたという。頑丈につくられた壕の戸が、爆風のためにあけられなくなっていたのである。壕内では、下の方の人びとは溺死し、上の方の人びとはマネキン人形そっくりのむし焼き死体になっていたのを、山岡は目撃している。

当時一五歳の少年だった山岡耕次は、あれから四〇年の歳月を経て五五歳となり、一九八五年(昭和六〇)一月、長年の勤め先を定年で退職した。彼の母校千里山中学校は一九四〇年、つまり紀元二六〇〇年に創立されたが、戦後の混乱期に廃校となった。千里山中学の短い歴史は、太平洋戦争の時期と重なり、生徒たちは動員と空襲の苦難の生活を送った。いま、山岡は同窓生たちに呼びかけて、戦時下の体験記づくりを進めている。

野洲の空も暗くなった

大阪府三島郡三箇牧村《さんがまき》(現在高槻市)に住む川本道次(当時四三歳)は、六月一日の大阪大空襲の日、日記に次のように書いた(『戦争体験日記』、一九八三年刊)。

今日は八時半頃からB29の大空襲があった。四百機とのこと。大阪の火災の煙が大阪平野の空一面にひろがって、唐スキの先が見えない程曇って暗かった。二尺四方位な小さな紙の燃え残りが、煙の雲に乗って田に飛んで来て居た。

三箇牧村は大阪の北郊、当時は市街地をはるかに離れた農村だった。郷土防衛隊への入隊を二日後にひかえた川本は、この日、「一日中牛を使ったが、牛にも唐スキにも土にも愛惜の情切なるものがあった」と記している。その牛のひく唐スキの先が見えないほど暗くなり、紙の燃え残りが大阪市内から飛んできたというのである。

次に、滋賀県野洲《やす》郡祇王村（現在野洲町）に疎開していた今木つる（当時三二歳）が大阪に住む二人の娘に宛てた手紙を紹介しよう。手紙の日付は六月四日である。

かねて覚悟の事とは云いながら、六月一日お祖父さんの御命日に、敵機が再び大阪へ来襲しましたね。滋賀県も午前十時頃、空襲警報が出ました。それから葉書にも書いた様に、空が気持悪く暗くなって来て、太陽も煙で赤くなりました。（中略）人々の話で大阪が大変だ、大空襲の煙が此方まで来ているとの事、心配で心配で寝る事も出来ません。

なんと滋賀県野洲の空さえ暗くなり、太陽もくすんで赤くなったというのである。

すでに述べたように、府警察局の記述で「火焔の上昇は約七〇〇〇メートル」、P51の報告で「大阪上空の煙は二万一〇〇〇フィート（六四〇〇メートル）」との、想像を絶するすさまじい火災は府県境を遠く越えて、人びとをおどろかせたのであった。

今木つるが手紙を宛てた二人の娘の妹の方の幹子《もとこ》（現姓赤木）は、当時、府立大手前高女（現在大手前高校）の二年生だったが、大手前高女はこの年三月から府立豊中高女（現在桜塚高校）校舎に移転していた。父の今木善助（当時四三歳）は東区横堀の銘木商今善商店の三代目当主、建物強制疎開で天王寺区小橋《おばせ》西之町に移り、統制会社の大阪府地方木材株式会社の銘木課長として勤めていた。

今木幹子が六月一日と七日の空襲について母のつるに知らせた手紙は、当時の状況を直後に記録したものとして貴重である。ここでは、七日の空襲についての手紙を紹介しておこう。

校舎の地下室に入っていると、ブーン、ブーンと気味の悪い爆音が聞えて来たと思う途端、ダダダーン、ダダダダーンと続いた爆弾落下、もう私達は机の下へもぐって、耳をおさえ、伏せを続けました。（中略）またダダーン、ダダダーン、私たちはお互いにくっつきあって、話し声一つ聞えません。もう生きた心地がしませんでした。

朝の九時頃からお昼まで、私たちは寿命が縮まった様な気がしました。音が止んだ時には、本当にほっとしました。上へあがってみると、大阪方面の空は、墨を流したように真黒で火の手さえ見えます。「昼食をしなさい」と先生がおっしゃいましたが、始めの内は御飯がのどへ通りませんでした。

昼食後、校長先生の訓示があり、私たちは、その後、先生に連れられて校門を出ました。まだ二時頃なのに夜の様です。宝塚線は不通ですから、ここから歩いて帰らなければなりませら、梅田までは三里程あります。三国《みくに》の少し手前まではよかったのですが、三国ぐらいからは、あたりの家々はみんなくすぶっています。まだ盛に燃えている所もあります。道ばたには死人が置いてあったりして、本当に地獄へ行った様でした。十三《じゅうそう》に着くと、あたりは火の海、工場は殆どやられて、ぼうぼうと燃えています。暑くて暑くてたまりません。のどもからからになりました。

ようよう梅田についたと思うと、省線電車は線路上で真黒焼になっていますし、大阪駅のガードの下は、ごうごうと音をたてています。私はお友達とその横を走り抜けて梅田新道に来ました。この辺の或る家は機銃掃射をされて、直径三〜四センチぐらいの円い穴がいくつもいくつもあいていました。天満橋の方を通って帰ろうと思って、その方へ行きますと火の手が上がって行かれません。お友達は堺筋は安全だろうとおっしゃいますので、堺筋を歩きました。足はだるくて棒のようです。お腹もだんだん減るし、いやになって来ました。両側を見て行くと、焼残りの家がまだ燃えています。（中略）長堀橋を少し行くと「幹ちゃん」と呼ばれました。はっと思って上を見ると、お父さんです。私はもううれしくて、地獄に仏とはこのことだなあと思いました。あの時は本当にうれしいでした。お父さんのお話によると、「上六《うえろく》の方は少しも焼けていない」とのことで、やっと安心しました。

幹子の小橋西之町（上六つまり上本町六丁目の近く）の家は、六月一日は危なかったが、七日は助かった。しかし、一五日には焼けてしまった。父娘三人は、母と弟妹のいる祗王村に身を寄せなければならなかった。今木善助は、そこから上六の地方木材会社に通勤した。

首のない赤ちゃん

大阪大空襲の体験を語る会は、一九八一年（昭和五六）から、空襲体験画を描く運動をはじめた。一年経たぬ間に寄せられた絵は約一六〇枚、現在では二〇〇枚をこえている。その一枚一枚は、空襲体験者が四〇年近くのあいだ、ひとときも忘れることのできなかった、まぶたに焼きついたままのシーンであり、それはまさに地獄絵というべきものであった。金野紀世子代表はじめ、会員の情熱はすさまじいものであった。二度とこういうことがあってはならないという、戦争反対の怨念ともいうべき強固な意思が、空襲体験を絵で表現しようという運動に結集したのであった。この会はそれまでに六冊の空襲体験記を刊行していたが、体験画を描く運動をはじめてからは活動が以前よりもはるかに生き生きとし、社会的影響力も大きくなった。視覚に訴える絵画表現を活動のなかにとりいれることによって、体験を語る会は質量ともに発展し、活性化したことはたしかである。

大阪府教育委員会では、体験画をスライド化し、情報文化センターから一般に貸し出すことにした。大阪市史編纂所では、これを貴重な資料として写真撮影した。『画集　大阪大空襲の記録』（三省堂、一九八三年刊）も出版された。この四年間、テレビや新聞でもさかんにとりあげられた。そういうときに、人びとの目をとくにひいたのが、中島千鶴子の「首のない赤ちゃん」である。

中島千鶴子は旧姓橋本。大淀区天神橋筋八丁目の鮮魚商橋本巧（当時三八歳）の長女で、国民学校初等科五年生だった。妹の田鶴子は三年生。母は前年七月にお産で亡くなっていた。家の二階には、美奈ちゃんという田鶴子と同い年の女の子と、そのおばあさんが暮らしていた。

六月七日、大空襲の日、警防団員の父は、幼い姉妹を家に残して出動した。「空襲になったら長《なが》柄《ら》橋に行くように。あそこは安全やし、探すにも便利や」と口ぐせのようにいっていた父の言葉を思い出しながら、千鶴子は母の位牌と貯金通帳、少しばかりの米を入れた袋を背に、田鶴子の手をとって長柄橋へ向かった。二階のおばあさんと美奈ちゃんも一緒だった。

長柄橋は新淀川（淀川）にかけられた大きな橋である。広い河川敷もあるし、橋も頑丈なコンクリート造りである。絶好の避難場所と思われていた。ところが、その長柄橋近辺に、B29とp21の銃爆撃が集中したのである。

長柄橋の南詰までやってきて、河原へおりようとしたが、逃げてきた人たちですでにいっぱいである。田鶴子が向こうへ渡ろうといいだしたので、四人は橋の上を走りはじめた。

長柄橋の長さは、八〇〇メートルほどある。長い長い橋である。四人のほかにも、多くの人が北岸めざして走っていた。こちら側が大淀区、向う側が東淀川区である。市街地中心部から少しでも離れようとする心理が、人びとを南から北へ走らせた。少々走っても郊外へ脱出できるわけではないが、一歩でも危険から遠ざかろうとするのだ。対岸は東淀川区の柴島《くにじま》浄水場、この日猛爆を受ける地域だから、ほんとうは逃げたことにならなかったのである。

長柄橋を渡りきって、四人は河原へおりた。ここにも、たくさんの人が集まっていた。馬を引いて降りてきた人もいた。「馬があばれたら困る」といわれて、馬は川の流れの方へ連れていかれた。

しばらくたって、焼夷弾がザァーと落ちてきた。大混乱がはじまった。人びとは堤防をかけのぼる。千鶴子たちも、大人たちにくっついてかけのぼる。上もあぶないと、またおりる。千鶴子たちもおりる。右往左往、のぼる、おりるのくり返しとなった。爆弾が破裂する。馬が馬方と一緒に吹き飛ばされるのを、千鶴子は見た。そのあとに、大きな穴があいた。機銃掃射もはじまった。美奈ちゃんたちとは、はぐれてしまった。

川と橋には火柱、火花、光の交錯、大音響と地響き。そして悲鳴、泣き声。橋の下から上へ、上から下へ、地獄絵図だった。千鶴子は、田鶴子が傘を持っているのを邪魔になると思って捨てさせた。一一歳の姉が九歳の妹の手を引いて、必死に逃げた。

そのときである。田鶴子が「赤ちゃんの首がない」と前を指さして叫んだ。見ると両手に荷物をさげて、すぐ前を走っているおばちゃんの背中の赤ん坊の頭がない。首からは真っ赤な血が噴き出している。両手に荷物を持って走るおばちゃんは、背中の赤ちゃんが殺されたのに気付いていないのだ。とっさに「いうたらあかんで。おばちゃんがかわいそうや」と千鶴子は妹を制した。あの母親が赤ちゃんを背からおろしたときのおどろき、悲しみは想像することさえできない。

首のない赤ちゃん　6月7日、大淀区長柄橋上で（絵 中島千鶴子）

六月七日、長柄橋上で見たおそろしい光景は、千鶴子の目にいつまでも焼きついて離れない。

敵機が去ったあとの河原で、離れ離れになっていた美奈ちゃんとおばあさんに出会った。おばあさんの脚と腕が機銃で射たれて、ざくろのように肉がはじけ、傷口から赤い肉がとびだし、血がふき出ていた。三人の女の子がおばあさんに寄り添うようにして誰かが助けてくれるのを待つだけで、何もしてあげられなかった。

警防団員だった父が、やっと千鶴子たちをさがしあててくれた。父はおばあさんの傷の手当をし、荷物を美奈ちゃんの身体にくくりつけ、巡査にくれぐれもよろしくと頼んで、その場を離れた。千鶴子たちは、美奈ちゃんとはそれっきりになった。父を軍隊に召集され、おばあさんが負傷した美奈ちゃんは、その後どうしたのだろうか。千鶴子の一家三人は、国鉄東淀川駅近くの知り合いの家へ身を寄せることになった。

母の骨

長柄橋で惨劇がくりひろげられていたころ、その東方約三キロの城北公園《しろきたこうえん》(旭区)も阿鼻叫喚《あびきょうかん》の巷《ちまた》と化していた。淀川堤に接した広大な城北公園には、たくさんの人たちが避難していた。そこへB29の爆撃だけでなく、P51の機銃掃射が執拗にくり返された。逃げまどう群衆は格好の銃撃目標となった。赤川鉄橋から城北公園一帯には、足の踏み場もないほど死体が横たわっていたという。

空襲が終わって、河野《こうの》百合子(当時一七歳、現姓真弓)は母をさがすのに一所懸命だった。母のハルヱは五〇歳、父は早くに亡くなっていた。百合子は五人兄弟の末っ子だが、一男二女が亡くなり、次女フミヱと彼女だけになったという、不幸の続いた家庭だった。フミヱは結婚し、ハルヱと百合子の母子二人が旭区赤川町三丁目で暮らしていた。

六月七日の朝、百合子はいつものように都島区高倉町の大橋漆行《しっこう》という会社に出勤した。「行ってきます」―「おはようお帰り」と家を出たのが、母との永遠の別れになった。近所のお兄さんが「百合ちゃん、しっかりしいや。お母さんはすぐ見つかるからな」と元気づけてくれて、城北公園をすみからすみまで一緒にさがしてくれたが、母はどうしても見つからなかった。

城北公園の惨劇　6月7日、旭区城北公園淀川堤防（絵 真弓百合子）

「百合ちゃんのお母さんのお骨が見つかったらしい」と近所の人が新婚まもない百合子の家にかけこんできたのは、一九五〇年(昭和二五年)一一月二一日のことだった。夫とともに城北公園近くの道路拡張工事の現場へ走った。大きな爆弾池があり、そのそばに頭蓋骨が三つ、無造作にころがっていた。

その一つが「お母さんや」とすぐわかった。母には前歯左側に三日月型の金歯があって、それがいきなり目にとびこんだからである。かたわらに、泥にまみれた百合子の筆箱と万年筆があった。娘が大切にしていた品を肌身離さずに逃げまどった末に、この場所で爆死したのである。夫も手を合わせて涙を流してくれた。母のトレードマークともいえる金歯が不気味に光っていた。

この五年半のちの出会いの夜から、母は百

合子の夢枕に立たなくなった。百合子はいまでも毎月七日の命日には発見現場に出向き、母の好物の清酒をかけて、「息子たちには絶対に銃を持たせない」と心に固く誓っている。大阪大空襲の体験を語る会の活動に参加した妻に刺激されて、夫の真弓一郎も惨苦をきわめたシベリア抑留体験を絵で表現し、さらに体験記「虜囚の果てに」を書き、夫婦で戦争の悲惨さを訴えている。

軒並みの検死

松家《まつか》雪枝は一九三九年（昭和一四）に大阪女子医専（現在関西医大）を卒業し、旭区大宮町五丁目（現在大宮一丁目）で耳鼻咽喉科の医院を開業していた。大空襲当時は、二八歳の若い女医だった。

六月八日早朝、旭警察署から呼び出しを受けた松家は、雑嚢《ざつのう》と水筒をたすきにかけて、署へと急いだ。彼女のほかに、男の老医二人が出頭していた。壮年の男性医師たちはほとんど軍医として召集され、町中には老医か女医しかいなかったのである。老医の一人が「ぼく、朝食がまだなので、食べさせて下さい」と署員に頼んだので、若い女医の松家は恥ずかしくてたまらなかった。医師でもその日の食事にこと欠く時代だったのである。

署長が次のように言った。

「昨日の空襲で城北公園で即死約二三〇名、その数倍の負傷者が出ました。死者はすでに自宅に収容ずみです。先生方は三班に分かれて検死をして下さい。」

検死、それもたくさんの検死、若い松家は、一瞬足がすくみ、ひざががくんとした。

「道案内と書記を兼ねて、警察官を二人同行させます。」

逃げ出すことも、断ることも許されない。覚悟をきめるしかない。せめてもの救いは、遺体が自宅に収容ずみであることだった。

まず最初に行ったのは、関という警察官の家だった。関巡査は、数日前まで松家の医院へ通っていた患者だった。まだ童顔の残る美青年で、当時としては貴重なたまごをポケットにしのばせて持ってきてくれたりした。

道案内役の大久保という警官が「関君は区民を避難誘導していて、銃撃されたのです」と説明してくれた。美青年の関は、おだやかな顔でねむっているように見えた。どこにも傷らしいものはない。大久保が大きな裁ちばさみで、ズボンをザクザクと切り開いた。ああ、正視できない。なんということだろう。ズボンの下のパンツもステテコも、血で真っ赤である。股動脈貫通だった。

枕辺には、生まれてまもない幼児を抱いた夫人がすわっていた。涙のあともなく、どこか焦点のすわらない目だった。夫人は幼な顔の失せていない若さだったが、関とは再婚で、前夫は戦死したのだった。戦争は女性を残酷に痛めつける。松家の同級生にも、夫を戦場で失った者と、一生独身の者が多い。松家自身も、一九四〇年（昭和一五）に結婚生活わずか二か月半で夫を軍隊に召集された。入隊した夫は病を得て、療養所に入り、終戦後に亡くなっている。

関を検死したあと、どこをどう歩いたのか、迷路のようなところをつぎつぎと連れられては、死者の家を訪ねた。松家がそれまでは知らなかったような路地裏の貧しい家、狭い家、そこに非業の死があった。それだけに悲惨だった。どこが傷やら、致命傷やら判定し難いものが多い。その日は日射しも強く、苦しく感じるほど暑かった。ふらふらになり、前にのめりそうになりながら、大久保のあとにつづいた。そんな松家を、大久保はいたわりながら案内してくれた。

「昼御飯にしましょう」と焼跡の石に腰をおろしたが、食べる気にならない。朝から見た死体のさまざまな様子を思い出して、食事どころではなかった。

午後も検死である。美しい女性の屍《しかばね》にあう。橈骨《とうこつ》動脈の切断による失血死である。失神したまま、死んだのであろう。そばに止血してくれる人さえおれば、なんでもなく助かったのにと残念でたまらない。

次の家、松家が失神しそうになる。頭がどこか、顔がどこか、まったくわからない。手と足はたしかにある。鼻をつく臭気、女性らしい着衣。頭部を直撃されたようだ。ちらりと一見したまま、目をそむける。これではならじと深呼吸をして、屍を見る。頭部と顔面の区別がなくなり、血液と頭部の内容が一かたまりとなり、頭髪がぺったりとはりついている。致命傷は頭部粉砕と記し、次の家へ行く。軒並みに犠牲者が出ている。城北公園の並木と歩道のあいだの大きな溝のなかにみんなが伏せたところを、P51に機銃掃射されたから、命中率が高かったのだという。

どうして七十数人の検死をすませたのか、思い出せないくらいに松家は自分を失っていた。大久保警官に助けられて、なんとか任務を果たしただけである。帰宅後、今日見た死体の一つ一つが明日の自分の姿に思えて、茫然と坐していた。医師とはいえ、若い女性の松家にとって、あまりにも残酷な一日だった。

淀川沿いの空襲あと

一九四五年（昭和二〇）六月七日、B29四〇九機とP51一三八機が午前一一時一〇分から一時間半、大阪市北東部に猛攻撃を加えた。市街は火の海となり、黒い雨が降り、白昼の暗闇に猛火と猛煙と猛風がうずまいた。爆弾、焼夷弾、機銃掃射が集中し、地獄絵巻がくりひろげられた。城北公園、長柄橋、崇禅寺というと、この日の惨劇の場所として、体験者の記憶に刻みつけられている。

城北公園に接した淀川堤には、千人塚と平和地蔵がある。六月から八月にかけて、千人塚と平和地蔵の前で手を合わせている人を多く見かける。供物や線香も絶えない。「身元不詳の千数百の遺体を此処に集め、疎開家屋の廃材を以て荼毘《だび》に付す。鬼哭啾《きこくしゅうしゅう》々たる黒煙天に柱し三日三晩に及ぶ」と記された千人塚は、近くに住む東浦栄二郎が設けたもので、現在は子息栄一が遺志をついで、毎年「六月大空襲犠牲者慰霊法要」を営んでいる。多くの人が参列し、心のこもった法要である。

城北公園から淀川堤を西へ三キロ行くと、長柄橋がある。途中に国鉄貨物線赤川鉄橋や毛馬閘《けまこう》門《もん》がある。近年までは左岸、右岸の河川敷に爆弾池が残っていたが、最近、きれいに整地されてしまった。長柄橋の橋脚には数十個の弾痕が刻みつけられていた。これも近年の新橋へのつけかえで撤去されてしまった。現在、辛うじて残すことのできた弾痕のある橋脚片を保存し、「大阪大空襲長柄橋の碑」を建てる運動がおこなわれている。空襲犠牲者を追悼し、平和への誓いをあらたにするためである。橋の南詰に、空襲犠牲者と淀川水難犠牲者慰霊の明倫観世音菩薩の立像がある。

長柄橋を渡り、柴島《くにじま》浄水場を突きぬけると崇禅寺である。足利義教の首塚、細川ガラシャ夫人の墓、遠城兄弟の仇討で知られるこの寺も、六月七日の空襲で一瞬に消え失せ、あたり一帯は見るも無残な焼野原となった。ここには戦災犠牲者慰霊塔があり、戦災死者遺族会建立の碑がある。碑文には「太平洋戦争の戦火この地にも波及し、昭和二十年六月七日には当墓地を中心とし、一帯二キロメートルにわたり爆撃、焼夷弾による被害甚大、周囲一望灰燼と化し、戦災死者五百数十余名此の地に埋葬せらる」と記され、墓碑に四三〇人の氏名が刻まれている（ほかに氏名不明者四八人とある）。

犠牲者四三〇人のなかには、朝鮮人と推測できる氏名が多く見られる。崇禅寺を日朝両国民の戦災死者の墓地とし、一九五三年（昭和二八）一〇月一三日に慰霊祭が挙行されたが、これには当時の大阪民戦（在日朝鮮統一民主戦線、朝総連の前身）の尽力が大きかったという。

ほむら野に立つ

大阪の女学生や中学生の動員・空襲体験記の代表的なものとして、大阪府立豊中高女学徒動員記『ほむら野に立つ』（一九七五年刊）、大阪府立生野中学校二十四期生卒業三十周年記念『朋友の碑《いしぶみ》』（一九七八年刊）、大阪府立豊中中学校戦争体験の記録『憶念の詩《うた》』（一九八三年刊）をあげることができる。この三冊とも、巻頭に空襲の犠牲となった同窓生の遺影を掲げている。いずれも、幼い顔立ちの少年少女たちである。こんなこどもを軍需工場に動員し、あげくの果ては爆死させたのかと思うと、怒りと悲しみでやりきれなくなる。死者のほとんどは六月空襲、それも六月七日の犠牲者が圧倒的である。豊中高女（現在桜塚高校）、生野中学（現在生野高校）、豊中中学（現在豊中高校）の生徒たちの動員先が大阪北部・東部に集中していたという地理的理由にもよるが、六月七日空襲の激しさは格別だったのである。

なにしろ、B29四〇九機、P51一三八機が来襲した。そして五つの攻撃目標のうち、大阪陸軍造兵廠の二か所（大阪城の北東部と東部）と大阪市南東部の二か所（鶴橋駅と天王寺駅の近辺）への爆撃には失敗した。都島区高倉町界隈を中心とする大阪市北東部への爆撃には成功した。成功したどころか、他の目標へ落とす予定の爆弾・焼夷弾が都島区、および旭区、大淀区、東淀川区（現在の東淀川区と淀川区）、福島区、豊中市、庄内町（現在豊中市）といった大阪北東部に集中して投弾されてしまった。

一トン爆弾、五〇〇キロ爆弾、四五キロM47焼夷弾、四・五キロM74焼夷弾、二・七キロM69

焼夷弾、それにT4E4破砕集束弾の九キロ片鋼弾までが降り注いだ。P51による機銃掃射の嵐も加わった。阿鼻叫喚の地獄絵巻が展開されたのも当然だった。そのなかで、動員学徒の女学生や中学生の生命もうばわれた。

広実《ひろざね》輝子の「火中に立ちてとひし君はも」が、日本ペンクラブ編『ロマンチックはお好き?』(田辺聖子・選、集英社文庫、一九八一年刊)に収録されている。これは豊中高女学徒動員記『ほむら野に立つ』に掲載されていたもので、数ある空襲体験記のなかでもとくに迫力のある感動的な文章である。

六月の大阪大空襲は白昼におこなわれた。それゆえに、大阪の女学生・中学生は動員先の工場で猛爆にあった。級友のあいだから死者、負傷者を出し、焼夷弾・爆弾の雨と機銃掃射の嵐のなかを逃げまどい、猛火と猛煙に巻かれた。広実の「火中に立ちてとひし君はも」は、まさに当時の大阪の女学生・中学生がひとしく体験した惨烈な戦争をみごとに描ききった名篇である。

豊中高女四年生の広実たちは、一九四四年(昭和一九)一一月から、豊能郡庄内町(現在豊中市)の石産精工三国工場に動員されていた。彼女たちの仕事は、紫電改《しでんかい》のフラップの部品製作と胴体肋骨集成だった。あの海軍局地戦闘機紫電改を女学生がつくっていたのである。軍国少女たちの歓喜と意気込みは推して知るべしである。自分たちが祖国の運命をになっていると自負したのも無理はない。麦畑のなかのバラックの新工場には、完成を間近にひかえた小さな、小さな戦闘機紫電改の雄姿があったとのことである。翌年五月には、豊中高女の二年生があらたに石産精工に

燃える十三　6月7日午前11時すぎ、豊中市菰江で（絵 広実輝子）

動員されてきた。広実たちの学年は、在学年限四年に短縮のため、三月に卒業したことになっていたが、そのまま同じ工場で働いていた。

六月七日、防空壕にいた広実たちは至近弾で壕をとび出し、教師の命令で工場の西側にひろがる麦畑に待避した。水たまりの畝《うね》のあいだに伏せた少女たちは、恐怖の極限に身をさらした。見上げる空は、もうどこにも昼の光はなかった。轟音とともに地上に降る焼夷弾は雨の如く、それを受けて地表はふき出すように炎をあげていた。少女たちは地球のさいごをみる思いで身体を寄せあって、ふるえていた。しばらくたって、惨事がおこった。その音は今までと全然ちがっていた。轟音が沛然と叩きつけるように、つっ伏した背におおいかぶさってきた。畝にそって一列に伏せる少女たちを、P51は超低空から的確にとらえて機銃掃射した。一人の少女は後頭部をうちぬかれた。一人おいて次は左腕を貫通していた。そのとなりの少女は身体中に爆裂創を受け、血を流していた。そしてつぎつぎと……。広実の左前膊《ぜんはく》部を銃弾が貫通した。三センチぐらいの穴があいた。橈骨《とうこつ》、尺骨《しゃっこつ》が折れ、肉は裂かれて、傷口から血が流れ走った。さっきまで働いていた新工場の大屋根が、バサッと落ちて火柱が吹きあがった。そのなかで、少女たちが手塩にかけた極秘の新鋭戦闘機紫電改も真っ赤に炎上した。

残った左手

六月七日の朝、広実輝子は母の反対を押し切って出勤した。母の千枝子（当時四四歳）は、日ごろから「この戦争負けるわ」と、当時としては大胆きわまることを平気で口にする気丈な女性だった。この日も「きょう一日ぐらい休めばいいのに。どうせ、こんな戦争負けるのに」と言ったのに対し、広実は「非国民！　私が行かんと日本は負けるのよ」と捨てぜりふを残して家をあとにした。二年生の仲田睦子は、B29のビラで空襲予告を知っていた母が「きょうは休んだ方がいいわ」と案じたので、こっそり裏門から出てきた。それから数時間後、工場の横の麦畑のなかで、広実は左腕をうちぬかれた。その一人おいて向こうに伏せていた仲田は、後頭部に機銃弾が命中して即死した。

父親や母親の止めるのを振り切って出勤し、空襲でひどい目にあった動員学徒の話をよくきく。

根っからの軍国少年、軍国少女たちには、親の心配など耳に入らなかった。ましてや、広実たちは紫電改をつくるという、祖国を守る極秘の任務に従事していたのである。

ところで、母の反対を押しきって家を出た広実は、まっさらの下駄をはいて、うきうきと工場へ向かったと、「火中に立ちてとひし君はも」に書いている。工場の門を入ったときに、あたらしい下駄の鼻緒が切れたので、ひどく落胆したという。

下駄をはいて軍需工場へ出勤する。あの猛爆下を下駄をはいて待避する。今の感覚では奇妙な話である。だけど、靴の配給が少なくて、多くの女学生には下駄しか履物がなかったのである。それも一足きりしか持っていないのが普通だった。広実がはいていたまっさらの下駄も、彼女のたった一足の大切な下駄だった。この点、男の中学生は、たいてい革靴かズック靴をはいていた。制服のボタンは金属でなく、陶製だったが、靴をはいてゲートルを巻いていた。男生徒には靴の配給が多かったのである。このことを、いま、広実は「女性差別だったのですね」と語る。女学生と中学生の体験記を読みくらべていて、気づいたことなのである。

広実からきいた話として、一九四四年（昭和一九）の秋ごろ、飼犬が殺されたということもここに記しておこう。空襲時に気の立ったイヌが人をかむといけないとのことで、広実がかわいがっていたイヌ、それはネコぐらいの大きさのイヌだったのに、十三《じゅうそう》の武田薬品工場へ連れて行かれ、処分されたという。戦争はペットの存在をも許さなかったのである。

話をもとにもどそう。重傷を負った広実輝子は、いくども生死の境をさまよったうえ、辛うじて生き残ることができた。軍医が左腕の切断を宣言したのに対して、母の千枝子が猛然と反対した。多くの人が、生命と手を引きかえにして、生かした方がよいと説得した。父の秀義（当時四三歳）も本人も、切断を覚悟した。だが、母は頑固にゆずらなかった。広実は、この年の三月、奈良女子高等師範学校（現在奈良女子大）の入試に合格し、七月に入学の予定だった。母は、女が片腕になること、女教師として教壇に立つ娘が片腕になることを絶対に承服できなかったのだ。「切れてたらあきらめる。ついてる腕をなぜ切らんならん」というのが、母の論理だった。この気丈な母の反対のおかげで、広実の左手は切断を免れた。母親の必死の賭けが成功したのである。

広実は、はじめ、蛍池の刀根山《とねやま》病院に収容された。病院も爆撃を受け、入院患者が爆死するという惨状のなかへ、死傷者がぞくぞくとかつぎこまれた。その凄惨な状況は「火中に立ちてとひし君はも」に記されている。しかし、そこに書かれていないこともたくさんある。頭に重傷を負って動けない母親の胸を叩いていた乳呑児の話もそうである。その母子は大阪市内から豊中へ疎開してきたばかりで、正確な住所がわからない。だから、近親者もあらわれなかった。あの赤ちゃんはどうしただろうか、と広実はいまでも気になる。

中之島の阪大病院南三階の整形外科に転院してからも、死とのたたかいが続いた。麻酔なしでの処置や、肺炎、急性肝炎とのたたかいだけでなく、くり返される空襲とのたたかいが続いた。敵機が来襲すると、広実のような動けない患者は、半地下の大部屋の病室に運ばれた。ベッドとベッドのあいだか、ベッドの下の床の上に置かれた。爆弾が炸裂すると、広実は寝たまま、一〇センチほどどびあがった。割れた窓ガラスが震動でさらに割れた。空襲があった日、たくさんの負傷者がかつぎこまれた。手足が大根のように切られた。二日か三日たつと、溢れていた患者が減ってしまった。死んだのである。死体を入れた棺桶が病室に放置されていた。

六月一日の空襲で全身火傷を負った一七、八歳の消防士がいた。築港の方の望楼にいて、火に巻かれたとのことだった。広実と同じ階の病室に収容されていた。赤い毛布に裸で寝かされた消防士の目や手足には、うじ虫がわいていた。「助けてくれ、うじ虫が目のなかですもうをとっている」と大声でわめいていた。この少年消防士は、終戦のころまで生き続けていた。

窓ガラスの割れた病室で、広実は手鏡で堂島川をながめた。ポンポン船が往来していた。母の話によると、空襲のあとの朝、堂島川を死体が流れ下っていった。その同じ死体が、夕方には川を上ってきた。だれも死体を引きあげなかったのである。窓の外を眺めていた母は、次のような光景を広実にきかせた。堂島川で男の子が泳いでいた。艦上機が来襲すると、こどもたちは橋げたやコンクリート堤にくっついて、銃撃を避けていた。

戦争が終わったあと、広実母子はいったん郷里の愛媛県大島に引揚げたが、これも機雷の危険をおかしての船旅だった。広実の傷がおさまったのは、終戦の翌年の夏のことであった。

軍国少女と反戦将校

新屋英子《しんやえいこ》（関西芸術座）は、一人芝居「身世打鈴《しんせたりよん》」（身の上話）の女優として知られている。彼女は白いチマ・チョゴリを着て、たった一人でオモニ（母親）を演じる。そのオモニに在日朝鮮人の苦しみ、悲しみ、そして喜びが集約され、日本と朝鮮の歴史が的確に表現される。「船賃を皆で集めますから、ハルモニ（お婆さん）どうぞ故郷の済州島に帰って下さい」とか「日本人にはえらい目にあわされた。あんたもがんばりや」と、感きわまった観客から話しかけられたこともある。一九七三年（昭和四八）四月の初演以来、一二年間で公演三六〇回をこえ、約八万人の日本人・朝鮮人の胸をうち、人気はますます高まっている。

この新屋英子も、四〇年前は女子軍属として張り切っていた軍国少女だった。一九四五年（昭和二〇）三月、大阪市立扇町高女（現在扇町高校）を卒業するとともに、中部軍経理部の筆生（事務員）に採用された。当時は高女や中学の在学年限が四年（本来は五年）に短縮されていたから、満一六歳の女子軍属だったわけである。勤務先は尼崎市民運動場を転用した神崎集積所であり、高射砲陣地などに供給する木材がグラウンドに集積されていた。

英子は、天満天神の近く、北区壺屋町二丁目（現在天満四丁目）に、姉の利子（当時二三歳、現姓田和）と一緒に住んでいた。母は五年前に亡くなり、硝子壜《ガラスびん》製造卸業を手広く営んでいた父広太郎は幼い弟を連れて、宝塚からさらに山奥の名塩《なじお》（現在西宮市）に疎開していた。英子が軍属になったものだから、姉の利子も大阪にとどまって、一緒に暮らしていたわけである。英子は、この壺屋町の自宅から、国鉄神崎駅（現在尼崎駅）近くの神崎集積所に通勤していた。

ところで、この神崎集積所の所長が木村敏男という少尉だった。この少尉の話をするとき、新屋英子の目はいまでもひときわ輝く。軍国少女にとってあこがれの少尉さんだったというだけの理由ではない。英子の戦後の生き方に大きな影響を与えた人物だったからである。

大阪商科大学（現在大阪市立大学）卒業の主計将校木村敏男は、反戦・反軍思想の持ち主だった。部下の兵士や軍属、動員学徒たちに「この戦争は負ける。ガソリンがなくなって木炭トラックになり、ついには荷車で木材を運ぶようになったではないか。経済力が落ち、戦力がなくなってきている」と公然と話していたという。そのために、動員学徒のなかには「少尉殿、左翼の話はやめて下さい」という者がいたのを、新屋英子は覚えている。姉の利子も木村少尉と会っているのだが、そのとき、次のような会話がかわされた。木村が利子に「こんな戦争は負ける」と言った。利子も「私も負けると思います」と言った。木村は顔をほころばせて「どうして負けると思うか」ときいた。利子は「夢で見たのです。絶対負けると思うわ」と答えた。

こんなこともあった。司令部から経理検査にきた佐官が「軍人勅諭捧読に何分かかるか」とたずねたとき、そんなことをしたことのない木村少尉はでたらめに答えた。おかげで「軍人勅諭も捧読せず、軍紀紊乱し……」というような講評を受けた。神崎集積所では捕虜を荷役に使っていたが、木村は彼らのために近くの住友金属プロペラ製造所から残飯をもらってきたり、他から煙草を調達したりした。空襲時に捕虜を防空壕ではなく、物置小屋に収容せよとの命令がでたとき、木村はそれをうけいれなかった。

八月一五日、木村少尉は木材の伐採と搬出のために、丹波篠山《ささやま》にいた。新屋英子も随行していた。役場で終戦の詔書の録音放送をきいた。ききおわるや、木村は役場職員や動員学徒の前で、襟の階級章をひきちぎり、軍刀を投げ捨てて、「これからはわれわれの時代だ」と言ったとは、英子の記憶である。英子はなにがおこったのかとびっくりし、「この人、頭がおかしくなったんとちがうか」と思ったとのことである。木村にこの話を確かめると、「帰阪してから軍刀を外し、頭髪を伸ばしはじめただけなのだが……。それで上官に叱られた」という。どちらにしても、英子のような軍国少女に大きな衝撃を与えた奇異な行動だった。しかし、戦争が終わってしばらくたつと、木村少尉の言動の意味が英子にはしみじみと理解できるようになった。「身世打鈴」を演じ続ける新屋英子には、このような学徒出身将校との出会いがあったのである。

戦後、木村敏男は母校にもどり、大阪市立大学教授となり、いまは大阪経済大学で産業論を講じている。

戦争はあかん

六月七日、新屋姉妹の家は焼けた。姉の利子が家にいた。利子は、近くの疎開空地につくられた隣組の防空壕に入っていた。このころになると、家のなかの壕に待避する人は少なくなっていた。小さな玄関口や床下に掘った穴のなかにいると、家ごと焼き殺されることがわかったからである。大きな道路や疎開空地に、町会や隣組単位で壕が掘られた。共同の壕である。道路の歩道部分はすべて防空壕になったといってよい。ところが、狭い路地と密集家屋の多い大阪の街のことである。「隣組の壕」をつくれない隣組も少なくなかった。そういうところの人びとは、公園や空地、川岸へ逃げた。それをP51が狙い撃ちして、城北公園や長柄橋の大惨事となったのである。

さて、利子が入っていた隣組の壕の入口のところにふたをするように、不発の焼夷集束弾が落ちた。すでに、街のあっちこっちが炎上していた。みんなは、入口にころがっている五〇〇ポンド集束弾をまたいで、壕の外へ出た。利子は家のなかから時計と疎開のために荷造りしていた人形を持ち出し、自転車に積んで、南森町と空心町のあいだの市電道路へ出た。電車が二台とまっていた。まわりが燃えていたので、利子は電車のなかへ入った。東本願寺別院の仏照寺（もとの読売テレビの場所）に火の手があがり、大きな本堂がどさっと焼け落ちた。利子たちの家は仏照寺の真横である。もう一度、わが家を見に帰った。仏照寺の穴門から猛烈な勢いで炎が吹き出し、それが利子たちの家に燃え移った。

家が焼けた利子は、電車のなかで寝ることにした。二台の電車には、ほかにもたくさんの罹災者が泊まった。利子たちの家の蔵は焼け残っていたが、それも夕方になって発火した。蔵の二階に電線を入れていたので、それをつたって火が入ったのである。屋根と軒のあいだから、ブスブスと火と煙が出はじめて、翌朝、焼け落ちてしまった。

神崎集積所にいた英子は、大阪が焼けたというので、草津へ向かう軍用トラックに便乗して帰ってきた。吹田に住む林田という筆生と二人で、運転席に乗せてもらったのである。夕方、けぶっている南森町を通って、河内町、壺屋町の角でトラックを降りて、わが家に向かった。家は焼けてしまって、蔵の屋根と軒のすきまから青い火がメラメラと出ていた。「こら、あかんわ」と思った英子は、もう一度トラックに乗せてもらって、林田の吹田の家まで運んでもらった。このとき、英子は市電道路に電車が二台とまっているのを見た。しかし、姉がそのなかにいるとは知らなかったのである。その夜、吹田の高台から眺めると、真っ赤に燃える大阪の街を背景に、天守閣がくっきりと影絵のように浮かんでいた。

翌八日朝、英子は吹田から徒歩で大阪に向かった。柴島《くにじま》では、真っ黒に焼けた人間が倒れていた。なぜか、そばに一升びんが立っていた。長柄橋には大きな爆弾穴があいていた。人びとが死体を担荷で運んでいた。死体は、赤焼けの裸で硬直していた。道路には、電線が一面に落ちていた。

壺屋町のわが家のあとまでくると、前日の夕方にはあった蔵がなくなっていた。その焼けあとで、英子は姉の利子と会った。「あんた、きのう、どこへ行ってたの。姉ちゃんは電車のなかで寝てたんよ」と利子が言った。

家が焼けた二人は、次のように思ったという。「いつかは焼けると思っていたのが、とうとう焼けた。これですっきりした。みんな家が焼けているのだから、これでやっと一人前になった」、そして「名塩の父や弟のところへ行けるかと思うと、ほっとした」と。これについて英子は、「家が焼けてすっきりしたなんて、私たちみんなニヒルになっていたのね」と述懐する。

一月三〇日未明、空心町・河内町一帯への爆撃のときは、一〇軒ほど離れた家に爆弾が落ちた。

このときは、天満天神から造幣局近辺にかけて大被害が生じた。以後、三月一三〜一四日、六月一日と大空襲のたびに、近隣の家々が焼け、利子・英子姉妹の家のある一帯だけが残っていた。それだけに、焼け残っているのが申しわけないような気持ちだったのである。空襲にあけくれた大都市の人びとは、当時、たしかにそのような気持ちだった。それにしても、これはやはりニヒリズムである。

この後も、新屋英子は神崎集積所へ通い続けた。名塩の家から国鉄福知山線生瀬《なまぜ》駅まで一里半の道を歩いて通勤した。あるときには、名塩上空で日米両軍機が空中戦を演じた。日本機が撃墜された。夜どおし、墜落機の機銃弾のはじける音がした。何度も何度もくり返された阪神地域への空襲のたびに、空が真っ赤に染まった。新司偵（百式司偵、陸軍偵察機）操縦士だった長兄は、離陸時のエンジン事故で山口県の山中に墜落して負傷、それがもとでのちに亡くなった。

新屋英子が脚色し、みずから演じる「身世打鈴」のオモニはいう。「戦争はあかん。大事に大事に育てた子か、沢山、一遍に死んでしまうよ」、「淀川の、長柄橋の側。朝鮮人も日本人も仰山焼け焦けて、まるて地獄……」と。

大北吉次の死

六月一五日の午後、北河内郡交野《かたの》町私部《きさべ》（現在交野市）の農家の主婦大北よし枝（当時三五歳）は、納屋で麦を扱《こ》いていた。夫の多一は二年前の一九四三年一〇月、もうすぐ満三四歳という年齢で召集され、関東軍の兵士として満州（中国東北部）に派遣されていた。長男の吉次は府立城東工業（現在城東工業高校）の二年生で、布施市（現在東大阪市）の楠根国民学校校舎を転用した陸軍の工場に動員されていた。この吉次を頭に、三男二女の五人のこどもがいた。

この日の朝、B29による大阪大空襲があり、そのあと、暗い空から細い雨が降っていた。突然、兵士が大北家を訪ねてきた。よし枝は夫の戦死を知らせにきたのかと思った。「主人がなにか……」ときくと、しばらくだまっていた兵士は、いいにくそうな口ぶりで「吉次君を亡くしました」と告げた。戦死の公報は町役場の人がもってくるのであって、兵隊さんが知らせにくるはずはないのに、どうして夫の戦死とかんちがいしたのかと、よし枝は述懐する。出征兵士の妻として夫の戦死は覚悟していたが、よもや一三歳の長男が死ぬとは夢にも思っていなかったのである。

「死骸はありますか」

「事務所に寝かしていますから、迎えに来て下さい」

知らせにきてくれた兵士のうしろには、うす汚れたこどもたちがいた。吉次の同級生たちだったのである。

あまりのことに涙も出ないよし枝は、無我夢中で引取りにいく準備をした。家の戸をはずし、ロープで前とうしろでになうようにして、布団をのせた。迎えのトラックで行く途中、水田のなかの道の両側に軍用自動車がたくさん並んでいた。空襲の最中、ラジオが「自動車は爆撃の的になるから分散させるように」とさかんにくり返していたのを、よし枝はきいていた。このことだったのか、こうして分散させたのかと、心の底が冷えこむような気持ちになった。

向こうから吉次を乗せたトラックが来たので、よし枝はそれに乗りかえた。どういう風にして乗りかえたのか、覚えていない。持ってきた布団に寝かせ、枕をさせようとしたが、すでに冷たく硬直して、どうすることもできなかった。家に帰り着き、肉親の顔をみて、よし枝ははじめて泣き伏した。

吉次は防空壕に入っていた。一〇人ほどと一緒だった。壕の屋根の板を貫いた弾が、吉次の左耳のうしろから貫通したとのことだった。ズボンが引き裂かれていた。

一五日の朝はこどもたちがまだ寝ているうちに、よし枝はたんぼに出ていた。吉次が家を出る姿をみなかったことが残念でたまらなかった。吉次の服のポケットには胃腸薬が入っていた。それは華中の湖北で戦死した夫の弟の遺留品だった。二、三日前、吉次は「腹の調子が悪いので休みたい」と言った。よし枝は「なにを言ってるの」と余り気にしなかった。吉次は叔父の形見の胃腸薬を見つけて、それをのんでいたのかと、涙がとめどなく出た。

一九四七年(昭和二二)一二月、夫の多一が二年余のシベリア抑留から帰ってきた。出迎えたこどもたちのなかに長男がいないので、多一は「吉次はどこだ、どうしているのか」ときいた。よし枝は、またまた地獄の底に突き落とされた気持ちになった。

現在、大北多一は大阪の動員学徒遺族の会の代表をしている。毎年正月、交野市の大北家に会員が集まっている。大阪大空襲の体験を語る会の金野紀世子たちとともに、私も参加させて頂いている。亡くなった息子や娘と同年齢の私が孫をもつ歳になった。四〇年の歳月がたったのである。私は生き残った者を代表したつもりで、一年に一回お会いし、故人の冥福を祈るとともに、親御さんたちの長寿をねがっている。

ネズミもわらも食べよう

一九四五年（昭和二〇）六月一八日の朝日新聞に、「食糧資源の活用」という特集記事が掲載されている。「こうして食えば……　工夫次第で材料は無尽蔵だ」というわけで、鋸屑《おがくず》、稲藁《いなわら》、茶殻《ちゃがら》、ネズミ、モグラ、ヘビなどの食べ方が書かれている。この記事は次のようにいう。

従来家畜飼料として用いるに過ぎなかった動植物性資源も、これを粉末化することによって、人間の食事に充《あ》て得るのみならず、さらに適当な醗酵その他の処理を併用するとき、一段とその栄養的価値をたかめ得るのである。要は食糧資源の窮迫せる際、出来るだけいろんなものを食って、蛋白、脂肪、澱粉などの栄養分を摂取し、大東亜戦争を勝ち抜く体力と気力を養わなければならないのである。

加工法と調理法が示されている二六種の食糧源を列挙してみよう。澱粉資源は、団栗《どんぐり》、桑栗、銘屑《おがくず》、楓汁、藁《わら》・籾殻《もみがら》、落花生殻、柿皮、蘇鉄、笹の実である。おがくずの如きものをどうして食べるのかというと、「腐朽菌（ウスバタケ）により分解せしめたるのち粉末」とし、「小麦粉、米粉などに二〇％混入し、蒲焼《かばやき》またはパンとする」とのことである。わら・もみがらは「細断ののち、更に臼でひき微粉」とし「水に浸しアクを除いて、小麦粉その他に混じ団子、麵とする」。稲わらについては、「主食代用に使用するときなどは、〇・一乃至《ないし》〇・二％の炭酸曹達《ソーダ》または相当量の炭酸加里《カリ》若《も》しくは灰汁を十数分煮沸し、冷水で洗ってから乾燥する方がよい」、「稲藁のごときは、石灰藁として石灰水に数時間浸漬したのち、よく洗って乾燥させる」ともある。

無機質資源は、茶殼、甘藷《かんしょ》の葉・蔓《つる》、馬鈴薯《ばれいしょ》の茎・葉、薔薇《ばら》の実・花・葉、グラジオラスである。茶がらは「乾燥し、必要に応じて粉とす（蛋白源としても使用し得）」とあって、「そのまま衣をかけて天婦羅を作るか、胡麻よごしとし、または粉に混入して食用とする」とのことである。

蛋白質資源としては、蛹蛆（蚕のさなぎ）、蝗《いなご》・バッタ、血粉（牛馬豚などの血液）、鼠《ねずみ》、もぐら、蝸牛《かたつむり》肉、蛇肉があげられている。ネズミは「克《よ》く消毒して食用する」「鼠肉は小鳥肉の如し。但し骨は人を瘠《や》せさせる性あるをもって避くべし」と書かれている。

脂肪資源は、南瓜《なんきん》種子、向日葵《ひまわり》種子、梅・枇杷《びわ》等の種子、けし、蘇鉄の種子である。

この記事は陸軍糧秣廠《りょうまつしょう》大阪支廠の実験結果によるものである。なかにはうなずけるものもあるが、現在の日本人の食生活からは想像を絶する「食糧資源の活用」である。

たしかに、戦時中にさつまいも（甘藷）の葉やつるを食べた経験の持主は多い。わら団子を食べさせられた人もいる。「牛はわらを主食にして、あれだけの大きなからだを維持し、よく働いているではないか。人間もわらをよくかんで食べればよい」とは、私がよく記憶している当時の言葉である。腹がへって、歯磨粉を食べた疎開学童や動員学徒も多いはずである。

大空襲の反復によって産業都市が壊滅し、交通機関が麻痺し、日本近海にはアメリカ海軍の潜水艦が出没し、機動部隊が遊弋《ゆうよく》していた。航空機に必要なのだといって、松根油採取が大まじめでおこなわれていた。ネズミもモグラもヘビも、おがくずもわらも茶がらも食べて、戦争を勝ち抜く体力と気力を養おうという、おそるべき時代が四〇年前にあったのである。

なお、六月一日白昼の大阪市街地への焼夷弾無差別爆撃のさい、一機のB29が奈良を臨機目標として爆撃している。また次章で述べる六月二六日の大阪、明石、名古屋などへの大量精密爆撃のときにも、奈良と京都を臨機目標として各一機が爆弾を投下したと戦術作戦任務報告に記されている(ただし、二六日には奈良投弾の事実が日本側では不明であり、B29は完全な誤爆をしたものと思われる)。この六月一日と二六日の奈良・京都空襲をB29による当初からの意図的攻撃と解釈している向きがあるが、これは大空襲の付随的、投棄的爆撃であり、あくまでも臨機目標への投弾であったことをここで明らかにしておく。奈良や京都の研究者が主張している奈良・京都計画的空襲論は、資料調査の不備による明白な誤謬である。このことは、本土空襲の研究上、重要なことなので、あえてここで言及しておく。

第四章　戦争終局期の空襲

1　爆弾攻撃と堺大空襲

死への直進

六月二三日、沖縄本島では、陸軍第三二軍司令官牛島満中将が自決し、日本軍の組織的な抵抗は終った。沖縄戦の最大の特徴は、日米双方の戦死約二〇万人のうち、本来は非戦闘員たる県民が約一二万二二〇〇人をかぞえたところにある。それは、来たるべき本土決戦がいかなるものであるかを示すものであった。

六月二二日、義勇兵役法が公布、施行された。これより三か月前の三月二三日、ときの小磯国昭内閣は国民義勇隊を結成する方針を決めた。それは四月七日に成立した鈴木貫太郎内閣に引きつがれ、五月から六月にかけて、全国各地で国民義勇隊が結成された。大阪市内の焼け残った地域では、五月下旬に町会単位で義勇隊小隊がつくられ、六月初旬には連合町会(校区)単位で中隊が結成された。会社、事業所では職域義勇隊がつくられた。六月五日、安井英二知事(一〇日から新居善太郎が知事に就任）を長として、大阪本部の結成式が挙行された。

六月二三日夜、阿南惟幾《あなみこれちか》陸相はラジオを通じて、義勇兵役法の意義を次のように述べた（朝日新聞六月二四日付による）。


開戦以来、各地における幾多第一戦将兵の忠勇義烈なる奮闘と国民挙げての熱誠なる後援とにも拘わらず、遂に本土決戦の段階に立ちいたったことは、ひとしく恐懼《きょうく》に堪えざるとともに、軍としてはその責任を痛感しているところである。この秋《とき》に当たり、国民諸君が「一旦緩急あらば義勇公に奉じ」との御勅語のままに決然起って、まず戦闘隊の母体たるべき義勇隊を結成し、熾烈《しれつ》なる空襲下、身辺にふりかかる戦災不幸にも屈せず、各種生産に、輸送に、また災害復旧など、決戦戦力の造成に挺身敢闘しておられることは、真に感激に堪えざるとともに力強き限りであって、これら現実に発揚せられている国民諸君の忠誠心を、この度御嘉尚に相成り、ここにそのままこれを召集して国民義勇戦闘隊を結成し得る如く、義勇兵役法が公布されたのである。

即ち国民義勇戦闘隊創設の精神は上諭にお示しの通りであって、盛り上がる国民の力によりすでに結成せられある国民義勇隊の大部を、天皇統率の軍隊となし、すべての国民がその地域またはその戦域において作戦に直結し得る如く、大元帥陛下の股肱《ここう》たるの軍人となり、皇国護持、国威宣揚の大任を担う栄誉と責務とを与えられたところに重大意義が存するのである。

阿南陸相は、さらに「曠古《こうこ》の難局に当面した今日、この秋《とき》、戦う日本の本然の姿たる一億臣民すべてが戦列に加わり得る義勇兵役制度が整えられた」と述べた。

国民義勇隊は一五〜六五歳の男性と一五〜四五歳の女性で組織され、必要に応じて一五〜六〇歳の男性と一七〜四〇歳の女性が国民義勇戦闘隊に編入されることになったのである。

そして、大本営陸軍部は「国民抗戦必携」を刊行して、国民に配布した。これは全国民、なかでも国民義勇隊に敵と戦う方法を教えたものだった。そこには「爆雷や火焔瓶等の投擲《とうてき》はなかなかうまく命中するものではない。一発必中のためには敵戦車と刺し違える烈々たる覚悟が必要」とか、「銃剣はもちろん、刀、槍、竹槍から鋤《すき》、ナタ、玄能《げんのう》、出刃庖丁、鳶口《とびぐち》にいたるまで、これを白兵戦闘兵器として用いる」「背の高い敵兵の腹部目がけてぐさりと突き刺した方が効果がある」「格闘になったら、みぞおちを突くか、睾丸を蹴る、あるいは唐手、柔道の手を用いて絞殺する、一人一殺でもよい、とにかくあらゆる手を用いて、なんとしてでも敵を殺さねばならない」と書かれていたのである。

六月二四日の朝日新聞の社説「義勇隊を育成強化せよ」のなかに、「工場社宅地帯の地域義勇隊の如きは、専ら老人または婦女子をもって構成せざるを得ない現状である」と述べられている。勤務先のある者は職域義勇隊に編入されたので、地域義勇隊は高齢者と女性だけになったのである。こんなありさまなのに、「なんとしてでも敵を殺さねばならない」として、本土決戦に向かっていたのである。

六月二六日、鈴木首相は内閣告諭を発し、「帝国存亡の関頭に立ち、ここに全国民に対し、あらためて宣戦の大詔に示し給える聖旨を奉体し、死生一如の日本魂に徹して、自奮自励、相互信頼、いよいよ加わるべき苦難に堪え、進んで一切の行動を戦勝の一途に集中し、誓って国難を打開せんことを要望す」と訴えた。その夜、鈴木首相はラジオ放送で、「国民諸君、われわれは今こそ真に苛烈なる鉄火の試練を受くべき時に直面するにいたった」「一億国民が隊伍斉々、死をもって君国に報いんとし、戦場、職場に進撃するありさまを思うとき、何人か勝利の確信を心身に充満するを覚えないものがあろうか」と、国民総決起を促した。

翌二七日の毎日新聞は、内閣告諭に「国難誓って切開け　目標はただ本土決勝のみ　首相・一億総突撃の大号令」、首相放送に「死生数《しせいかず》ならず　身を君国に、栄光護らん」と見出しをつけた。本土決戦、国民総玉砕、全国民が死に向かって直進しつつあったといってよい。

エンパイア作戦

一九四五年（昭和二〇）四月七日の中島飛行機武蔵製作所（東京）と三菱重工業発動機製作所（名古屋）への精密爆撃以後、重要工業目標への高性能爆弾攻撃は、爆撃高度を従来の高高度から中高度に変更して実施された。中高度に下げたことによって、B29の爆弾搭載量は約二倍となり、爆撃精度もおどろくほど増加したという。

米国戦略爆撃調査団の「B29部隊の対日戦略爆撃作戦」によると、六月には「日本上空の気象

1945 年 6 月 26 日に実施された爆撃一覧

目標		参加爆撃機	平均爆撃高度（フィート）	全壊または大破（屋根面積 平方フィート）
住友金属工業会社	大阪	68	22,500	252,900
大阪陸軍造兵廠	大阪	112	23,000	損害は認められず
川崎航空機工場	明石	36	21,000	984,080
名古屋造兵廠千種工場	名古屋	38	17,500	556,900
造兵廠熱田工場	名古屋	31	17,500	465,950
日本車両会社				282,230
三菱重工業会社	各務原	77	16,000	227,000
愛知航空機会社	永徳	64	11,000	173,700
住友軽合金製造所	名古屋	31	21,000	551,130
川崎航空機工場	各務原	32	22,000	357,800
宇津部精油所	四日市	34	15,500	645,750
合計		523		4,497,440

〔注〕 参加爆撃機の数は，戦術作戦任務報告などの米軍諸資料に記されている数と合致しない。したがって，本書の文中に叙述されている数とは異なる。

条件ははるかに良好」であったために「この月の一か月間に二〇以上の最重要目標が高性能爆弾により攻撃された」と記されている。そして、「恵まれた好天の日を利用し、最大限の数の目標を攻撃するために、どの程度兵力が拡大されたかを示すために、六月二六日の一日間に投入された作戦努力を略述する」として上の表を掲げている。

六月二六日の第五次大阪大空襲は、このように、重要工業目標への精密爆撃の一環として実施されたのだった。

この日の昼間、第五八航空団の二航空群が大阪市此花区の住友金属工業、第七三航空団の四航空群が東区・城東区の大阪陸軍造兵廠、第三一三航空団の一航空群が明石の川崎航空機工場、第三一四航空団の一航空群が名古屋造兵廠千種《ちくさ》工場、同じく第三一四航空団の一航空群が名古屋の造兵廠熱田工場と日本車両、第五八航空団の二航空群が各務原《かかみがはら》の三菱重工業工場、第三一三航空団の二航空群が永徳（名古屋）の愛知航空機工場、第三一四航空団の一航空群が名古屋の住友軽合金製造所、同じく第三一四航空団の一航空群が各務原の川崎航空機工場を目標に攻撃した。これには、硫黄島のP51一四八機が援護のため、発進した。六月の昼間精密爆撃をアメリカ軍はエンパイア作戦と称し、これはその第四次であった。

六月二六〜二七日の夜、第三一五航空団の一航空群が、四日市の宇津部精油所を爆撃した。第三一五航空団というのは、五月から六月にかけてグアム島北西飛行場に新たに到着した夜間レーダー爆撃専門の部隊であり、宇津部精油所攻撃が最初の作戦任務であった。

この第三一五航空団のB29は、従来のレーダーの約一〇倍の解像力のあるAPQ－7（イーグル）を装備し、尾部の口径一二・七ミリ機関銃以外のすべての銃塔をとり外し、胴体下面は光沢のある黒の塗装でサーチライトの効果を減殺するようになっていた。優秀なレーダーを備えた第三一五航空団は、夜間、海岸沿いにある目標を攻撃するのにもっとも適していた。精油工場や貯油施設こそ、この条件にかなうものであり、そこで、この航空団は日本の石油施設爆撃を専門とした。六月二六日の最初の出撃から終戦までに、第三一五航空団は、一〇の目標に対して一五回、夜間爆撃ばかりをおこなった、そのすべては石油工業施設に対してであった。搭載爆弾量もきわめて多く、一機平均、最初の出撃時には六・六トンだったのが、八月九〜一〇日の尼崎の日本石油工場や和歌山県初島の東亜燃料工場に対する攻撃時には九・三トンにまで増加した。

第二一爆撃機軍団のエンパイア作戦に関する報告書は、大阪の住友金属工業を「住友軽金属工業」と表現している。住友金属工業からアルミ圧延と伸銅部門が分離して、住友軽金属工業が発足したのは、実は戦後の一九五九年（昭和三四）のことである。戦時中は、製鋼・伸銅・軽金属・プロペラの各部門を含めて住友金属工業というのが社名であった。アメリカ軍が「住友軽金属工業」と名指しているのは、住友金属のなかのプロペラ製造工場や伸銅所（軽合金部門）を重視したためと思われる。

「住友軽金属」について、戦術作戦任務報告は次のように述べている。

住友軽金属工業会社のこの工場は、日本の軍用航空機の四ないし五大プロペラ製作所の一つである。加えて、同所および隣接区画には、航空機製作に不可欠なアルミニウムとジュラルミンが大量に存在する。これは大阪地域における主要目標の一つである。

大阪陸軍造兵廠については、次のとおりである。

日本の最も重要な工廠の一つ。この工場は、一六インチまでのあらゆる大砲、すべての型の弾薬、砲弾、爆弾、雷管、発射用火薬、信管などを製造していると報告されている。爆発物貯蔵所の小区画は、比較的小さい砲弾の貯蔵を示している。目標地域には一八三の建物がある。

この日、此花区の住友金属に対して、第五八航空団七一機の攻撃部隊が発進し、六四機が三八二トンの爆弾を投下した。時間は午前九時二六分から一〇時二二分の間、高度は一万九〇〇〇フィート（五八〇〇メートル）から二万三〇〇〇フィート（七〇〇〇メートル）だった。投下されたのは、四〇〇〇ポンド軽筒（薄肉）爆弾だった。それは純粋な爆破用の炸薬弾だが、四〇〇〇ポンドというと一八〇〇キログラムである。日本式にいうと、二トン爆弾というべき、巨大なものだった。

テニアン島発進のこのB29部隊は、紀伊水道上空で集結して編隊を組み、和歌山県日ノ御埼《ひのみさき》（日ノ岬）を航路を決めるための位置標識、つまり飛行転移点として用いることになっていた。ついで、和歌山県西北端加太《かだ》の田倉崎を進入点として投弾コースに入り、住友金属を爆撃したあと、高射砲火を避けるため左旋回して北上し、能勢《のせ》上空で右旋回して東方へ進み、熊野灘から脱去することとされていた。

しかし、集結地点が完全な曇天であったため、B29各機は指示されたように編隊を組むことができず、爆撃は主として単機によっておこなわれたという。

B29搭乗員たちは日本軍戦闘機一三機を視認したが、攻撃してきたのは一機だけであった。これによるB29の損失や損害はなかった。対空砲火により八機が軽微な損害を受けた。八機が帰途、硫黄島に着陸した。数機のB29の報告によると、P51が援護戦闘しているのを目撃したとのことである。

以上は、第二一爆撃機軍団の戦術作戦任務報告、航空情報レポート、作戦任務要約、第二〇航空軍の戦記を参照した。資料によって数字に違いがある場合、私の判断でそのうちのどれかを採用した。以下も同じである。

大阪陸軍造兵廠に対しては、第七三航空団の一二〇機が攻撃機として発進し、そのうち一〇九機が大阪上空に達して、七五八トンの爆弾を投下した（作戦任務報告の付録では、一二二機発進、一一一機爆撃となっている）。

時間は午前九時一八分から一〇時一六分まで、高度は一万九〇〇〇フィート（五八〇〇メートル）から二万四〇〇〇フィート（七三〇〇メートル）だった。投下されたのは二〇〇〇ポンド通常爆弾AN-M66、日本人が一トン爆弾とよんでいるものである。この爆弾は、強化コンクリートやその他の重建築物、あるいは重機械類をおさめている建築物に対して使用された。その場合、建物を貫通して、機械の台座から根こそぎ吹き飛ばすという、絶大な威力を発揮したという。

サイパン島発進のこのB29部隊は、日本沿岸沖で集結したあと、徳島県富岡の紀伊水道への突端を飛行転移点として用いるよう指示されていた。進入点は、和歌山県加太の田倉崎である。富岡から加太への直線を延長すると、大阪市内の陸軍造兵廠に達する。そして爆撃後、右旋回して生駒山上空を経て、熊野灘に脱去することになっていた。

ところが、このB29部隊は、日本沿岸沖約一六〇キロで激しい気象前線に遭遇し、編隊集結が不可能となった。各機は雲上で集結を試みたが、編隊隊形をつくることがほとんどできなかったようである。このため、単機ごとの攻撃形式が多くを占めた。

日本軍戦闘機三機が攻撃してきたが、そのうち二機を撃墜したという。B29一機が原因不明で損失、対空砲火で六機が損害を受けた。一四機が硫黄島に着陸した。P51が大阪地域上空で約六〇分間、旋回、パトロールをして、援護戦闘をおこなったとのことである。

アメリカ軍はこの日の爆撃成果について、住友金属には大きな損害を与えたが、大阪陸軍造兵廠には「損害は認められず」と記録した（二六四ページの表参照）。つまり、造兵廠にはあまり命中しなかったのである。命中しなかった大量の爆弾は、造兵廠以外の地域に落下した。造兵廠に損害がなかった分だけ、ほかの所に落ちたわけで、六月二六日の被害は大阪市内と周辺の広範な地域に及んだのだった。なお、この日のP51はB29援護に徹して、地上を銃撃しなかった。

日本側の発表

六月二六日正午、中部軍管区司令部と大阪警備府は次のように発表した。

一、南方基地の敵米B29約二百五十機は、六月二十六日七時四十分頃、熊野灘及び紀伊水道方面より近畿地区に侵入し、奈良県中部を経て、一部は若狭湾に行動し、その主力は琵琶湖附近より東海軍管区内に侵入、同方面を爆撃せり。別に約百機は主として紀伊水道方面より京阪神地区に侵入し、九時過ぎより約一時間にわたり、主として同地区に、一部徳島市内及び和歌山県の一部に大中型爆弾を投下ののち、熊野灘及び紀伊水道方面より脱去せり。

二、十二時までに判明せる地上制空部隊のみの戦果は、撃墜八機、撃破十四機にして、飛行部隊によるもの目下調査中。

つづいて午後四時、次の発表がおこなわれた。

六月二十六日近畿地区来襲の敵B29に対し、陸海軍制空部隊の収めたる戦果中、十六時までに判明せるもの左の如し（十二時の既発表分を含み、未帰還機の戦果を含まず）。

撃墜十六機　撃破二十九機

六月七日と一五日の大空襲のさいにはおさえられていた戦果の誇大発表が、ここに至って再開された。翌二七日八時三〇分、さらに追加発表がおこなわれた。

六月二十六日近畿地区来襲のB29邀撃《ようげき》戦果左の如し（既発表分をふくむ）。

撃墜二十七機（うち不確実二）　撃破四十四機

大阪府警察局の報告書（七月五日付「空襲被害状況に関する件」）は、来襲日時を六月二六日九時一〇分から一〇時二〇分までとし、来襲状況について「約一〇〇機は主として紀伊水道を北上、大阪上空に侵入し、前記時刻の間に投弾したる後、一〇時四〇分頃、熊野灘及び紀伊水道方面より脱去せり」と記している。被弾区域は「主として、市内北、東、南方面に攻撃を受けたるも被弾は市内全域に及び、尚、堺北、布施、豊中、守口、吹田、池田、茨木、八尾、岸和田、黒山、大津、枚方の郡部各警察署管内に及びたり」と、住友金属と大阪陸軍造兵廠への精密爆撃のはずだったものが、とくに後者への攻撃が失敗して、無差別爆撃の様相を呈したことを示している。投下弾種は、一〇〇キロないし一トン爆弾だったとしている。

6・26大空襲の被害

府警察局の『大阪府空襲被害状況』（一九四五年一〇月作成）によると、六月二六日の工場関係の被害は次のようであった。

工場関係に於てはその数比較的多からざるも（一五一工場）、住友伸銅、住友金属等、重要工場の被害を算えられ、大工場に対する被害を見、航空機関係五四工場、兵器関係二〇工場、化学関係二四工場、造船関係八工場、鉄鋼関係六工場、その他三九工場にして、累次の空襲罹災により、全般的に操業に支障を招来せざる程度の工場以外は復旧の見込み立たざるものの如く、生産率上昇は一応望み薄き状態なり。

そして、被害家屋一万四二三戸、罹災者四万三三三九人、死者六八一人、重軽傷者九八三人、行方不明六三人と記録している。

警察署管内別に罹災者の数をみると、もっとも多かったのは此花署管内で、四三四七戸、二万一四六六人が罹災した。従来の焼夷弾攻撃とちがって、爆弾による空襲だったので、焼けたのは二四戸、破壊されたのが四三二三戸だった。ついで、福島署四〇六〇人、西淀川署三八六三人、城東署一九一七人、大淀署一三六九人、旭署一一八二人、西成署一一四五人、東署一〇四三人、守口署一〇〇二人、豊中署九二五人というのが、罹災者の多かった地域である。なお、この数字は府警察局の報告書（七月五日付「空襲被害状況に関する件」）によった。

六月二六日、この日の新聞の一面は、沖縄本島の戦闘が事実上終了した旨の前日の大本営発表と、それに関連する記事で埋まっていた。二面では大阪府知事新居善太郎が「戦いは始めた以上、途中でやめることなどは出来ない。戦って、戦って、最後まで戦いぬく、これが戦争だ。勝とか、敗とかに捉われたものは敗れる」「今こそ一億燃ゆる戦意を新たにして滅敵、ただ滅敵に最後の体当りを敢行するのだ」と語っていた。朝日新聞の社説は、「戦争の現実は峻烈である。真に祖国日本の国運を左右する歴史的戦争は絶対に避くべからざる必然性をもって刻々に近づきつつある」と書いた。こんな日の、日本人にとって死が日常的なものになっていた日の、B29による大空襲だった。

あいつぐ激しい空襲は、人びとを疲労させ、精神的動揺をますます大きくさせた。六月二六日の大空襲を記録した府警察局の報告書には、「民心の動向」として次のように書かれていた。

一般に沈黙を守り、表面沈静を装い、特異なる事象認められざるも、底流面を仔細に洞察する時、沖縄戦局の決定的現実、累次空襲による被害の激増に伴い、戦局の前途に自信を失い、諦観的なるものより漸次悲観的傾向のもの増しつつあるやに窺《うかが》われ、注意を要するものあり。

このように、人びとの戦意喪失は決定的となっていたが、空襲は激しく続けられた。B29だけでなく、P51の来襲も多くなり、さらには空母から発進した艦上機の大群による空襲もおこなわれるようになった。

P51だけの空襲

七月九日午後三時、中部軍管区司令部と大阪警備府は、次のように発表した。

一、南方基地のP51約五十機は、B29誘導のもとに、七月九日十二時やや前、熊野灘より近畿地区に波状侵入、少数機毎に主として京阪神方面の軍事施設を攻撃の後、志摩半島を経て南方に脱去せり。

二、戦果は目下調査中にして、わが方の損害は軽微なり。

この発表を掲載した七月一〇日付の新聞の見出しは、朝日紙が「P51近畿初来襲　五十機、京阪神を銃爆撃」、毎日紙が「P51京阪神へ初来襲　約五十機で軍事施設を銃爆撃」であった。記事のなかで、朝日紙は「敵は硫黄島に基地を推進して以来、主として関東、東海地方に来襲していたが、今回近畿地方、ことに京阪地区にはじめて主力を現した」、毎日紙は「硫黄島基地を発進したP51編隊は、九日正午ごろ初めて京阪神地区に侵入、主として各種軍事施設に銃爆撃を加えて来た」と書いている。

実は、P51の大阪への初来襲が六月一日であり、ついで六月七日には大挙来襲したことについて、前章で記しておいた。この両日とも、P51としてはB29援護作戦であり、B29とP51による大阪への戦爆連合空襲だった。これに対して、七月九日のB29は誘導機としてやってきただけで、攻撃には加わっていない。だから、七月九日は、P51部隊のみによる銃爆撃であった。この点では、六月一日・七日の場合とは異なっている（六月二六日来襲のP51は地上を攻撃しなかった）。だけど、七月九日がP51の初来襲だったとは、とんでもないまちがいである。日本の軍部は、どうしてこんな虚偽の発表をしたのであろうか。中部軍の軍人たちは、Ｐ51の阪神地方来襲を信じられなかったのではなかろうか。そこで、六月一日と七日は沈黙した。しかし、Ｐ51の来襲は現実のようなので、六月九日に「京阪神の懐中近く初のＰ51」（一〇日の朝日紙）と情報を流し、そして七月九日を初来襲と発表したのではなかろうか。

さて、七月九日付の大阪府警察局の報告書「空襲被害状況に関する件」によると、この日のＰ51の攻撃状況は次のとおりである。

主として豊中飛行場を攻撃し、同飛行場に小型爆弾二、三十個及び機銃掃射を加えたるほか、その周辺町村並びに中河内郡、北河内郡の一部を銃撃したり。

七月九日のＰ51の攻撃目標は、豊中飛行場つまり伊丹飛行場だったわけである。

三島郡三箇牧村《さんがまき》（現在高槻市）の川本道次（当時四三歳）のこの日の日記には、次のように記されていて、農村部への機銃掃射の状況がうかがわれる（『戦争体験日記』、一九八三年刊）。

野から帰りしな「朝警報が出てましたな」など話しながら帰って来ると、ブーと鳴り出した。続いてすぐ空襲警報が出た。ラジオは「大阪の情報はわかりませんから、各自適当に行動して下さい」とのことだった。間もなく大きな爆音が聞えて十数機の小型機がやって来た。バチバチバチと豆のはぜるような音がした。機銃掃射だと思った。ラジオは「敵機の来襲は短時間ですから、適当に退避せねばなりません」といった。

拝殿が炎上した。生徒が学校の帰りに避難したのを見つけて掃射したとのこと。堤防（淀川）

の上の粗朶《そだ》が燃えた。お宮様の大きな榎の木に弾痕が前後数発あった。

中小都市の焦土化

六月一五日の第四次大阪大空襲をもって、五大都市（東京、名古屋、大阪、神戸、横浜）に対する焼夷弾攻撃計画が完了したあと、マリアナ基地のB29部隊（第二一爆撃機軍団）は中小都市に対する焦土作戦に着手した。

六月一七日から八月一五日未明まで、延べ七二二三機の出撃によって、五七都市に五万三一二六トンの焼夷弾が投下され、六五平方マイル（一六八平方キロ）が焼野原となった。これらの中小都市攻撃は、だいたい夜間に低空から編隊を組まないで侵入したB29各機ごとに実施された。七月一〇日未明の堺市に対する大空襲（第六次大阪大空襲）は、この中小都市への焼夷弾攻撃の一環であり、同じ日に仙台市、和歌山市、岐阜市にも空襲がおこなわれた。ほかに、四日市の宇津部精油所への通常爆弾による精密爆撃が実施された。

第二一爆撃機軍団のルメイ司令官が隷下の各航空団に対し、七月九〜一〇日夜間の爆撃命令を発したのは八日午後六時であった。第五八航空団が仙台都市地域、第七三航空団が堺都市地域、第三一三航空団が和歌山都市地域、第三一四航空団が岐阜都市地域、そして第三一五航空団が宇津部精油所を攻撃するよう命じた。

第七三航空団というのは、サイパン島のアイズレイ（アスリート）飛行場に配属されていたB29

部隊のことである。ルメイの作戦命令によると、第七三航空団は四航空群（グループ）をもって堺都市地域を攻撃することとし、うち二航空群がM47焼夷弾、残りの二航空群がM69焼夷弾の集束弾を搭載し、攻撃高度は一万フィート（三〇〇〇メートル）から一万八〇〇〇フィート（三三〇〇メートル）、発進は九日午後六時と指示していた。

同じ作戦命令で四つの都市と一つの工業目標、すなわち、仙台、堺、和歌山、岐阜、宇津部精油への攻撃を命じていたが、ルメイ司令官は別に命令を発して、第三一三航空団に同時刻の七月九〜一〇日に下関海峡西口、新潟海面、富山湾への機雷投下を指令している。

六月一七日以降、中小都市への焼夷弾攻撃は、数都市ずつ隔日または二日おきにくり返されており、これに軍事産業施設への爆撃と港湾への機雷投下が重ねられていた。七月九〜一〇日空襲の前には、六〜七日に千葉、明石、清水、甲府の都市地域と和歌山県下津の丸善石油を目標にした爆撃がおこなわれていた。マリアナ基地は、連日の出動で多忙をきわめていたというべきであろう。

マリアナ基地のB29の増強ぶりは、驚くべきものがあった。前年の一九四四年（昭和一九）一〇月末に五九機だったのが、一か月平均一〇〇機以上の割合で増加し、四五年六月はじめには七〇〇機以上、七月末には九八五機になっている。堺大空襲のころには、九〇〇機前後配属されていたはずで、日本本土各地へのさまざまなかたちでの大量攻撃の反復が可能だったのも当然である。

7・10堺大空襲

第二一爆撃機軍団の戦術作戦任務報告は、目標である堺市の重要性について、次のように述べている。

堺の主要価値は、大阪市に近接していて、その工業が大阪市の工業と統合されていることにある。また、この都市は大阪の軍需工場の労働者に住宅を提供している。大阪の工場に打撃を与えるために、堺の軍需工場は疎開可能箇所として重要である。

第二〇航空軍の航空情報レポート（七月二一日付）は、次のように記している。なお、ここでいう第二〇航空軍は、七月中旬に第二一爆撃機軍団を改編したものをさしている。従前の第二一爆撃機軍団の上部組織としての第二〇航空軍ではない。戦争末期、グアムに司令部を置く第二〇航空軍とヨーロッパから沖縄に移駐した第八航空軍（B29部隊に編成替え）を管理統制するため、アメリカ陸軍戦略空軍司令部がグアムに設置された。

堺は綿紡績、織物、さらし、化学工業とくにピクリン酸の分野での、大阪地方における工業中心地である。その人口は一八万二一四七人。大阪湾に面し、大阪市の三マイル南に位置している。町の中央と、東郊と南郊に小工場が存在する。市内に鉄道の駅と操車場《ヤード》がある。市の南の海岸には水上機の格納庫がある。

この堺市に対して、戦術作戦任務報告によると、以下のように攻撃がおこなわれた。

堺大空襲のためにアイズレイ飛行場を発進したB29攻撃部隊は、先導機一二機、主力部隊一一二機、あわせて一二四機、一番機の離陸は九日午後六時六分、最終機の離陸は午後七時三八分だった。ほかに気象観測機一機が発進した。この気象観測機は爆撃に参加したので、攻撃機一二五機が発進したという方が正しくなる。搭載弾は、二〇機がE46焼夷集束弾、四一機がE36焼夷集束弾、六四機がM47焼夷弾だった。M47を積んだ六四機のうち、一二機が先導機であった。したがって、主力部隊一一三機のうち、六一機がM69を内蔵するE46またはE36集束弾、五二機がM47を積んでいたということになる。M47というのは、一〇〇ポンド（四五キロ）の炸裂型油脂（ナパーム）焼夷弾、M69というのは、六ポンド（二・七キロ）の六角筒の尾部噴射、油脂焼夷弾である。

戦術作戦任務報告によると、堺大空襲の場合の第七三航空団の一機の搭載可能限度量は一万七〇〇〇ポンド（七六五〇キロ）、平均は一万五〇〇〇ポンド（六七五〇キロ）と見積もられていた。当日、アイズレイ飛行場を発進したB29のうち、堺上空に到達して爆撃したのは、気象観測機を含めて一一六機であった。この一一六機が七七八・九トンを投弾したと報告されているから、一機当たり六七一五キロ積んでいたという計算になり、司令部のほぼ予想どおりの焼夷弾が搭載されたことになる。なお、航空情報レポートによると、一一五機が七六五トンを投下、気象観測機が六トンを投下ということになっている。

三か月前の三月一三日深更から一四日未明にかけての第一次大阪大空襲の場合、来襲機数は二七四機、投弾量は一七三三トンであった。この前後の東京・名古屋・神戸の大空襲も、ほぼ同じ規模だった。これらとくらべると、堺の場合は来襲機数も投弾量も四割強である。片や人口何百万という巨大都市、片や人口二〇万に満たない地方都市である。いかに大量の焼夷弾が濃密に堺に浴びせかけられたかがわかる。

五二〇〇メートルの煙の柱

サイパン島から硫黄島上空を経て、北西進した堺攻撃B29部隊は、高知市の東の夜須《やす》近辺を陸地確認点として、ここから四国南東部上空を北東進し、淡路島の南西部の雁子《かりこ》岬を進入点として投弾航程に入り、堺を爆撃するというのが指定された航路であった。

気象観測機を含んで一一六機が、一〇日午前一時三三分から三時六分にかけて、高度一万フィート（三〇〇〇メートル）から一万一三五〇フィート（三四六〇メートル）で、堺を爆撃したというのが、第二一爆撃機軍団の戦術作戦任務報告の記録しているところである。

爆撃後のB29は右旋回して南東進し、熊野灘から南方洋上に脱去した。アイズレイ飛行場への帰投は、一〇日午前七時から九時五四分にかけてであった。作戦任務要約（ミッション・サマリー）や航空情報レポートによると、二機が硫黄島に着陸した。

作戦任務要約には、「搭乗員は火災の真っ赤な輝きがほぼ二〇〇マイルにわたってみえたと報告した。煙の柱が一万七〇〇〇フィートまで達した」と記されている。堺の火災が二〇〇マイル、つまり三二〇キロの遠くから見え、煙の柱が一万七〇〇〇フィート、つまり五二〇〇メートルに達していたというのである。堺市に発生した猛火のすさまじさがわかる。

こうして実施された堺大空襲の戦果について、第二一爆撃機軍団は「堺の一・〇二平方マイル（建物密集地域の四四％）が破壊された」と要約している。一・〇二平方マイルとは、二・六四平方キロである。

これだけの大空襲に対して、日本軍の抵抗はどうであったかをみよう。戦術作戦任務報告によると、第二一爆撃機軍団は「敵戦闘機の反撃」について「二〇〜二五機の戦闘機がとるにたりない反撃を試みる」と予測していた。対空砲火については、「堺は大阪の防衛圏内にあるので、一三五の重高射砲と三五の探照燈は、計画されたコースで接近するB29に対して効果的である」と予測していた。

実際には、日本軍戦闘機一五機が目撃され、B29部隊に五回攻撃を加えてきたが、B29の側には損害がなかった。高射砲はB29五機に損傷を与えた。以上が作戦任務要約の記述であり、航空情報レポートでは八機が損傷となっている。どちらにしろ、「とるにたりない反撃」だったことは確かである。

日本側の発表

翌七月一一日の新聞は、まことににぎやかであった。朝日新聞の一面の見出しの主なものだけを拾ってみよう。

まず「戦爆呼応、千五百機来襲」、ついで「P51百機阪神再襲　艦上機八百、関東へ　B29堺、和歌山、岐阜、仙台焼爆」として、大本営発表、中部軍・東海軍・東北軍などの発表を掲載し、「B29　四十二機撃墜破　大阪南部、高知にも火災」「P51　大阪附近軍事施設攻撃」「艦上機　関東近接の空母十以上　基地を攻撃　次の打つ手は？」、そして「九州へ百四十機」としてB24、B25などの来襲を報じている。B29、P51、艦上機、B24、B25等、各種のアメリカ軍機が日本全国をさまざまの形で攻めまくっているのである。B29やP51の来襲状況が地図で示され、来襲一覧として表にまとめられている。このころから当分のあいだ、新聞はこの調子である。

七月一〇日未明から夕方にいたるまで、延べ二千機余りのアメリカ軍機が日本全土をおおった。いよいよ事態は切迫してきた。でも、なすすべがないというのが実状だった。七月から八月にかけて、毎日のようにアメリカ軍機一千機、二千機が日本の空を自由自在に乱舞していたといってよい。

さて、六月一日以来、大本営は空襲に関しては沈黙を続けていた。ところが、七月一〇日午後二時三〇分、大本営は艦上機延べ八百機がこの日朝から関東地方の航空基地に来襲したと発表した。前夜来からのB29による都市爆撃、P51の来襲、これらについては各軍管区にまかせて、艦上機の関東来襲だけを大本営が発表するという不可解なことがおこなわれた。

堺と和歌山への大空襲については、中部軍管区司令部と大阪警備府が一〇日午前一〇時、次の発表をおこなった。

一、南方基地の敵B29約二百七十機は、九日二十一時より十日二時の間、五群にわかれ、熊野灘、紀伊半島、紀伊水道、及び土佐湾附近より逐次分散侵入し、主力を以て和歌山市、堺市、各一部を以て大阪市南部及び高知市を主として焼夷弾攻撃を実施したる後、紀伊半島より脱去せり。これがため、和歌山市及び堺市に火災の発生を見たるも、漸次鎮火しつゝあり。
二、十日四時までに判明せる戦果　撃墜七、撃破三十五なるも、尚更に増加の見込なり。

堺大空襲の被害

大阪府警察局の七月一二日付「空襲被害状況に関する件」が、七月一〇日未明の堺大空襲についての報告書である。これによると、一〇日午前一時五分から二時二八分までのあいだ、B29約一〇〇機が堺とその周辺を焼夷攻撃したと記されている。この報告書の書式では、被害状況の部分のトップは「宮内省関係」という項目になっているのだが、今までの大阪空襲ではこの箇所は「被害なし」と記入されていた。ところが、堺大空襲では宮内省関係に被害があったのである。だから、被害のトップとして、次のとおり記録されている。

1仁徳天皇御陵
被弾数　焼夷弾約三百個
被害状況
見張所　全焼（社務所）約二坪、哨舎　全焼　約一坪、船小屋　全焼　約一坪、松　五本燃焼御墳墓には異状あらせられず。
２反正天皇御陵
被弾数　焼夷弾七個、御墳墓には異状あらせられず。
松　十本燃焼（西部中央）、松　二本燃焼（後部）
御陵の場合は、松が燃えたことまで記録されたのである。
これに対して、一般住民の被害は数字化されて、表にまとめられている。堺北署管内と堺南署管内の堺市全域をあわせて、被災家屋一万四七九七戸、罹災者五万四八九二人、死者七四〇人、重軽傷者一四七二人、行方不明三人。これが堺市の被害とされている。ついで大阪市住吉区が罹災者三五四九人、貝塚市が二五六六人となっている。その他の地域をあわせて、被災一万六四五〇戸、罹災者六万一八二六人、死者七七三人、重軽傷者一三七四人、行方不明九人と記録されている。戦後作成の『大阪府空襲被害状況』記載の数字は、これとほとんど同じであるが、堺市内の死者が一三七〇人と二倍近くにも増えて記録されているところが目をひく。

Ｐ51の銃爆撃

堺大空襲の翌日の新聞の見出しに、「Ｐ51百機阪神再襲」と記されていたことはすでに記した。七月一〇日未明、Ｂ29による堺大空襲がおこなわれたあと、その日の昼すぎＰ51が来襲したのである。一〇日午後三時の中部軍管区司令部と大阪警備府の発表は、次のとおりであった。

一、南方基地の敵P51約百機はB29数機に誘導せられ、十日十二時三十分より十二時五十分の間、おおむね三波となり、紀伊半島および四国東部より近畿地区に分散侵入し、約一時間にわたり、主として阪神附近の軍事施設および一部海上船舶を攻撃したるのち、紀伊半島より脱去せり。

二、軍事施設その他の損害は極めて軽微なり。戦果に関しては目下調査中。

府警察局の七月一〇日付報告書「空襲被害状況に関する件」によると、来襲P51約一〇〇機のうち、約五〇機が午後一時五分ごろ、大正飛行場（現在八尾空港）ならびにその附近を銃爆撃した後、午後一時三〇分、紀伊半島西岸を経て、潮岬南方洋上で集結して脱去したと記録されている。

前日の伊丹飛行場に続いて、大正飛行場が攻撃目標となったのであった。

九日後の七月一九日午前一一時三〇分、中部軍管区司令部と大阪警備府は、次のように発表した。

一、敵米P51約六十機は、七月一九日九時ごろ近畿地区に侵入、約一時間に亙り主として飛行場、鉄道機関などを攻撃せり。わが方特に述ぶべき被害なし。

二、本日の来襲敵機は硫黄島基地のものと判断せられるも、今後一両日間は敵機動部隊に対し警戒を要す。

この七月一九日のP51来襲で注目すべきは、鉄道機関を攻撃したことである。吹田署長西沢与志雄のこの日の日記に「P51数機、九時四十分、吹田を攻撃、各所に銃撃を加えたり」とあり、府消防課作戦室の「空襲被害詳報」に七月一九日午前一〇時に東淀川と吹田が攻撃されたと読みとれる記載がある。宮原操車場と吹田操車場がＰ51の銃爆撃目標となったということである。

ついで、七月二二日昼過ぎにＰ51約二〇〇機が近畿と中国地方に来襲した旨、中部軍管区司令部と大阪警備府は同日午後三時に発表した。府警察局の報告書（七月二二日付「空襲被害状況に関する件」）記載の被弾場所からみて、伊丹飛行場、大正飛行場、吹田操車場が攻撃目標だったと推測できる。

この時期、Ｂ29、Ｐ51、艦上機による空からの大量攻撃に加えて、アメリカ海軍艦艇による本土への艦砲射撃がさかんにおこなわれていた。

まず七月一四日に釜石（岩手県）、ついで一五日に室蘭（北海道）、一七〜一八日に日立と水戸（茨城県）、二五日に潮岬（和歌山県）、二九日に浜松（静岡県）と潮岬が砲撃された。アメリカ第三艦隊の戦艦、巡洋艦、駆逐艦多数が本土沿岸に接近し、大量の砲弾を自由自在に浴びせかけた。

七月一五日の朝日新聞の一面トップは、もちろん前日の釜石への砲撃の記事だが、そのなかに「釜石湾には大型敵艦が侵入、釜石市附近に熾烈《しれつ》な艦砲射撃を加えた」と書かれている。にもかかわらず、日本軍の抵抗は空からも海上からも絶無だった。本土沿岸の制海権すら、アメリカ軍にうばわれていたのである。七月二〇日の朝日新聞は、一面トップが「近畿来襲の公算大　艦砲撃、艦上機を厳戒」との見出しである。太平洋岸の住民は、艦砲射撃の恐怖にさらされるようになった。和歌山県南部の体験者の話では、軍艦から砲撃される怖さ、恐ろしさは格別のものだったようである。

7・24大空襲

七月二五日の朝日新聞の一面トップの見出しは、「敵本格的大空襲を開始　陸海聯合の二千機大阪中心に暴爆す　紀伊南方に機動部隊」となっていた。中部軍管区司令部・大阪警備府発表（七月二四日午後一時三〇分）を次に記そう。

一、マリアナ諸島、硫黄島及び沖縄島基地の敵米大型機及び小型機約二千機は協同連繋し、七月二十四日早朝来中部、四国、中国及び東海の各軍管区に従来に見ざる大規模且つ広範囲に来襲せり。

二、近畿地区に於ては、七時ごろ主として艦上機約百五十機をもって紀伊半島より侵入、わが航空基地を銃撃し、ついで十時三十分ごろより約二時間に亘り、B29約四百機をもって紀伊水道より二十乃至《ないし》四十機の編隊をもって波状侵入し、大阪市重要施設に爆弾を投下せり。別にB29約三百機は九時過ぎ紀伊半島より近畿地区東北部を経て東海軍管区内に侵入し、投弾の後、いずれも逐次南方に脱去せり。南方洋上には本早朝来、敵機動部隊遊弋《ゆうよく》中にして、小型機は十三時二十分現在、中部、四国及び中国各軍管区内に侵入しあり。今後なお警戒を要す。

三、大阪市内には一部火災を発生、その他損害若干ある模様なるも調査中。京阪神方面地上制空部隊の収めたる戦果中十三時三十分までに判明せるもの、撃墜七、撃破二十九。

七月二四日の第七次大阪大空襲は、早朝から小型機（日本側の発表では艦上機となっているが、米軍資料によるとP51も来襲している）が飛来して飛行場などを銃爆撃したあと、B29一一七機が大阪市と周辺に爆撃をおこなった。この日、B29部隊としての目標は、六月二六日と同じく、住友金属と大阪陸軍造兵廠であった。マリアナ基地のB29部隊は、本州の七つの精密目標に昼間爆撃を実施した。そのなかに、この二つの大阪の大兵器工場が含まれていたのである。なお、この空襲の戦術作戦任務報告は第二〇航空軍の名でおこなわれているが、これはアメリカ陸軍戦略航空部隊の編成替えによって、従来の第二一爆撃機軍団が改編され、七月一六日から第二〇航空軍となったことを示している。

この作戦では、住友金属は有視界、レーダーのいずれの場合も第一目標とされ、第二目標は指示されなかった。これに対し、大阪陸軍造兵廠は第一有視界目標とされたが、第一レーダー目標は桑名市、第二有視界目標は同地の東洋ベアリング会社とされた。これについて戦術作戦任務報告は、「大阪陸軍造兵廠は大阪の焼き払われた地域の中央に位置しており、投弾ミスは価値がないという理由で、良好なレーダー目標とは指定されなかった」と述べている。つまり、大阪上空の天候が悪くて、有視界でなくレーダーで爆撃して爆弾が目標からそれた場合、造兵廠の周辺は焼野原だから意味がないというのであった。そして、「もしも、大阪地方の目標が雲に遮られた場合は、名古屋地方の目標上空の天候が良好であることが期待される」との理由から、桑名市の東洋ベアリングが第二有視界目標とされ、天候不良の場合のレーダー目標は桑名市地域とされたのであった。

住友金属に対しては、第五八航空団の九〇機が発進し、うち八二機が一万九九〇〇フィート（六〇〇〇メートル）から二万二一〇〇フィート（六七〇〇メートル）の高度で、午前一一時五一分から一二時二三分にかけて、四〇〇〇ポンド軽筒爆弾を四八八トン投下した。なお、同じく第五八航空団の八八機が川西航空機宝塚製作所爆撃のため発進し、七七機が任務を遂行した。

大阪陸軍造兵廠に対しては、第七三航空団の一七〇機が発進した。そのうち三五機だけが、第一有視界目標たる造兵廠を高度一万九九〇〇フィート（六〇〇〇メートル）から二万三〇〇〇フィート（七〇〇〇メートル）において、午前一〇時四四分から一一時一分にかけて二〇〇〇ポンド通常爆弾を二一六トン投下した。残余の大多数のB29は、第一レーダー目標とされた桑名市に投弾したのであった。

7・24大空襲の被害

第二〇航空軍（B29部隊）の戦術作戦任務報告では、「作戦任務の結果」は次のように記述されている。

住友軽金属工業　合計一七四万三九五五平方フィート、屋根面積の七七・五％に損害を与えた。

大阪陸軍造兵廠　合計五一万三五〇〇平方フィート、尾根面積の一〇・二％に損害を与えた。

八月三日付の作戦任務概要（ミッション・レジュメ）には、以下のとおり記されている。住友金属については「のちほどの偵察によると、目標の七六・九％が損害を受けたことが明らかになり、累積被害が八九・六％となった」。陸軍造兵廠については「目標の八・四％が損害を受けたことが明らかになり、全破壊は一八・一％となった」。

こうして、大阪の住友金属は完全に壊滅した。大阪陸軍造兵廠は、相当な打撃を受けたとはいえ、まだ何とかもちこたえていた。

大阪府警察局の報告書（七月二五日付「空襲被害状況に関する件」）にも、住友伸銅と住友プロペラに関しては「復旧に要する日数　見込なし」と記載されている。

警察署管内別に投下弾数の順で記すと、此花、城東、東、守口、曽根崎、東成、布施、西となる。これをみても、住友金属（此花区）への爆撃は成功したが、造兵廠（東区、城東区）への爆撃はあまり成功せず、近隣地域に爆弾が落下していることがわかる。

家屋被害八九三戸、罹災者三五〇三人、死者二一四人、重軽傷者三三九人、行方不明七九人と記録されている。

なお、住友金属攻撃のB29一機に日本軍の高射砲弾が命中し、機体が二つに破壊されて撃墜された。大阪市南部上空の出来事であった。直撃弾を受けたB29が反転して海上の方向へ脱出しようと試みたが、果たすことができず、墜落していったのを私も目撃した。私が見たB29撃墜の唯一の場面である（五月九日の場合は、紀伊半島の陣地構築に動員されていたので、見ていない）。

大阪上空を連日乱舞

七月末、アメリカ海軍機動部隊が土佐沖、紀州沖の南方海上を遊弋《ゆうよく》し、航空母艦から艦上機がしょっちゅう来襲するようになった。艦上機の場合は、数えきれないほどの多数機がいれかわりたちかわり、終日大阪上空を乱舞したという表現が適切である。七月二八日と三〇日はその好例で、府下一円に銃爆撃が加えられた。私なども、朝からの警報発令で工場を休み、グラマン戦闘機が大正飛行場に機銃掃射やロケット弾攻撃を加えるのを、呆然と眺めていたものである。

六月一日の大空襲で港区出崎町の住家も勤務先の帝国精機も焼けた今上紀世子（現姓金野）は、母の貞子、末妹の喜久枝（現姓白川）とともに、富田林町（現在富田林市）伏見堂の農家に疎開していた。

七月二八日、紀世子は家族三人が暮らすための家を探しに出かけた。近鉄の河内長野駅で降りて、隣接の南海（当時は近鉄に合併）河内長野駅の待合室にいた。午後一時ごろだった。駅のラジオが「敵機は高野山上空を北上中」と言った途端に、バリバリバリバリと機銃掃射の音がした。待合室にいたのは三〇人ぐらいだったが、線路の方へ走り出す人、駅の外へとび出す人、大さわぎだった。

河内長野駅を銃撃した艦上機は少し北上して、今度は近鉄富田林駅を銃撃したと思われる。と

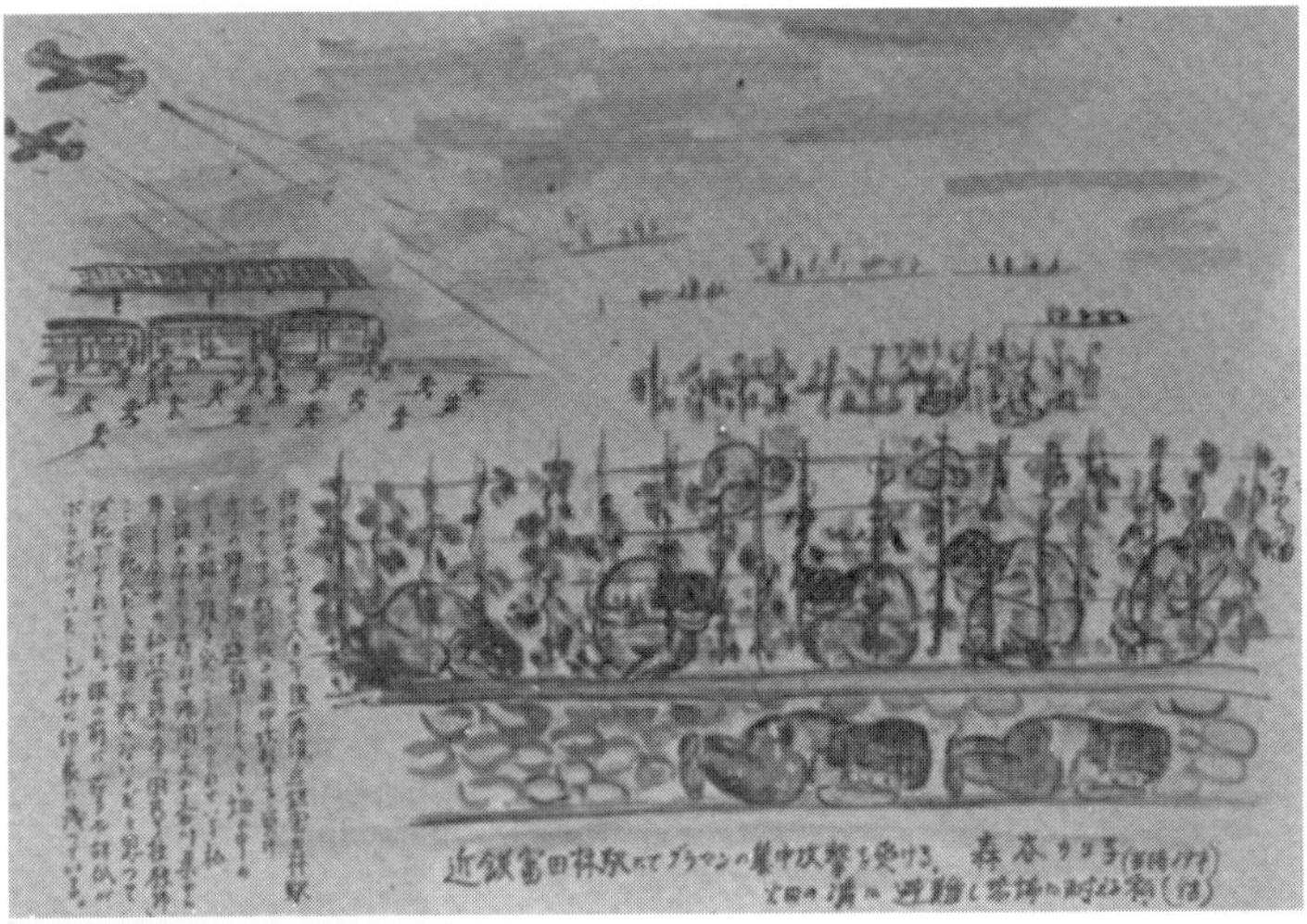

グラマンの機銃掃射　7月28日午後1時ごろ、近鉄富田林駅附近（絵 森谷カヨ子）

いうのは、紀世子の次妹カヨ子（当時一九歳、現姓森谷）が、富田林駅で艦上機に襲われたのである。

カヨ子は香川県三豊郡作田《くにた》国民学校の訓導をしていた。母や姉妹が家を焼かれて富田林に疎開したのを、四国から訪ねてきたのだった。カヨ子は午後一時ごろ、近鉄富田林駅を降りたところを襲撃された。人びとは近くの野菜畑に避難した。彼女は畑のなかの狭い水路に頭を突っ込んでかくれた。ここで死んだら家族にわからないと思って、必死でかくれたという。目の前にナスやキュウリがぶら下がっていたのが妙に印象に残ったとのことである。

ほかに七月二五日、小型機が大挙来襲した。このときは、泉南郡多奈川町（現在岬町）の川崎重工業泉州工場が銃爆撃を受け、死者二八人、重軽傷者三二人などの被害があった。七月二六日には、B29一機が東住吉区田辺本町に大型爆弾一発を投下、全壊二〇三戸、半壊二一八戸、罹災者一三〇二人、死者四人、重軽傷者八五人、行方不明六人の被害を生じた。そして、二八日と三〇日に艦上機多数による小型爆弾やロケット弾投下、機銃掃射があり、八月一日にはP51約二〇機による銃爆撃がおこなわれた。

2　終戦前日の大空襲

異例の大本営発表

一九四五年（昭和二〇）八月一日、大本営は過去一か月の本土来襲敵機迎撃戦果などを発表した。それは、冒頭において「我陸海軍部隊の敵侵攻に対する戦備は着々と強化せられあり」と、本土決戦体制の強化を強調した点で異例のものだった。

この大本営発表について、八月二日の朝日新聞の見出しは「温存しつつ敢然出撃　撃墜破千二十一機　屠る敵二十六艦船　本土、沖縄、太平洋の戦果」「邀《よう》撃戦備着々強化」、毎日新聞の見出しは「本土決戦・我戦備着々強化　満を持す陸海軍　大本営異例の発表　屠る飛機千、艦船廿六」「驕敵に事実の鉄槌」であった。

朝日新聞は解説記事のなかで、次のように述べた。

敵機動部隊の本土近海蠢《しゅん》動及び引続く空襲の激化等、敵のわが本土に対する侵寇《こう》作戦は逐次切迫の状況にあるが、これに対しわが本土決戦の作戦準備また着々と進捗中である。この間本土決戦に備え、わが航空機は蓄積されているが、その一部をもってB29、P51および艦上機に対する邀撃作戦を行っており、ことに呉、舞鶴、横須賀等においては大なる戦を収めつつあり、また浜松、四日市および九州等においても担当の戦果をあげている。敵の空襲その他により、都市、工場、艦船など相当の損害を蒙っているが、決戦戦力となるべきわが飛行基地、生産施設などの損害は軽微であり、決戦戦備には支障はない。沖縄に対しては、わが航空部隊は引続き攻撃を続行中である。また、わが海上護衛部隊は本土近海において敵潜水艦に対する攻撃を続行中である。

だが、いくら大本営が虚偽の戦果を謳歌し、新聞が提灯持ちをしても、連日連夜、猛火の嵐に追いかけられている国民になんらの光明も与えはしなかった。

空襲はますます激しく、家は焼かれ、工場も焼かれた。家が焼かれなくとも、工場が焼かれた。工場が残っていても、通勤は困難だった。通勤できても、工場の生産体制が乱れていた。暑い夏の八月、「煙の都」大阪の空に煙はなく、空あくまで青く晴れわたり、太陽が激しく照りつけるなかで、人びとは防空壕に入ったり、出たりの生活を送っていた。

そして、八月六日、広島に原子爆弾投下、八日、ソ連が対日宣戦布告、九日、ソ連軍が満州（中国東北部）・朝鮮・南樺太へ進撃開始、同九日、長崎に原子爆弾投下と、大日本帝国崩壊の日が切迫してきた。

奇妙な記事

八月一日、午前九時二〇分ごろ志摩半島から侵入したP51約二〇機は、主として伊丹、柏原、吹田附近に小型爆弾投下と機銃掃射をおこなった。死者二人、重軽傷一〇人、国鉄吹田操車場の油貨車四両全焼、一〇両半焼が大阪府警察局の報告書「空襲被害状況に関する件」(八月四日付)に記録されている。

八月五日から、大阪府では警戒警報解除にもサイレンが吹鳴されるようになった。従来、警戒警報の解除は信号を用いないで、警防団員や町会隣組役員が口頭で伝達していた。そのために伝達がおくれたり、忘れられたりして、工場や農村の生産活動を阻害する傾向があった。そこで、サイレンと警鐘による解除伝達がおこなわれることになったのである。

警戒警報解除は、サイレンでは二〇秒吹鳴し、八秒を間し四秒吹鳴となった、警鐘では五秒間隔の一点斑打となった。その他はいままでどおりで、警戒警報発令(空襲警報解除)のサイレンが一分間連続吹鳴、警鐘が一点と二点斑打、空襲警報発令のサイレンが八秒を間し四秒ずつ五回吹鳴、警鐘が一点と四点斑打であった(五月一日からの改正実施)。

八月五日深更から翌六日未明にかけて、B29二五五機が西宮都市地域に爆撃を加えた。この空襲で、西宮、芦屋および尼崎の住宅密集地域が壊滅的打撃を受けた。焼夷弾と爆弾一九五七トンが投下され、三・五平方マイル(九・一平方キロ)が焼失したとは、米軍資料の記述である。このとき、大阪の築港署管内と布施署管内にも投弾があり、築港署管内で全焼一八戸、罹災者一二九人、布施署管内で全焼一四一戸、全壊三二戸、罹災者六五六人の被害があったことは、山口篤が発見した消防課作戦室「空襲被害詳報」の記述である。

なお、この空襲に関して、八月七日の毎日新聞は奇妙な記事を一面に掲載している。「堺両御陵御被弾　御墳墓は御異状拝せず」との見出しの囲み記事である。それによると、八月六日未明の西宮空襲にさいし、堺市東郊の仁徳天皇御陵に焼夷弾が落ち、見張所（社務所）、哨舎、船小屋計四坪が全焼、老松五本が燃焼、さらに反正《はんぜい》天皇御陵の西部中央の松一〇本と後部の松二本が燃焼したというのである。ところが、この仁徳陵と反正陵の被害状況なるものは、一か月前の七月一〇日未明の堺空襲（第六次大阪大空襲）に関する府警察局報告書（七月一二日付「空襲被害状況に関する件」）に記された両御陵の被害と完全に一致する（二八二ページ参照）。

毎日新聞の記事が中部軍提供の情報によるものであることはいうまでもない。八月六日未明には、堺の仁徳陵・反正陵といわれる二つの古墳は空襲を受けていない。であるのに、七月一〇日未明の被害を八月六日未明のものとして、記事がつくられたのである。なぜ、一か月もおくれて、御陵の小屋や松が燃えたことを報道したのだろうか。

天皇の先祖の墓への爆撃は、「道義を弁《わきま》えぬ暴爆で、その鬼畜的行為は憎みてもあまりあるもの」（毎日紙記事）とされた時代のことである。堺空襲のときには、実際に両御陵への投弾があった。しかし、それは報道されなかった。そこで、八月六日の西宮空襲のときのものとしてとりあげることによって、敵愾《がい》心の高揚に役立たせようとしたものと思われる。奇妙な時代の奇妙な記事だった。

原子爆弾とソ連参戦

八月六日早朝の広島への原子爆弾投下については、翌七日午後三時三〇分に大本営が「新型爆弾」というよび方で発表した。これを報じた八日の朝日新聞一面トップの見出しは、「残忍無比敵の企図　広島暴爆に新型爆弾　落下傘で投下空中破裂」というものだった。この八日朝、大阪はP51の空襲を受けた。新聞報道によると、八日八時四〇分から九時三〇分の間、P51約七〇機が紀伊半島西南部から侵入、大阪、兵庫、奈良、香川各府県の航空施設、鉄道、船舶などを分散襲撃したという。大阪府の消防課作戦室「空襲被害詳報」によると、東住吉区（現在の平野区の地域）から堺、泉大津、岸和田、泉佐野、古市、八尾、富田林にかけて、つまり大阪東南部一帯に被害があり、死者一五人、重軽傷二四人、全焼二戸、半焼一戸と記録されている。

八月九日の新聞は、中部軍管区司令部参謀赤塚一雄中佐の広島調査結果の談話と防空総本部による新型爆弾に対する心得を大きく掲載した。その見出しは、朝日紙が「強い爆風と高熱　熱線爆弾の類か　掩蓋壕《えんがいごう》に入れば安全」「鉄筋建築は無事　火傷を厳戒、半袖は不可」「一機も厳戒の要　敵の攻撃方式一変す」、毎日紙が「熱線による焼夷力　垂直爆風圧が強烈　対策は壕と防空服装」「一機でも油断禁物」だった。当時、人びとはB29一機来襲の如きは馴れっこになっていて、昼間であればまったくの無視、夜間であれば平気で寝ていた。爆弾や焼夷弾の落下音をきいてから待避することになっていた。それが一機でもたいへんということになって、仕事も睡眠もできなくなった。さらに一一日には、大阪府防空総本部や内務省が「白い衣服は火傷を防ぐため有効である」と発表したものだから、それまでは敵機の目標になるといって禁止されていた白シャツをあわてて着るようになった。

八月九日の長崎への原子爆弾投下は、同日午後二時四五分、西部軍管区司令部が「新型爆弾らしきもの」との表現で発表した。大本営は沈黙を守った。西部軍は「被害は極めて僅少なる見込」と述べた。広島の場合は「相当の被害を生じたり」だった。日本の軍部は人心の動揺をおさえようとして、こともあろうに長崎の被害を「極めて僅少」にしてしまったのである。

同じ八月九日、ソ連軍が国境を越え、満州・朝鮮・南樺太になだれこんできた。「不法ソ連・帝国に挑戦」「一方的に戦争宣言」「勝手極まる開戦理由」(一〇日付朝日紙の見出し)と怒りをぶちまけてみても、破局を迎えた事態をどうすることもできなかった。

この八月九日深更から一〇日未明にかけて、沿岸目標(石油施設)夜間攻撃専門の第三一五航空団のB29九五機が尼崎の日本石油工場を目標に九〇二トンの爆弾を投下した。尼崎の日本石油を目標にした爆撃は、七月一九日深更から二〇日未明にかけてもおこなわれていた(八五機、六九〇トン)。

八月一一日の朝日新聞は、「帝国、米に厳重抗議　原子爆弾は毒ガス以上の残虐」との見出しで、日本政府が一〇日にスイス政府を通じてアメリカ政府に提出した抗議文を報道した。この抗議文の最後は、次のような文章になっていた。

米国は国際法および人道の根本原則を無視して、すでに広範囲にわたり帝国の諸都市に対して無差別爆撃を実施し来り、多数の老幼婦女子を殺傷し、神社、仏閣、学校、病院、一般民家等を倒壊、または焼失せしめたり、しかしていまや新奇にしてかつ従来の如何なる兵器、投射物にも比し得ざる無差別性残虐性を有する本件爆弾を使用せるは人類文化に対する新たなる罪悪なり。帝国政府はここに自らの名において、かつまた全人類および文明の名において米国政府を糾弾するとともに、即時かかる非人道的兵器の使用を放棄すべきことを厳重に要求す。

八月一二日の毎日新聞は、次のようなチューリッヒ特電を掲載した。

ロンドン発エキスチェンジ通信によれば、九日のロンドン朝刊紙は〝最も非人道的武器〟たる原子爆弾に対する一般読者の憤怒に満ちた多数の投書を掲載している。例えばニュース・クロニクル紙の一読者は人類に不幸をもたらすが如き「悪魔に憑《つ》かれた科学者を死刑に処せ」と要請している。またデーリー・メール紙の政治記者の報ずるところによれば、特に労働党方面では原子爆弾使用に関連して、アトリー首相の態度を非難し、彼の首相としての出足を困難ならしめていると報じ、恐らくアトリーは原子爆弾使用に関する決定、特に英政府がその決定にどの程度与《あずか》っているかについての説明を求められ、また原子爆弾を使用しないとの保証を求められるだろうとみている。

日本政府も軍も、公式には新型爆弾という言葉を使っていた。だが、それが原子爆弾であろうということは当時中学生だった私にも推察できた。新聞も、右にみるように、原子爆弾と表現していた。「マッチ箱ぐらいの大きさで戦艦を沈めることができる」ときかされていた原子爆弾をアメリカが先に発明した、日本はおくれたと私は思った。ただ当時の私たちの知識は、破壊力が破天荒に強い爆弾という程度にとどまっていた。放射能災害による恐るべき後遺症のことなど、想像もつかなかった。

降伏の経緯

八月六日の広島への原子爆弾投下に加えて、八日深夜のソ連の対日宣戦布告は、日本の戦争指導者に戦争終結を決意させた。九日午前一一時から開かれた最高戦争指導会議構成員会議では、ポツダム宣言受諾はすでに既定の事実として、それに条件をつけるかつけないか、つけるとすればどんな条件かが論じられた。この最高戦争指導会議構成員会議、および同日午後二時半からの臨時閣議では、皇室の安泰だけを条件として降伏すべきとする東郷茂徳外相と、そのほかに軍隊の自主的武装解除、戦争犯罪人の自国処理、保障占領の不実施の三つを加えた四条件を主張した阿南惟幾陸相とが対立し、構成員も閣僚も二つに分かれて意見がまとまらなかった。

九日午後一一時五〇分、平沼騏一郎枢密院議長をとくに加えた最高戦争指導会議が天皇臨席の御前《ごぜん》会議として開かれた。一〇日午前二時すぎになって、天皇は外相案を支持するという決断を下した。すなわち、ポツダム宣言中に天皇の国家統治の大権を変更する要求を含まざるものとの了解のもとに、日本政府は同宣言を受諾する用意がある旨を明らかにし、それに対する返答を切望する旨を連合国側に通告することになった。つづいて三時一〇分からの臨時閣議に鈴木貫太郎首相はこのことを報告した。この決定は、午前七時、スイスとスウェーデンの両中立国を通じて、相手国に通達する方法がとられた。

一〇日午後二時、大阪府庁舎内の府会議事堂で警察・消防署長会議が開かれた。当時の吹田署長西沢与志雄は、日記に次のように書いている。

八月十日（金）　晴

午後二時より府会議事堂に於て警察消防署長会議開催さる。

局長始め各部長より御訓示あり。「戦争はソ聯の参戦により日本にとり破局的段階に入り、近く政府より重大発表あるべく、此の際民心の動揺激発を予想せらるるを以て、我等は祖国の天壌無窮を堅く信じ、御上《おかみ》の御示《おしめし》を真直に信奉し、以て臣道を全くせよ」との内容なり。天満署長の悲痛なる心境披瀝ありて散会す。倉科警務部長より「今後斯かる会合も無いであろうから……」と言われた時は全く胸中の迫るを覚えた。

帰署後、大谷警部、沢近特高、泉本司法両主任を呼び、万一の事態発生に備えての対策を協議す。警察に奉職して十三年になるが、今日程悲壮な思いをした事がない。

三国干渉やポーツマス条約当時の日本国民の当面した困難を偲び、臥薪嘗胆するも亦止《またや》むを得ないこととなろうが、只々皇室の御安泰を祈り奉る次第である。

一〇日未明の御前会議の決定内容が、その日の午後、大阪府の全署長に伝えられたのである。終戦の日が近いことを知った西沢署長は、管内の治安維持の最高責任者として、八月一〇日以後は原子爆弾への対策と終戦による混乱防止策にとりくんだ。一一日には、署員を集めて「日清役直後の三国干渉と日露役後ポーツマス条約反対に起因する騒擾との例を挙げて自重を要望」し、連合町会長と警防分団長を招致して「広島に於て敵が用いたる新型爆弾対策を協議」した。一二日は、警部補会議を召集して、「予想さるる降伏発表の際、騒擾等の不祥事を起こさざらしむる為の対策を議」し、一三日には産業報国会吹田支部役員会で「新型爆弾の対策とソ聯参戦に関し一席論じ」ている。

日本政府のポツダム宣言条件付き受諾申入れに対するバーンズ米国務長官の回答は、一二日午前零時すぎからラジオで全世界に伝えられた。その要旨は、次の四点から成っていた。

一、天皇および日本政府の国家統治の権限は、降伏条項実施のため、必要と認むる措置をとる連合国軍最高司令官の制限下に置かれる。

一、天皇は日本全軍の武装解除と降伏条項実施のため、最高司令官の要求する命令を発することを要請される。

一、日本政府は直ちに俘虜、被抑留者を連合国船舶に速やかに乗船せしめ得る安全な地域に移送すること。

一、最終的の日本国の政府形態は、ポツダム宣言に従い、日本国民の自由に表明する意思により決定せらるべきものとす。

ここには、天皇の統治権維持という日本側条件への直接的回答はない。しかも、間接に天皇の存続を認めるたくみな表現である。アメリカは、できるだけ早く日本を降伏させようとしたのであった。

この連合国側の回答をめぐって、これでよしとする外相らと、これでは国体護持困難とする陸相らとがはげしく対立した。米内《よない》光政海相をのぞく軍部首脳は、本土決戦を主張してまきかえしをはかった。この収拾は、天皇の発意で召集された一四日の政府・統帥部連合の御前会議まで待たねばならなかった。八月一二日の連合国回答から一四日の第二回御前会議までは、日本の支配層内部ではげしい対立がおこり、動揺に動揺を重ねた時期だった。日本政府の回答がおくれているあいだ、敵味方に死傷者が続出していた。本土各地への小型機による空襲もくりかえされていた。一三日、一四日と、B29は「日本の皆様へ」と題する伝単を大量にばらまいた。このビラには、日本側の「ポツダム宣言受諾打診の電報」とそれに対する連合国側の回答が印刷されていた。連合国との交渉内容が暴露されてしまったのである。

八月一四日午前一〇時四五分から開かれた宮中防空壕内の御前会議で、天皇の決断が下った。御前会議が終わったのは正午だった。こうして、ポツダム宣言受諾が最終的に決定した。翌一五日正午、天皇の玉音《ぎょくおん》放送で、三年八か月におよんだ太平洋戦争は終結した。

最後の爆撃作戦

一九四五年（昭和二〇）八月一四日、いわゆる終戦の日の前日、大阪に最後の大空襲がおこなわれた（第八次大阪大空襲）。御前会議で天皇の決断により、ポツダム宣言受諾が決定したのはこの日の正午だった。その午後、大阪陸軍造兵廠への猛爆撃が実施された。

この日の大阪大空襲は、第二〇航空軍司令部の戦術作戦任務報告の表現によると「八月一四・一五日に日本帝国に対しておこなわれた最後の爆撃作戦」の一つであり、「第二次世界大戦での爆撃作戦の最終シリーズ」であった。それは、大阪陸軍造兵廠、光海軍工廠（山口県）、麻里布鉄道操車場（岩国駅のこと、山口県）、土崎の日本石油秋田製油所（秋田県）の四つの精密目標と、熊谷市（埼玉県）と伊勢崎市（群馬県）の二つの都市地域に対して実施された。

では、どうして八月一四日にB29の大空襲がおこなわれたのか。戦術作戦任務報告には、次のように記されている。

これらの作戦任務が計画されたとき、日本との和平交渉がおこなわれている最中であった。しかし、司令官はすべての航空団に対して、最小限の準備時間で最大限の力を使って爆撃するよう準備を命じた。交渉は敵によっておくらされているようにみえたので、これらの作戦任務は、八月一四日一五日におこなわれるように命ぜられた。

グアムの第二〇航空軍司令官は、ルメイ少将の後任のN・F・トワイニング中将だった。彼の名による「最後の爆撃作戦」命令は、日本時間で八月一三日午前一一時付で発せられた。その時刻、東京の首相官邸では、首相、外相、陸相、海相、参謀総長、軍令部総長の六人による会議の最中だった。午前九時から午後三時までのこの長い会議は、ポツダム宣言受諾を首相、外相、海相が主張、反対を陸相と両軍総長が主張、したがって三対三の対立でまとまりようもなかった。この間に、マリアナ基地では八月一四日一五日の日本爆撃命令が発せられたのだ。日本政府の回答のおくれが、アメリカ軍に爆撃実施を決意させたのである。

さらに注目すべきは、熊谷市と伊勢崎市および土崎の日本石油への夜間攻撃（一四日深更から一五日未明）には天候による延期はないが、大阪陸軍造兵廠、光海軍工廠、麻里布鉄道操車場への一四日白昼攻撃については、「昼間作戦の予定日に天候がわるい場合は、その作戦は次の日まで延期されることになっていた」と戦術作戦任務報告に記されていることである。不幸なことに、アメリカ軍は、八月一四日の大阪府と山口県の空は晴れと予測した。戦争とは非情なものである。

なお、第二〇航空軍司令部の戦記（ナラティブ・ヒストリー、一九四五年七月一日〜九月二日）には、「今にも停戦があると予期して、三日間作戦を一時中止したのち、八月一四日、第二〇航空軍は攻撃を再開した」、および「もし、戦争が八月一五日に終了しなかったら、B29は敵の輸送機関の組織的破壊を開始したであろう」との叙述があることも指摘しておこう。

大阪陸軍造兵廠の壊滅

大阪陸軍造兵廠（大阪砲兵工廠）は、巨大な兵器工場だった。太平洋戦争末期には、大阪本廠のほかに枚方製造所、播磨製造所など六つの分廠をもち、全工場で一般工員のほかに動員学徒、女子挺身隊、一般徴用工員、朝鮮人徴用工員をあわせて六万四〇〇〇人が働いていた。大阪本廠の面積は一・一八平方キロ、現在の大阪城公園、大阪ビジネスパーク、森ノ宮電車区がその跡地である。城東線（現在の環状線）の京橋・森ノ宮間だけが高架でなく、線路の両側が高いコンクリート塀でさえぎられていた。線路の西側も東側も大阪陸軍造兵廠だったからである。省線電車の窓から天守閣を仰ぎみることはできたが、日本陸軍の巨大な兵器工場は秘密のベールに包まれていた。

大阪陸軍造兵廠がその姿を私たちの前にあらわしたのは、実に終戦の前日、一九四五年（昭和二〇）八月一四日のB29による猛爆撃によってであった。空襲のあと、城東線沿いのコンクリート塀がことごとく吹っ飛び、まるみえになった西側も東側も、無数と思える工場の鉄骨があめ細工のようにひん曲り、一トン爆弾の大きな穴がこれまた無数にあいていて、アメリカ軍の最後の攻撃のすさまじさ、戦争というものの残酷さをもののみごとにみせつけていた。

戦争が終わって九月三〇日付でまとめられた『大阪陸軍造兵廠の現況』のなかの「空襲被害状況」には、次のように記されている。

昭和十九年十二月頃より開始せる米空軍の大阪地方来襲は当廠に対しては何等の被害を与えざりしが、昭和二十年三月十三日夜の本格的焼夷攻撃以来、相次ぐ空襲に依り、廠自体にも被害ありて、主として木造建築及び倉庫の焼失等若干の被害発生せるも、生産施設に対しては大なる損害なかりき。然れども市街地の焼失に依る従業員の離散、関係民間工場の被害、並びに水道、瓦斯、電力の供給不円滑、輸送の困難等と相俟って、逐次業務遂行に遅滞を来しありしが、八月十四日の徹底集中爆撃に依り、遂に本廠は致命的被害を被り、殆んど復旧の見込立たず、生産実施不可能の状況となれり。

明治以来の日本陸軍を支えてきた大阪陸軍造兵廠はこうして壊滅し、大日本帝国の敗北とまさしく運命をともにしたのであった。そして私たちの前から秘密のベールがとりさられたとき、その姿は無残をきわめ、あめ細工の鉄骨と蜂の巣のような爆弾穴だった。

目標の選択

当時のアメリカ軍は大阪陸軍造兵廠をどのようにみていたのだろうか。第二〇航空軍司令部の八月一四日空襲に関する戦術作戦任務報告には、次のように記されている。

大阪市の東部に位置し、大阪港から七マイル離れているこの目標（大阪陸軍造兵廠）は、日本でもっとも重要な軍需工場の一つである。あらゆるタイプの弾薬、砲弾、爆弾、雷管、発射火薬、信管をつくっていた。爆薬庫の面積が小さいことは、砲弾の量が比較的少ないことを示しているが、東へ一〇〇エーカ広げられた部分は兵器工場としての重要性を増大した。一六インチの大砲を製造していることが報告されている。目標地域には一八三の建物があった。

B29多数機が大阪陸軍造兵廠を直接の攻撃目標とした空襲は四回あった。六月七日、六月二六日、七月二四日、そして八月一四日である。

六月七日の空襲は大阪都市地域への爆撃だったが、そのなかに造兵廠への高性能通常爆弾攻撃が含まれていたのであった。混成航空団による攻撃だったが、造兵廠の被害はたいしたことなく、爆弾の大部分は都島区、旭区、大淀区、東淀川区の住居密集地域に投下されてしまった。

六月二六日、七月二四日、八月一四日の大阪陸軍造兵廠への空襲は、いずれもサイパン島の第七三航空団がその任務を負った。六月二六日と七月二四日の空襲においては、第五八航空団の住友金属爆撃は成功したが、両日とも、第七三航空団の造兵廠爆撃は失敗に終わった。七月二四日の空襲では森ノ宮駅が破壊され、近くの森下仁丹工場も壊滅した。そのために森ノ宮駅近くにさしかかると、電車のなかが仁丹のにおいでいっぱいになったものである。だけど、アメリカ軍の作戦任務要約によると、「造兵廠に投下された爆弾二一六個のうち、二八個が平均弾着点(照準点)の一〇〇〇フィート以内に命中した」程度の爆撃だったから、成功とはいえない。

大阪砲兵工廠の名で親しまれてきた大阪陸軍造兵廠は、空襲のたびに生き残った。大阪の街が焼野原となったのに、造兵廠は不死身だった。それ故に、八月一四日、最後の空襲の目標に選ばれた。戦術作戦任務報告には、「今までに攻撃に成功しなかった精密目標と、一八〇の指定小都市地域のうち爆撃に成功しなかった残存地域が、これらの作戦任務の目標の選択において考慮された」と書かれている。たびかさなる空襲にも生き残った大阪陸軍造兵廠は、和平交渉が日本政府によっておくらされているようにみえたので、B29部隊の最終攻撃対象の一つとなったのである。

こうして、日本の最高指導者たちが降伏すべきか否か、降伏する場合どんな条件のもとになすべきかについて対立し、動揺しているとき、第二〇航空軍は、日本側にもはや考慮の余地がないことを思い知らせるための爆撃を計画した。その作戦は、八月一四日の午後から一五日未明にかけて実施された。そのときは、すでに日本の降伏が決定していたのだった。

米軍資料による8・14大空襲

大阪陸軍造兵廠爆撃に向かう第七三航空団のB29一六一機は、八月一四日午前五時一五分から六時四七分にかけて、サイパン島アイズレイ飛行場を離陸した。B29部隊は室戸岬東方海上で集結したのち、徳島県東端の蒲生田岬を飛行転移点とし、和歌山県北西端の加太岬を進入点として目標の大阪陸軍造兵廠への投弾航程に入り、爆撃後は右へ機首を転じて生駒山上空を経て、木本附近（屋鷲南方）から熊野灘に脱去するというのが指定された航路だった。

発進した一六一機のうち、大阪陸軍造兵廠を爆撃したのは一四五機だった。時間は午後一時一六分から二時一分まで、高度は二万二一〇〇フィート（六七〇〇メートル）ないし二万五一〇〇フィート（七六五〇メートル）、二〇〇〇ポンド通常爆弾（一トン爆弾）と一〇〇〇ポンド通常爆弾があわせて七〇六・五トン投下されたとは、アメリカ軍の記録である。

戦術作戦任務報告によると、攻撃効果の判定は「爆撃精度良好」として、次のようになっている。

三六機による爆撃写真は、目標に甚大な損害を与えた多数の命中をともなった優秀な結果を示している。投弾の最大の集中は工廠の南部と中央部とに認められる。工廠の中央部のほとんどすべての小規模機械工場や実験室は破壊された。工廠の中央部と南部の大きな組立工場と貯蔵庫が甚大な損害を受け、もしくは壊滅した。多くの直撃弾の命中が工廠の北端の重機械工場にみられるが、打撃効果は工場の他の部分よりもいくらか少ないと思われる。いくつかの命中弾が大阪城と工廠に西接する陸軍兵舎にみられた。

八月二一日付の作戦任務概要（ミッション・レジュメ）には、次のように記されている。

三六機からの爆撃写真は優秀な結果を示しており、命中弾六五〇個が目標に投下されたことを示していた。投下爆弾八四三個のうち、二一六個が照準点の一〇〇〇フィート以内に命中した。一四機が爆撃不能だった(二機が臨機目標に投弾)。全爆撃は有視界でおこなわれた。高射砲は、重砲、中程度、概して正確、追随射撃(移動目標に対し射撃諸元を逐次正しつつおこなう連続射撃)であった。高射砲はB29二六機に損害を与えた。敵機は目撃されなかった。P51とP47が援護戦闘をおこなった。B29四機が硫黄島に着陸した。

この文章ではB29二六機損傷となっているが、戦術作戦任務報告には対空砲火による損傷二八機と記されている。

さて、右の記録のなかに、八月一四日のB29来襲にさいして、P51とP47が援護戦闘をしたとある。P51は六月一日の第二次大空襲以来のおなじみだが、リパブリックP47(サンダーボルト)

戦闘機が大阪にやってきたというのである。

この日の空襲に関する戦術作戦任務報告の本文には、「第七戦闘機軍団の総計一五一機が今回の作戦に参加した。大阪へのB29の作戦任務を二個群（グループ）が援護し、名古屋地域を他の二個群が攻撃した」と記されている。ところで、この報告の付録に戦闘機報告という文書がある。硫黄島基地の第七戦闘機軍団司令官によって提供されたものである。これによると、P51一五一機が一四日午前八時五六分から一〇時二〇分にかけて発進し、午後四時一七分から五時三四分にかけて帰投、P47N三五機が同じく午前八時四五分から九時にかけて発進し、午後四時三〇分から五時一五分にかけて帰投した。対空砲火でP51二機損失、P51四機損傷、原因不明でP51一機とP47N一機損失。武装は五〇口径（一二・七ミリ）機銃と五インチHVAR（一二・七センチ航空機用高速ロケット弾）であったなどの記述がある。ここに記された発進機数は、本文の総計一五一機とは合致しない。装備した落下タンク総量をみると、付録のP51一五一機、P47N三五機というのが正しいのだが、アメリカ軍資料も思わぬところに不正確さがあるのでなんともいえない。

さて、付録の戦闘機報告では、P51の二個群が大阪攻撃のB29を援護、P51の一個群が清洲または小牧、名古屋東部を攻撃、P47Nの一個群が明野または鈴鹿、亀山を攻撃というのが作戦計画だった。したがって、本来であればP47サンダーボルトは大阪に来襲するはずはなかった。ところが、P47Nの一航空中隊（スコードロン）の航法誘導機（B29）が飛行転移点の二〇マイル南西へ連れていったので、戦闘機隊は指定された目標を発見できなかった旨の記述がある。おそらく、このP47N中隊が大阪上空にあらわれたものと思われる。なお、目標上空への一番機の到達は、援護部隊が午後一二時一〇分、攻撃部隊が一二時五〇分となっている。

数えられなかった死者

八月一五日の新聞は、正午を過ぎてから配達された。終戦の詔書を中心にして、ポツダム宣言受諾に関する記事が二ページうらおもての紙面を埋めていた。朝日新聞も毎日新聞もそういう紙面の片隅に、八月一四日午後三時の中部軍管区司令部・大阪警備府発表を掲載した。

一、敵米B29約十五機およびP47、P38合して約七十数機は、八月一四日九時ごろより約一時間四十分にわたり、その連合部隊を以て近畿地区に来襲、国民学校等に機銃掃射ののち脱去せり。被害は極めて軽微なり。

二、またB29約百五十機は豊後水道より侵入、その主力は西部軍管内に、その一部は広島県下を行動後、南方に服去せるも、爆撃地点等未だ明らかならず。

三、ついで十二時三十分ごろ、B29約百機紀伊水道より侵入、十八機乃至《ないし》十機内外の編隊を以て大阪に波状来襲、軍事施設及び市内数箇所に爆弾を投下せり。戦果相当ある見込なるも、現在まで明瞭ならず。

戦争に敗北した軍の発表である。その内容の貧弱さは致し方ない。だが、ほんとうにみじめなのは犠牲者たちだった。戦争が終わってしまったために、八月一四日の大空襲の被害状況は判らなくなってしまった。軍も警察も、連合国軍の進駐に備えて、大量の書類の焼却に専念してしまった。そのような軍や警察が八月一四日の被害を精密に調べ、報告書をつくるはずがない。（なお、右の軍の発表中に、P38が近畿地区に来襲したとある。ロッキードP38ライトニング戦闘機、双胴の悪魔といわれた陸軍機で、当時の新聞報道によると八月八日午前に阪神附近に初来襲となっている。私はこの双胴戦闘機P38の来襲を目撃していない。大阪近辺でP38を目撃された方があればお教え頂きたいと思う。）

大阪府警察局が一九四五年（昭和二〇）一〇月に作成した『大阪府空襲被害状況』には、「八月一四日（昼間）B29約一五〇機」の空襲について、次のように記している。

大阪市内の物的被害　一八四三戸の全半焼（全壊一〇〇九戸、半壊八三四戸）　人的被害　五〇七人（死者三五九人、重傷三三人、軽傷七九人）　罹災者二九六七人を出したるが、本空襲は東区、城東区に於ける軍直轄工場、軍関係衙（中部軍管区司令部、大阪師管区司令部等）及び省線（城東線）等に対して爆弾の集注攻撃を受けた為、之等施設の蒙りたる被害は相当大にして、大阪師管区司令部の全焼を始め、陸軍造兵廠に大損害を生じ、省線森ノ宮駅亦《また》使用不能に陥りたり。

日本の警察がこんな報告書をつくったかと、目を疑う。わが国の警察の調査能力の卓越性は、日本近代史専攻の私の常に驚嘆するところである。ところが、この終戦直後の時期、日本警察の能力は信じられない程の低下をきたしていたのである。八月一四日のあの大空襲で、死者三五九人という数字はさておいて、重傷三三人、軽傷七九人とはどういうことだろう。一八四三戸が罹災して、罹災者が二九六七人とはどういうことだろう。しかも、この文章の直後の一般被害表では、八月一四日の死者二〇一人、負傷者五〇七人、行方不明一九三人、罹災者二九六七人、全壊四一七戸、半壊二三七戸となっていて、数字の一致しないことがはなはだしい。その後に訂正されて正しい報告書が作成されたのかも知れない。それにしても、このまちがいは不思議である。

一夜明けて翌一五日の正午になれば、もう空襲の恐怖がなく、平和な日々を過ごせるようになることを知らずに、数多くの尊い生命が奪われた。戦争から平和へ転換したために、その死者は数えられもしなかった。もっとも悲惨な、もっとも不幸な空襲が終戦の前日にあった。

学徒義勇戦闘隊の結成

八月一四日朝、大阪陸軍造兵廠では動員学徒による義勇戦闘隊の結成式がおこなわれた。壇上の陸軍将校は「女子といえども国に殉ずるときがきた。沖縄の女子学徒も立派に死んでいった。沖縄に続け」と訓示した。義勇兵役法に基づいて学徒義勇戦闘隊をつくり、陸軍造兵廠を守るためにいよいよ戦闘態勢に入るというのだった。集まったのはほとんど女学生ばかり。そのなかに府立市岡高女（現在港高校）四年生の藤倉種子（現姓矢嶋）たちもいた。

六月一日の大空襲で、港区八条通の帝国精機工業は焼失した。帝国精機に動員されていた市岡高女四年は組の女生徒たちは、七日から大阪陸軍造兵廠に配置転換された。同じ四年生のい組、ろ組、に組もそれぞれの動員先が焼けたので、造兵廠へやってきた。ほ組以外の四クラス約一五〇人が、こうして同じ工場で働くことになった。彼女たちが配属されたのは、巨大な造兵廠の東北部、寝屋川と平野川と城東線（現在環状線）にはさまれた弁天町（現在城見、ビジネスパーク）の第七工場だった。京橋駅と片町駅のほぼ中間の位置に、北橋という寝屋川に架けられた橋がある。この橋を渡ると造兵廠の北門があった。第七工場への通用門は、この北門だった。第七工場には一般工員、徴用工員、女子挺身隊員、動員学徒あわせて一四〇〇人ほどが働いていたが、そのうち一〇〇〇人以上は女性だったという。市岡高女生たちは、ここで旋盤を動かしていた。

八月一四日ともなれば、造兵廠幹部の陸軍軍人たちはポツダム宣言受諾が決定的となったことを知っていた。軍人の多くはこれに不満で、あくまでも抗戦、さらには決起の考えをもっていた。この日の朝、女学生を集めて学徒義勇戦闘隊を結成し、「女子といえども国に殉ずるときがきた」とあおったのは、造兵廠の将校たちの最後のあがきだったといえる。しかし、女学生たちは日本の降伏が間近なことをまったく知らなかった。軍人たちは、なにも知らない女学生たちを巻きぞえにして死地に突入するつもりだったのである。「沖縄の女子学徒も立派に死んでいった。沖縄に続け」との将校の訓示があった。将校たちの意図は、この言葉で明確に示されている。

だが、学徒義勇戦闘隊の結成式のあと、大阪陸軍造兵廠そのものが壊滅した。戦闘隊員となったはずの女学生たちは、恐怖のどん底に叩きこまれた。空襲の激しさや悲惨さをいやという程体験してきた彼女たちではあったが、八月十四日の大爆撃の恐ろしさは度外れたものだった。

八月十三日から一四日にかけて、敵機は頻繁に来襲し、警報もくり返し発令された。生野区猪飼野東六丁目町会の「町会日誌」によると、一三日の深夜から一四日の未明にかけての警戒警報発令は、午後一〇時一七分～一〇時四四分、一〇時四七分～一一時七分、午前零時二七分～零時五九分、四時五八分～五時四二分となっている。広島への原子爆弾投下以後はB29一機の来襲(この場合は警戒警報)でも待避態勢をとることになっていた。だから、このように夜中に四度も警報が発令されたのでは、市民は睡眠不足になっていたはずである。

夜が明けてからは、一四日午前八時三一分～八時五五分、九時三〇分～一一時三二分(空襲警報も発令)、一一時五二分～一一時五七分、午後一二時一分～二時四六分(空襲警報も発令)、二時五三分～四時八分、そして深夜の一一時三五分～一五日午前零時三〇分と発令状況が記されている。しょっちゅう警報が発令され、敵機が来襲していた戦争末期の様子をうかがうことができる。

八月一四日の朝、勤労動員学徒の義勇戦闘隊が結成されたあと、市岡高女生たちは第七工場にもどった。だが、警報発令と解除がくり返され、仕事どころではなかった。前日、B29は「明日十四日　大阪を　くうしゆうします　このぼくげきがさいごであります」との予告ビラを投下した。焼野原の大阪で、不思議にまだ残っていた陸軍造兵廠が最後のターゲットになることは十分考えられた。だから、一四日の午前中、敵機が来襲するたびに、造兵廠では廠外待避がおこなわれた。廠内壕に入るのが廠内待避、造兵廠から外に出るのが廠外待避だった。何万人という工員、徴用工、挺身隊員、動員学徒がいくつもの門から排出される廠外待避は壮観だった。当時の京橋駅助役山本重治の話によると、この日、造兵廠の裏門から工員が道路いっぱいになって、大水がせきを切って放出されたような音をたてながら、寝屋川沿いに野江方面に避難するのが目撃されたという（国鉄京橋駅爆撃被災記録『霊に捧ぐ』、一九八一年刊）。

ところが、真夏の災天下のことである。第七工場から北門までだけでも、ずいぶんの距離がある。敵機接近で廠外待避、警報解除で帰廠、こういう行動を反復すると、くたくたに疲れる。二度の廠外待避のあと、市岡高女生たちは疲れ果てていた。

藤倉種子たち市岡高女生は、第七工場の持場で昼弁当を食べていた。そのとき、「待避」の声とともに、ドドーンと爆発音と震動がおこった。B29の大爆撃がはじまったのである。疲れきっている女生徒たちの動作は緩慢だった。朝から三度目の廠外待避だから、むりもなかった。ズズー、ドドドーン、ドドドーンと続けさまに、すさまじい音がする。彼女たちは、恐怖もさることながら、疲労と多少の慣れも手伝って逃げようとしないで、壁に沿ってぺたりとしゃがみこんでいる。工場内に走りこんできたH少尉は、女生徒たちの姿をみるや、猛然と乗馬用の鞭をふるって、「廠外、廠外待避！　命令だ！」とどなりだした。鞭がビシッ、ビシッと種子たちの手や足、顔をうつ。そうでもしないことには、みんな動かないのである。工場の天井からベルトが落ちてくる。旋盤が動く。爆風がおそってくる。そこへH少尉の鞭が加わる。震動でよろけながら、少尉は鞭をふるい続けた。その迫力のすごさと鞭の痛さに尋常でないものを感じ、種子たちは北門へ向かって走りだした。

ドカン、ドスーン、目と耳をおさえ、口をあけて伏せる。大地がゆらぐ。吹っ飛びそうになる。顔をあげる。投げつけてくるような砂塵が顔いっぱいにあたる。目をあける。景色が変わっている。目標をきめて走っていたのに、その目標がなくなっている。物がこっぱみじんになって飛んでくる。人間も吹っ飛ばされている。これはたいへんと走ろうとするが、落下物と大地の震動で思うようにならない。

今まで体験した焼夷弾攻撃とは様子がちがう。起きつ転びつ、なんとか廠外へ逃れて京橋駅までたどりつくと、そこは惨劇の場となっていた。種子は、散乱する人体の部分とおぼしいもののあいだを「ごめんなさい、ごめんなさい」とあやまりながら走った。

爆撃開始の時間

第二〇航空軍の戦術作戦任務報告によると、B29部隊の大阪陸軍造兵廠爆撃は午後一時一六分から二時一分にかけておこなわれたことになっている。航空群(グループ)、航空中隊(スコードロン)別の目標上空時間の記録も存在する。第七三航空団の第四九八群第一中隊の一〇機が午後一時一五分、第二中隊の九機が一時一六分、第三中隊の一〇機が一時一六分三〇秒、第四中隊の九機が一時一八分三〇秒という具合に、目標上空時間が記されている。ついで第四九九群第一中隊一一機が一時二一分、第二中隊一一機が一時二三分、第三中隊九機が一時二四分、第四中隊七機が一時二四分、少し間隔をおいて、第五〇〇群第一中隊九機が一時五〇分、第二中隊七機が一時五一分、第三中隊一〇機が一時五二分、第四中隊八機が一時五二分三〇秒、第四九七群第一中隊一一機が一時五九分、第二中隊八機が一時五九分、第三中隊八機が二時〇分、第四中隊七機が二時一分となっている。

この記録から、四五分間に一四四機(他の箇所では一四五機と記されているが、ここでは一四四機)が目白押しに来襲して、息もつかせぬ猛攻を加えた様子がうかがえる。高度は二万二一〇〇フィート(六七〇〇メートル)ないし二万五一〇〇フィート(七六五〇メートル)、投下爆弾は、二〇〇〇ポンド(一トン)通常爆弾五七五個(別の資料では五七〇個)、一〇〇〇ポンド通常爆弾一八一個(別の資料では一七三個)、そのうち六五〇個が目標に命中したとある。

ところでこの記録には、これ以外の二機が別個に爆撃し、二〇〇〇ポンド爆弾七個と一〇〇〇ポンド爆撃四個を投下したと注記されている。ほかに一機が臨機目標として日和佐(徳島県)に二〇〇〇ポンド爆弾四個、一〇〇〇ポンド爆弾二個投下とも記されている。この記述から、別個に爆撃した二機は、臨機目標ではなく、第一目標の造兵廠に爆弾を投下したものと思われる。

八月一四日の大空襲では、京橋駅で国鉄史上空前の大惨事が展開された。ところが、京橋駅関係者の証言によると、アメリカ軍資料に記されている午後一時一六分よりも早い時間に爆撃がはじまっている。これは、大編隊で集団的に来襲したB29部隊とは別個に爆撃した二機によるものではないかとも思われる。時間の正確性を大切にする国鉄関係者の記憶を無視することはできない。主力部隊に先行するB29が投弾したと考えることもできるのである。

国鉄京橋駅爆撃被災記録『霊に捧ぐ』(一九八一年刊)所収の座談会で、当時京橋駅助役だった藤井亀太郎は次のように語っている。

その日私は内勤助役として勤務中で駅長事務室にいたんですが、第一弾二弾は陸軍造兵廠へ落とされました。机の前で状況の推移を見守るため、時計を出して採時してたんですが、第一弾、第二弾は一一時一三分、一四分、そして第三弾が一一時一五分で京橋駅へ落とされました。これは大阪駅方面ホーム西寄りで、そのあと第四弾も駅なんですが、時間はもうわかりませんね。城東線路から交差している片町線へ突き抜けた。これが被害が一番大きく、このあと第五弾が第三弾の西側の防空壕附近で、私の記憶では最後だと思うんですが、第六弾が駅の北側鯰江川附近だったと思う。これは不発だったような気がしますわ。

大きな石のかたまりが駅舎の屋根をつらぬいて頭上に落下し、前歯二本を折りながらも、毛布をかぶって時間を記録していた駅助役の回想である。米軍記録よりも二時間早く爆撃がはじまっていたという話を簡単に否定するわけにはいかない。

同じく京橋駅助役だった山本重治の記憶は、次のとおりである。

一一時二五分ごろと思います。ちょうどその時は天王寺行き上り電車と大阪行き下り電車が桜の宮と森の宮に停車しておりましたが、運転再開とともに京橋駅に進入してきたわけでございます。

直ちにこの電車を止めて、この電車は四両編成でございます。駅乗客係員（女子職員ばかり）がホームに上りまして、乗客に一刻も早く降車していただいて防空壕のある片町線駅前広場および本駅の前から野江方面へ避難誘導しておりますときに、敵機B29が京橋駅上空に接近して造兵廠を目標に一トン爆弾を投下しつつ、北の方へ次々と一〇機、一五機の編隊が去って行きました。この間、約三〇分か四〇分くらいかと思います。

回想談にまちがいや混乱はつきものだが、山本の「一一時二五分ごろ」という記憶は、藤井の「一一時一三分、一四分」「一一時一五分」という証言の信ぴょう性を補強する材料になる。そして、京橋駅に動員されていた女学生山崎稲子によると、昼食前に空襲がはじまったとのことである。しかし、大部分の体験者が午後一時ごろから空襲がはじまったと証言していることも確かなのである。ここでは疑問として残しておくほかない。

下敷きになった人びと

この日、朝からB29と小型機の来襲がくり返されていた。それにあわせて、城東線の電車の運転停止もくり返されていた。大爆撃開始の直前、京橋駅ホームに上りと下りの電車が進入してきた。いずれも四両編成だったが、それまでの運転停止で桜ノ宮駅と森ノ宮駅で足止めにされていたので、客は満員状態だった。一両に一〇〇人とすると、上下あわせて八〇〇人ぐらいの乗客であった。京橋駅ではこの二本の電車を止めて、防空壕のある片町線駅前広場と野江方面の二方向への避難誘導を開始した。

だが、避難誘導といっても、乗客係は女性ばかりである。乗客の数は多い。多数の人間が駅のせまい階段を降りるのには、時間がかかる。京橋駅は立体交差している。平面の片町線の上に高架の城東線がおおいかぶさっている場所に、何百人もが待避した。堅固な高架鉄道の下にとりあえず避難した乗客たちの判断をまちがっていたとはいえない。片町線京橋駅のホームと線路上には、人びとがあふれていた。

そこを一トン爆弾が直撃した。京橋駅には四個が命中したが、そのうちの一個は城東線を突きぬけて、片町線上に落下、炸裂した。停車中の電車は破壊され、線路はあめのように曲がり、高い擁壁がくずれ、乗客はその下敷きになり、あるいは吹っ飛んだ。二百数十人の生命が失われた。翌一五日の正午になれば、もう空襲の恐怖がなく、平和な日々を過ごせるようになることを知らないで、多くの人びとが尊い生命を失った。戦争とは非情なものである。

天王寺高女（現在四天王寺高校）四年生の山崎稲子は、級友七、八人と前年から京橋駅に動員されていた。仕事は改札や出札だった。この日、B29の爆音が迫ってきたとき、天王寺高女生全員は職員専用の防空壕にすべり込んだ。待避するとき、山崎は山本運転助役が城東線下りホーム（大阪行き）に立っているのをちらりと見た。「早く待避しないと危ないのに」と思いながら、山崎は壕に向かった。山本重治は乗客の避難と電車の処置のために残っていたのだった。そのために、山本は爆風で吹き飛ばされ、下り電車の窓に突き当たって線路に落ち、一瞬気を失うという目にあった。

山崎たちが入った職員専用の防空壕は、枕木で囲いをした粗末なものだった。だが、その壕に入ったおかげで助かったのである。彼女たち動員学徒用の壕は城東線をへだてて西側にあり、いつもはそこに入っていた。この日に限って、職員用の壕に待避したのである。学徒用の壕は直撃弾を受け、たまたまそこに入っていた人たちが犠牲になった。

京橋駅は立体交差になっていたが、城東線の他の部分のようなコンクリート支柱に支えられた高架ではない。石垣を積んで土手を築いた上を城東線が走る構造になっている。直撃弾の衝撃で石垣がくずれ、大きな石が吹っ飛んだ。その石に埋まり、下敷になった者も多かった。それが京橋駅の惨状をいっそうひどいものにした。

壕から出た山崎稲子は、あまりにも恐ろしい光景に立ちすくんでしまった。駅舎はぺしゃんこになり、鉄の線路が電線にひっかかっている。こわれた石垣の石が一面に散乱している。大きな石が転がっている。その石の上にのらなくては前へ進めない。ぐらぐらする石の上をおそるおそる歩いていると、山崎の踏んでいる石の下から人間の顔が出ている。アッと心臓の凍る思いで、ふるえてしまって動けなくなった。その人は絶命していた。別の石からは「助けて」というか細い声がする。虫の息の人が大きな石の下に埋まって、助けを求めているのである。その人は手招きをして、家族へ知らせて欲しいといっている。だが、一五歳の少女になにができようか。その人の顔を見ることさえできない。死にかけている人につかまったこわさでいっぱいだった。戦後の四〇年間、彼女の心には、どうしてあのとき、名前や住所だけでもきいてあげられなかったのかとの悔いがつのるばかりであった。かけつけた青年団の人たちの力で石を持ちあげられ、「まだ生きています。早くこの石をよけて下さい」と手を合わせた老人の姿が、いまも彼女の目に残っている。でもそのときは恐ろしくて結末も見ないで、死体運搬作業の方へ行った。

山崎は死体を担荷に乗せて駅前の広場へ運んだ。死体の重さにおどろいた。級友と涙を流しながら運んだ。自分たちと駅員たちだけしか助からなかったと知ったとき、悲しさと恐ろしさが少女たちをおそった。全員の死体確認は無理で、たくさんの人が土の下に埋まっているとのことだった。

「犠牲となった人たちに申しわけない」、戦後、山崎稲子は心に重荷を抱きながら生きてきた。毎年八月になると、一人で駅南口にある慰霊碑の前に立ち、合掌した。小唄師範の山崎は、一九八一年（昭和五六）夏、犠牲者の霊に捧げて祈る新作小唄を発表した。こんなことは小唄の世界でははじめてだった。

亡き魂《たま》を　鎮めて匂ふ百合《ゆり》白し　戦すめど　爪跡の深く残りし幾年月　ただ安らけく　眠らせと　霊に捧げて祈るのみ　あゝ祈るのみ

夏草の　哀しく喘《あえ》ぐ日の盛り　轟く爆音すさまじく　無惨に散りし兄弟《はらから》よ　あの日あの時あの声の　霊を祀《まつ》りて祈るのみ　あゝ祈るのみ

眼裏《まなうら》に焼きつく地獄絵まざまざと　浮かびし恐さ　身を震ふ　よべど叫べと捜せども今は還

下敷きになった人々　8月14日、国鉄京橋駅ホームの下（絵 山崎稲子）

らぬ人々の　霊に誓って祈るのみ　あゝ
祈るのみ

この小唄の詞に感動した高校教諭武田喜明が歌曲として作曲し、同年八月十四日の京橋駅爆撃被災慰霊法要で同僚教員田中リヨ子が独唱した。

さらに山崎は、翌一九八二年、慰霊のための般若心経百巻の写経をなしとげ、八月二二日の「国鉄京橋駅被爆者の霊に捧ぐ　山崎美穂作詞作曲リサイタル」の収益を納経塔建立基金にあてた。当時の京橋駅長南好勝は被災記録の作成や犠牲者の慰霊に力を注ぎ、駅員たちも納経塔建立に拠金し、山崎美穂リサイタルを国鉄京橋駅が後援するなど、注目すべき活動がみられた。駅構内に建立された納経塔には、大阪大空襲の体験を語る会の会員たちの写経も納められた。山崎の写経は、一九八五年五月で四〇〇巻に達した。

死に方を教えたI大尉

大空襲のあと、城東線の西側も東側も、大阪陸軍造兵廠の無数と思える工場の鉄骨があめ細工のようにひん曲り、直径一〇メートルから二〇メートルにおよぶ爆弾穴が蜂の巣のようにあいた。東洋一を誇った陸軍の巨大な兵器工場は破壊されつくした。大きな肉のかたまりが京橋駅の高架の石垣に貼りつき、血潮が流れ、すでにからからに乾ききっているのを、市岡高女生藤倉種子は見た。あんなに大きな肉のかたまりが吹っ飛んできて、石垣に貼りついてしまうとは、爆風の威力がどれだけすごかったかを示していると、彼女はいう。若い駅員が流せど、こすれど、なかなか落ちなかったとのことである。

翌一五日、種子が造兵廠にたどりついたときには、終戦を知らせる玉音放送は終わっていた。「いよいよ本土決戦だ」という人もいた。

翌一六日も種子は出勤した。「無茶苦茶のがらくたの工場だった」と彼女は表現する。爆弾穴へ死んだ馬を運びこみ、書類を山のように投げ入れ、ガソリンをぶっかけて焼いたとのことである。「なにを焼いてもよい。みんな焼け」と命令された。四時間も五時間も焼いた。

日が傾きかけたころ、種子たちは集合した。第七工場の副工場長I大尉が壇上に立った。「腰をおろせ」と命じたあと、I大尉は次のようにいった。「いよいよ敵が上陸してくると思う。みなは

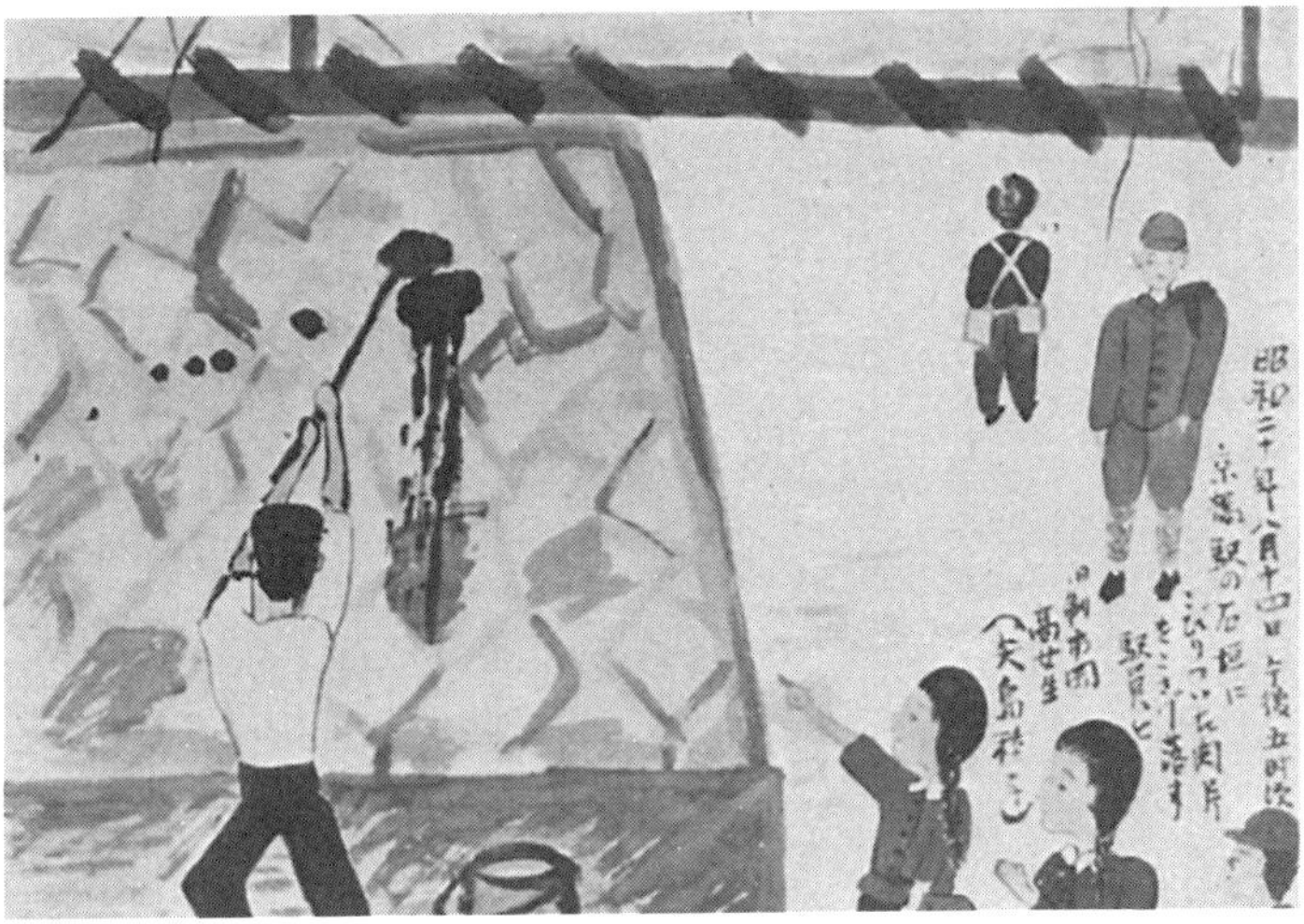

石垣にこびりついた肉片　８月14日夕方、国鉄京橋駅高架下（絵 矢島種子）

女だが、男の格好をせよ。万一にも女とわかったときの死に方を教える」と。なんとＩ大尉は、終戦の翌日、女学生たちに死ぬ方法を教えたのである。「人差指と中指のあいだに、かみそりの刃をはさむ。そして、小指を耳たぶにあて、目をつぶって、一、二、三で下へ引くと頸動脈が切れて死ねる」と大尉は教えた。

Ｉ大尉はさらに続けた。「これが今生の別れかも知れぬ。われわれ軍人は戦闘態勢に入ることになっている。もう会うことはないだろう。自分もいざという場合は割腹して果てるつもりだ」といった。「私たちは、泣いて泣いて別れた」と種子はいう。帰宅した彼女は、便箋のボール紙のはしをかみそりの刃のかたちに切って、死ぬ練習をした。大尉殿は今ごろ決起しておられるだろうか、割腹されただろうかと、彼女は思った。秋になって、市岡高女に通いながら、「あの兵隊さんたち、亡くなったんやろか。それに、あの日、あんなにたくさんの人の死をみた。私たちだけ、こうして生きてててええのかな」と思っていた。

そんなある日のこと、学校にジープがやってきた。教室の窓からみていた女生徒たちのあいだから、「I大尉だわ」という声があがった。これはまた、なんということか。アメリカ兵と一緒に、アロハシャツ姿のI大尉がチューインガムをかみながら、「ヘイ、ヘーイ」と、みなの前にあらわれたのである。「ぼくは英語ができるのでね」というのが、I大尉のことばだった。彼は八月一五日の決意をすっかり忘れてしまっていたのである。種子は、I大尉のそばに駆け寄れなかった。「絶対に許せない」との怒りがこみあげてきた。三十数年たって、種子はI大尉からあの日のことをどうしてもきいておきたいと思うようになった。

八月十四日、最後の大空襲でどれだけの死者が出たのか、それはわからない。大阪府警察局が作成した『大阪府空襲被害状況』には、死者三五九人、重傷三三人、軽傷七九人と記されているが、これはあまりにも少なすぎる。

国鉄京橋駅爆撃被災記録第二集『歴史の墓標』(一九八二年刊)には、氏名判明分として二一〇人が記されている。これは、京橋駅だけの死者である。大阪砲兵工廠慰霊祭世話人会編『大阪砲兵工廠の八月十四日』(東方出版、一九八三年刊)では、その後の調査結果として二一七人の京橋駅死者の氏名が掲げられている。また、造兵廠関係の空襲死者三二八人の氏名が記されている。そのうち八月一四日大空襲によることが明確なもの一六六人である。

藤倉種子は、H少尉から「若い女の子ばかり一〇〇〇人以上の遺体を焼いた。はじめのうちは名前を控えていたが、終戦になっていよいよ決起だというので、氏名を書かずにひたすら焼いた。ほとんど圧死だったから、みんな眠っているようにきれいだった。ゆすったら目をさましそうだった」との話をきいた。死体の運搬・焼却作業を手伝った山崎稲子は、「掘り出すことができた死体だけを焼いた。埋まってしまった死体はそのままになった。だからこそ、その後、白骨がいくらでも出てきた。いまだに埋まっているはずだ」という。市電車両工場に勤務していた中　条大喜《ちゅうじょうたき》正《せ》は、戦後、「アパッチ族」とよばれた人たちが造兵廠あとを掘りかえして鉄屑類を持ち去ったあとに、白骨が散乱していたのを目撃している。そして、造兵廠の跡地に市電車両工場建設のため、ブルドーザーで土を掘りおこしたとき、白骨がつぎつぎと出てきたという。私も一九八一年(昭和五六)五月、いわゆる「大阪砲兵工廠本館」が市当局によって取りこわされたさい、人間のものらしい白骨が近くの土中から出たのを知っている。

終戦前日の大空襲ゆえに、軍も警察も死者の数を把握し得なかったといえる。三〇〇人とか四〇〇人とかの数ではない、犠牲者はもっと多かったと断言してよいと思う。

終章　空襲からの解放

敗戦の衝撃

一九四五年（昭和二〇）八月一五日、真夏の太陽が目に痛いばかりにもえていた。この日の正午、ポツダム宣言の受諾を告げる天皇の放送によって、日本国民は三年八か月にわたった太平洋戦争の惨憺たる結末を知った。神州不滅を信じ、すべてを祖国の勝利のためにささげてきた多くの国民にとって、日本の降伏は思いもかけぬ出来事であった。人びとは茫然自失し、あるいは悲憤慷慨した。烈日のもとに厳粛な事実を知らされた八月一五日の記憶もまた、この日を経験した者にとっては永遠のものとなった。

当時の日本人の大多数は、世界の情勢や戦局について真実を知らされることなく、軍部による誇大きわまる戦果の発表を信じこまされていた。また、天皇に対する絶対的な尊崇の念と忠誠心をうえつけられていた。このような人びとにとっては、敗戦をすぐに民主主義や自由への希望に満ちた出発として受けとることはできなかった。昭和一けた生まれ、典型的な軍国少年だった私も、その例にもれなかった。動員先の十三《じゅうそう》（東淀川区、現在淀川区）の東洋工作所からの帰途、国体護持、米英両国への復讐を友人と誓いあったものである。私の同級生岸彰則は椿本チエイン（城東区、現在鶴見区）に動員されていたが、『朋友の碑』（府立生野中学校二十四期生卒業三十周年記念文集、一九七八年刊）に寄せた「戦時下の記憶」に次のように書いている。

椿本チエインの控室（？）で玉音放送を聞いたあと、私たちは仕事場を片付けに各棟に散った。

誰かが短刀を作ろうといいだした。アメリカ兵と差し違えようというのだ。工場には鉄片はいくらでもある。私たちは焼き入れの仕方を知っている。工場のすみっこで鉄片を物色して、工作をはじめた……。

しかし間もなく、誰いうとなしに短刀作りはやめになった。

しばらくして、私たちはもう着ることのなくなった作業服をかかえて、それぞれの家へ帰っていった。

敗戦の日の私たちだった。

私の動員先の隣の中山工業所にいた北沢康男は、「想い出の点景」のなかで、次のとおり記している。

やがて八月一五日が来た。前日は大空襲で、森の宮から京橋にかけて陸軍砲兵工廠が全滅した。わたしは安部君と連れ立ち、不通になった省線の線路を歩いて工場へ行った。森の宮の駅に上ると、凄い異臭が鼻をついた。見下すと、すぐ近くの神社で犠牲者が焼かれているのだった。

その日、家へ帰ると、わたしは敗けた、敗けたと叫んで畳の上にひっくり返ったと、あとになって、母はよく笑っていった。

大阪だけで三四万四千戸の家屋が焼失し、一二二万五千人が家を失った。死者一万三千人、重軽傷者三万一千人。住居を焼かれ、肉親を失い、あるいはみずから重傷を負っても、祖国の勝利のためということで耐えてきた。当時の日本人のなかで、親子兄弟夫婦、もしくは近い親戚に戦死者が一人もいないというような例はないといってよい。ところが、日本は降伏したのである。なんのための犠牲だったのか、苦しみだったのか。大多数の日本人が虚脱状態におちいったのも、無理はない。

当時、私は生野区猪飼野に住んでいた。私たち日本人は敗戦を悲しみ、茫然としていた。ところが、あちこちの朝鮮人が住んでいる家々からは、夜を徹して酒を飲み、歌いおどっている、にぎやかな声がきこえてきた。「朝鮮人はなにをしているんや」ときいた私に、父は「朝鮮人は勝ったんや」と答えた。日本人にとっての敗戦は、朝鮮人にとっては勝利であり、解放だったのである。それまでの私の考えを根底からくつがえす体験だった。猪飼野に住んでいたからこその貴重な体験だった。

平和のよろこび

終戦の翌一六日、吹田警察署長西沢与志雄の日記によると、西沢は署員に対して「内心屈辱を感ずることあるも、人民保護者たる警察官は上陸し来る敵部隊の御機嫌を取る必要もあるべき旨所信を堅むる所あり」との態度で、「警察官吏の向うべき所」を訓示した。

西沢は、前日の日記に「正午、天皇陛下おんみずからの御放送を拝聴し、署員と共に涙を流す。帝国復興を固く誓った。ラジオ情報に依れば、本朝関東地区に空襲が行われた由、最後の、否、既に四国宣言受諾を通告した後に於ても爆撃する敵である。卑怯といおうか、非人道といおうか」と書いている。この西沢が一夜明けると、占領軍の機嫌をとってでも人民を保護するのが警察官の使命だと署員に訓示したのである。日本の警察署長のすべてが西沢と同じ思考と行動をとったとはいえない。しかし、終戦の翌日に早くもこのような方針を打ち出せる署長が存在した事実、ここに日本警察の強さ、したたかさを私は感じる。講和条約発効の一九五二年（昭和二七）四月までの六年八か月、アメリカ軍占領下で日本支配層がとりつづけた態度を大阪の一警察署長が敗戦直後に明確に表明したのである。

西沢は、一六日夜には町会連合会長や警防団分団長を集めて、治安維持への協力を求めた。一七日には府警察局長に会い、「自分が考えて居る敵上陸部隊応接の態度は大体適当であるよう自信の裏付が出来た。この上はただ民衆保護に邁進せんのみ」と記し、女子警防団幹部に動揺防止を要望している。一八日には「警察官が民衆の保護者として御奉公するのは今ではないか」と書き、夜六時三〇分から一〇時近くまで管内有力者と時局対策について懇談している。二六日には警部補以上を集めて、管内に連合国軍のための歓楽街設置準備を協議したことが日記に記されている。そして、二八日から、署長みずからが署員に対して英語講習をはじめるに至ったのである。

こうして、時代は転換しはじめた。しかし、一般市民にとっては、敗戦の衝撃とともに、その日その日を生きる苦しみがはじまった。この年七月から主食の配給量は成人男子で米二合一勺（三〇〇グラム）になっていたし、それも代用食が大きな割合を占めていた。買出し、闇取引き、物々交換の苦しい生活がますますひどくなっていた。治安維持と民衆保護に全力を傾けていた西沢署長ではあったが、外勤巡査の意見をきくと「靴を配給せよとか、靴下を配給幹旋頼むとかいうことのみ多く」（八月二二日）、「署員が何故乞食の如き態度に出でざるを得ざるか、とくと検討して欲しいとの陳述あり」（二五日）とのありさまで、警察官でさえ物資不足、生活難に追われ、士気がいちじるしく沈滞していた。

ただ、空襲の恐怖から解放されたという安堵感は、すべての市民にとって大きな救いだった。八月二〇日には燈火管制が解除され、夜、気がねなく電燈をつけることができるようになった。ついで、二二日午前零時を期して、防空実施の終止命令が発せられた。一九四一年（昭和一六）一二月に防空実施命令が発令されて以来、三年九か月ぶりに防空態勢は全国的に解除された。

八月一五日の夜から、それまでのような燈火管制のきびしさはなくなり、家々から少しぐらいの明かりがもれていても、きびしくとがめられることはなくなっていた。しかし、戦争が終わって二、三日は、B29が飛来すると防空警報が発令された。一七日の朝日新聞には、「守れ、燈管と防空服　戦闘行為はまだ継続中だ」との見出しの記事が掲載されている。燈火管制の解除命令が発せられたのは、八月二〇日正午だった。

燈火管制の解除によって、午後一〇時以後の警戒管制、午前零時以後の空襲管制はなくなった。屋外燈、看板燈、道路燈、作業燈、および三階以上の燈火が点燈できるようになった。暗い街頭に電燈がつけられ、焼け跡の壕舎からは久しぶりに燈火がもれた。人びとは電燈の防空カバーをとり外し、街燈がついたのを仰ぎ、家々から光がもれているのをみて、戦争が終わったことをしみじみと実感した。夜、電燈をつける、この文明社会ではあたりまえのことができるようになったのである。世の中に平和というものがある、平和とはすばらしいものだ、と私はつくづく思った。

原爆報道

八月一〇日、日本政府はアメリカに対して、原子爆弾使用が戦時国際法に違反し、人類文化への罪悪であると抗議した。新聞も、残虐な殺傷兵器として非難した。終戦の詔書には、「敵は新《あらた》に残虐なる爆弾を使用して、頻《しきり》に無辜《むこ》を殺傷し、惨害の及ぶ所真に測るべからざるに至る。而も尚交戦を継続せむか、終《つい》に我が民族の滅亡を招来するのみならず、延《ひい》て人類の文明をも破却すべし」とのくだりがある。詔書にはみずからの侵略行為への反省はまったくない。しかし、原子爆弾が「我が民族の滅亡を招来する」だけでなく、「人類の文明をも破却」するという論理はまったく正しい。敗戦の原因を原子爆弾に押しつけ、戦争指導者の免責を図ろうとの意図があったにせよ、原子爆弾は民族を滅亡させ、人類を破滅させるから、戦争をやめるという論理は正しい。

そして、終戦直後の新聞は原子爆弾の非人道性を詳細に掲載し、広島や長崎の惨状も報道した。GHQ（連合国軍総司令部）のプレスコードが通達される九月二一日までの一か月あまり、日本の新聞は原爆報道に熱心だった。このことが、当時の私たちに原子爆弾の恐ろしさを教えこんだ。

その情報は、現在の水準からみれば不完全、不十分であった。だが、そのときに得た知識は、その後の原爆関係記事が極度に押さえられた占領下にあって、私たち日本人が原水爆反対の平和運動にたちあがる素地のひとつとなったことはたしかである。少くとも、私の場合はそうであった。

八月一五日、終戦の日の毎日新聞は「最大の兇器　原子爆弾　乗客の遺骸ズラリ　電車のなかにその儘の姿で」との見出しで、広島の惨状を報道した。これは被爆者の体験談によって、原子爆弾の残忍性を浮きぼりにした記事である。「毒ガス以上の非人道的な殺人用具である。これはすでに兵器という範囲のものではない。堂々の戦いを行う武器ではなく、唯一筋に人類の滅亡を急ぐ最大の兇器なのだ」と書かれている。同紙は八月二三日には「残された原子爆弾の恐怖　今後70年は棲《す》めぬ　戦争記念物・広島、長崎の廃墟」「壕内の魚も死ぬ　辺《あた》り一面・逃げ場なし」との記事を掲げ、「その残虐性は全人類の名をもって、これを徹底的に糾弾すべきことを痛感されるのである」と述べている。以下、主な記事の見出しを記すと、九月五日「原子爆弾の戦慄！　欧州のどこよりも酷い　米記者廿一名広島を視察」「骨髄深く破壊　第三の死、火傷なき場合の探究」、九月六日「死傷、罹災四十七万　原子爆弾による両市の損害」、九月一一日「原子爆弾　米調査団も驚く　使用すべきでないと広島で語る」「十日後の来広者も死ぬ」などである。

朝日新聞は八月二一日から二六日まで、「原子爆弾　浅田博士に聴く」を広島の写真入りで連載した。阪大教授浅田常三郎博士によるきわめて詳細な解説である。一回目には「太陽よりも高熱火薬の一千万倍　惨烈・ウラニウム爆発力」、二回目には「不妊や血球減少　爆発跡に永く残る残虐性」という具合の見出しがついている。以後、朝日紙はほぼ連日、原子爆弾に関する記事を大きく掲載している。八月二九日の一面は前日に厚木飛行場到着のアメリカ先遣部隊の記事であるが、二面は「頭髪も全部ぬける　原子爆弾被害者の臨床報告」である。八月三一日は日本進駐のアメリカ軍関係記事が満載されているが、その横には「元気な者がポクリ死　広島の死者、なおも続出す」とあり、そして注目すべきは大田洋子の「原子爆弾を浴びて」が紙面の相当部分を占めている。

連日のことであるから大部分を省略するが、九月四日の朝日新聞には「原子爆弾　正視に堪えぬこの残虐さ」との見出しで、四葉の写真が大きく掲載されている。説明文には「広島と長崎を襲った原子爆弾の残虐さは一報ごとに全世界を驚かしている。これはその残虐性を如実に示す戦災者の痛ましい姿、紙上に報ぜられる最初の写真である」とあり、写真は「日赤病院で火傷の手当を受ける少年（両手の甲は真黒に焼け皮が裂けている）」「ずらり並んだ負傷者たち」「無残な火傷を負った母子」「熱風で衣類の型通り火傷を負う」である。被爆者の写真が、新聞にはじめて載ったのである。広島だけでなく、長崎の惨状も報道された。九月七日「長崎の原子爆弾被害究明」、九月一〇日「浦上天主堂も壊滅」などが、それである。

九月一四日の朝日新聞には、「米兵は何を考えている？　本社記者と対談　話合って行こう　原子爆弾や真珠湾は真ッ平」との見出しで、東京に進駐したアメリカ兵との対談記事が掲載されている。次に抜粋してみよう。

兵隊達が異口同音に記者に放った第一問

米兵「わが方の原子爆弾使用について日本の国民はどんな感情を抱いているか」

記者「怨んでいる。広島市の惨状を目撃した僕にはよく分る」

米兵「そうだろうね。原子爆弾ではアメリカ本国でも囂々《ごうごう》たる非難の声だ。まだ残っていたら、いま太平洋の真中に捨てて来いといっている。発明者の罪は死に値いすると思う」（中略）

記者「君達の日本国民に対する気持は？」

米兵「ただただその戦禍から一日も早く復興し、真珠湾や原子爆弾の方式でなく、なんでも話合って事を進め得る友好関係をもって握手したい」（以下略）

戦争が終わって一か月、アメリカ兵と日本人記者が「真珠湾と原子爆弾はくり返さない」と話しあったとの記事が掲載されるに至った。これは、当時の両国民の心底からの気持ちだったといってよい。そして、朝日新聞には九月一四日から一八日までの五回にわたって、京大教授荒勝文策・杉山繁輝両博士の「原子爆弾報告書」が連載された。

しかし、九月二一日、「あの日から四十日　その後の広島市　火葬の人骨も放射能　高度三百米では威力三倍」との大きな特集記事を掲載したのを最後に、朝日新聞の紙面から広島・長崎の惨禍や原爆症に関する記事は姿を消した。一九日にＧＨＱがプレスコードを正式に指令し、それが二一日に通達されたのである。これによって原爆投下への批判はもとより、原爆被害の実態を報

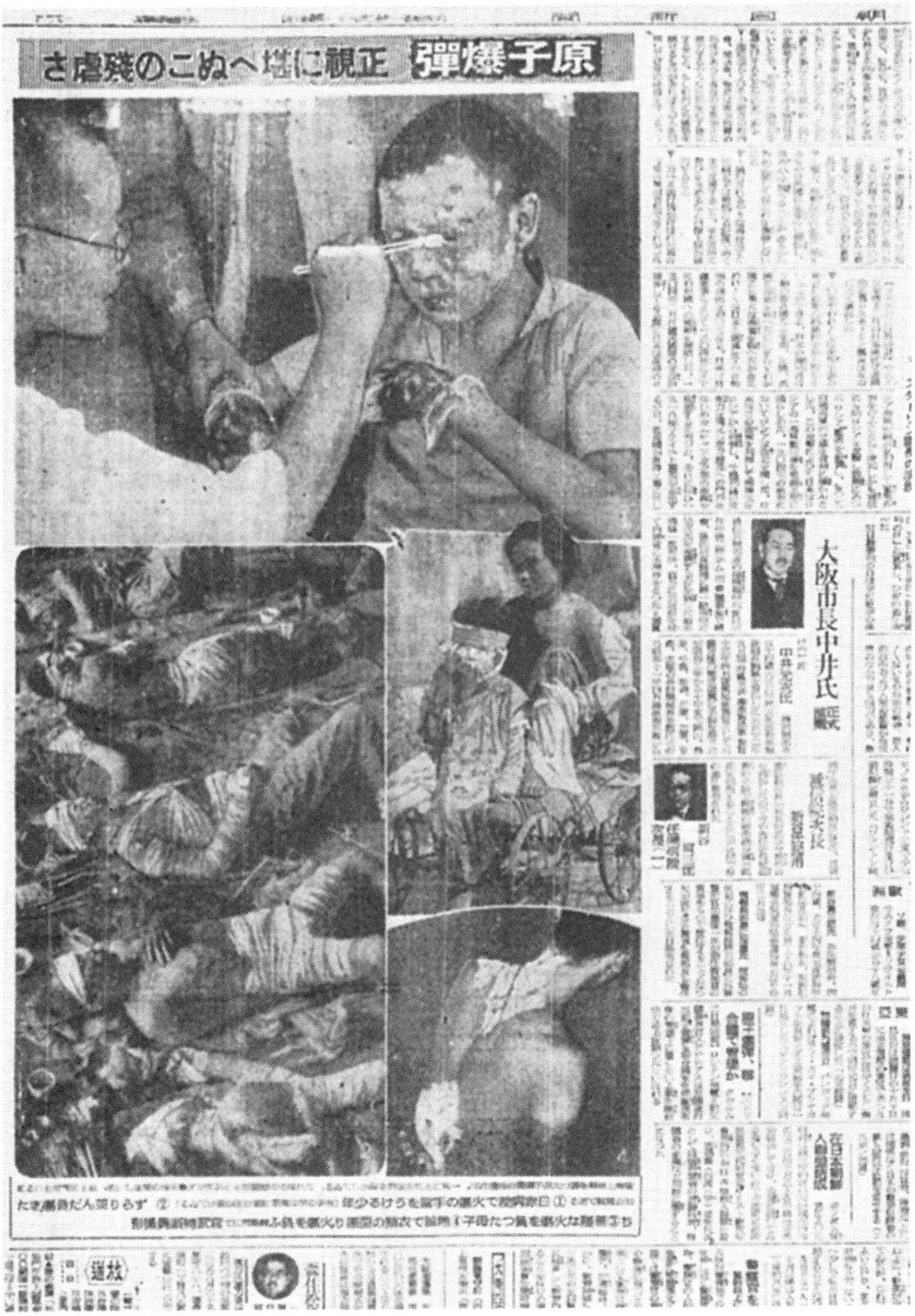
原子爆弾　正視に堪へぬこの残虐さ

大阪市長中井氏

「原子爆弾　正視に堪えぬこの残虐さ」の報道（朝日新聞 1945．9．4付）

道することも事実上不可能となったのだった。

原爆報道の禁止とひきかえに、関西にも連合国軍が進駐してきた。九月二五日にアメリカ軍が和歌山市近辺に上陸、その日の夕刻に先遣隊は法円坂の中部第二二部隊（第八聯隊）に入り、米軍積載列車が吹田操車場に到着した。そして二七日、雨中を主力部隊がジープやトラックに分乗して大阪に進駐してきた。一九五二年（昭和二七）四月二八日の講和条約発効までの長いアメリカ軍占領下の時代がはじまったのである。

日本の敗戦によって、私たちはたしかに空襲の恐怖から解放された。鬼気せまる空襲警報のサイレン吹鳴や不気味なB29の爆音はきかれなくなった。焼夷弾の災熱地獄も爆弾や機銃掃射の恐怖も消えた。夜、電燈をつける生活がよみがえった。しかし、核兵器が存在するかぎり、いつ私たちはみな殺しにされるかわからないのである。四〇年前に私たちが味わった空襲の恐怖からの解放、それをたしかなもの、ほんとうのものとするには、この地球上から核兵器を廃絶すること、そして戦争をなくすことが必要である。あの苛烈な空襲をくぐりぬけて生き残った私たちの責務は、ここにあると思う。

あとがき

大空襲のたびに、天空高く、何千メートルも立ちのぼる火と煙、想像を絶する炎熱地獄のなかに何十万もの市民がたたきこまれた。中学生の私もその一人だった。焼け落ちる街のなかを、猛煙にむせび、涙を流しながら、風上に向かって必死に走った。足もと近くで、焼夷弾が炸裂した。強烈な火焰が四方に飛び散った。真夏の白昼なのに暗黒、街は真っ赤に燃え、黒い雨が降り、雷鳴がとどろいた。昨日のことのように思う。

私はこの空襲のことを、いつの日か自分の手で解明したいと思っていた。私は大阪で育ち、大阪に住み、大阪をこよなく愛している。そして、私は大阪空襲の体験者であり、近代史家である。大阪空襲の実態を明らかにすることが私の責務であると思ったとしても、うぬぼれが過ぎるとのそしりはあたらない。いや、たとえ思い上がり、うぬぼれといわれても、この仕事だけはやりたかった。

本書の執筆を終えて、私は四〇年来の課題を果たしたという気持ちになっている。久しぶりに全力を傾倒したつもりである。不十分なところはいくつもあると思う。私としても、在住朝鮮人の被災状況や空襲体験、空襲下の堺刑務所の思想犯・政治犯の動き、捕虜になったB29搭乗員の運命など、ぜひともとりあげたかったことがある。しかし、大阪空襲四〇周年に本書を間に合わせたかったために、これらを欠落させたままで刊行することにした。調査ができていないのである。残された課題として、今後を期したいと思う。

戦後四〇年を経た今日、市民が自分の手で空襲の実態を記録しようという運動の成果が全国各地で生みだされている。大阪でも、主婦たちを中心とする大阪大空襲の体験を語る会が一九七一年から七七年までに『大阪大空襲体験記』を第六集までさまざまの形で刊行したのをはじめ、空襲・戦災史の空白を埋めるための努力が重ねられてきた。

たとえば中川啓史著『ぼくらは義務を果した』（白川書院）、府立豊中高女学徒動員記録の会編『ほむら野に立つ』、堺市教職員組合編『堺市民の戦争体験』が一九七五年に、創価学会青年部反戦出版委員会編『炎の生き地獄―堺空襲の記録―』が一九七七年に、府立生野中学校二四期生編『朋友の碑』が一九七八年に、堺市婦人団体連絡協議会編『炎の慟哭』、牧邦彦著『硝煙のもとに』が一九八〇年に、国鉄京橋駅爆撃被災記録第一集『霊に捧ぐ』が一九八一年に、同第二集『歴史の墓標』、山野良子著『大阪空襲―十八歳のノート―』（関西書院）が一九八二年に、府立豊中中学校卒業生編『憶念の詩』、大阪砲兵工廠慰霊祭世話人会編『大阪砲兵工廠の八月十四日』（東方出版）が一九八三年に刊行された。一方、大阪大空襲の体験を語る会は、一九八一年早々から、空襲体験を絵筆で表現する運動にとりくみ、その成果として一一四点を収録した『画集　大阪大空襲の記録』（三省堂）を一九八三年に刊行した。この画集は、太平洋戦争末期の本土空襲がいかに激烈なものであり、悲惨なものであったかを視覚を通じて訴え、大きな反響をよんだ。ほかに、君本昌久編『日本の空襲』第六巻近畿編（三省堂、一九八〇年刊）がある。

空襲・戦災の研究では、山内篤氏の業績をあげなければならない。同氏の指導による大阪教育大学附属池田中学校郷土研究部歴史班編『豊中空襲の記録』第一集（一九七五年刊）・第二集（一九七六年刊）、『池田空襲の記録』（一九七六年刊）、『吹田空襲の記録』（一九七九年刊）は、それぞれの都市における空襲の実態をきわめて詳細に追求するとともに、大阪府警察局関係の公式記録を利用することによって大阪空襲全体を明らかにしようとしたものである。私自身も「太平洋戦争下の大阪空襲について」（柴田実先生古稀記念『日本文化史論叢』、一九七六年一月刊）、「吹田空襲について」（『吹田の歴史』四号、一九七六年三月刊）、「大阪空襲下の人心の動向」（横田健一先生還暦記念『日本史論叢』、一九七六年九月刊）、「大阪空襲の体験画」（『大阪の歴史』八号・一一号、一九八三年八月・八四年一一月刊）、「米軍資料による第一次大阪大空襲」（梅溪昇教授退官記念『日本近代の成立と展開』、一九八四年四月刊）、「生野区への空襲」（『郷土誌いくの』七号、一九八四年六月刊）などを執筆し、前記『朋友の碑』や『画集　大阪大空襲の記録』の編集にたずさわり、さらに松原市史資料集として『大阪空襲に関する警察局資料』Ⅰ（一九七六年刊）・Ⅱ（一九七七年刊）、大阪市史史料として『太平洋戦争下の防空資料』（一九八一年刊）を刊行した。

私は前記「太平洋戦争下の大阪空襲」において大阪空襲の回数を四八回、そのうち大空襲とよぶべきものは八回との判断を示し、山内篤氏も「大阪空襲小史」（『歴史と神戸』一五巻二号、一九七六年三月刊）で同様の見解を示された。その後、山内氏は「大阪空襲史」（『大阪教育大学紀要第Ⅴ部門』二七巻二号、一九七八年刊）を執筆し、大阪府において五四回、うち大阪市において三三回の空襲があったと発表された。また同氏は「茨木の空襲」（舟ケ崎正孝先生退官記念『畿内地域史論集』、一九八一年六月刊）を執筆しておられる。高槻への空襲については、最近、戦争の記録を残す高槻市民の会の坂本悠一氏らが精密な調査研究を進めておられる。大阪府平和祈念戦争資料室は、私を代表者とする大阪空襲研究会訳・編集になる『大阪大空襲に関するアメリカ軍資料』を一九八五年三月に刊行した。こうして、おくれていた大阪空襲についての研究も相当程度まで進捗してきたといえる状況になっている。なお、大阪市が刊行したものとして、『昭和大阪市史』第一巻概説編（一九五一年刊）および第六巻社会編（一九五三年刊）の戦災叙述部分と『大阪市戦災復興誌』（一九五八年刊）がある。

本書を執筆するにあたり、右にあげた諸文献を参考にしたことはいうまでもない。その他の文献をも含めて、本文中で引用または参照した場合、それぞれの箇所に明記しておいた。戦時下の資料、たとえば大本営発表や中部軍発表、大阪府警察局の報告書、新聞記事などを引用する場合、常用漢字と現代仮名遣いによる漢字・平仮名交じり文で書き表した。常用漢字表外の字は、原則として旧漢字のままとした。本文中では、敬称をすべて略した。

本書を読んで頂くとわかることだが、私は日米双方の公式記録をはじめ諸資料と空襲体験者からの聞き取りによって、約五〇回におよぶ大阪空襲の実態を明らかにしようとした。とくに主要資料として用いたのは、次のとおりである。日本側の公式記録としては、大阪府警察局警備課の情報係の警部補だった小松繁治氏所有の二冊の書類綴、すなわち「昭和十九年起　参考書類綴　小松警部補」と「昭和二十年　参考書類綴　小松警部補」に綴られている警察資料を多く利用した。吹田警察署長だった西沢与志雄氏の職務関係を中心とした克明な日記も、各所で引用させて頂いた。新聞は、朝日新聞と毎日新聞の大阪本社版を利用した。アメリカ側の公式記録としては、アメリカ陸軍第二一爆撃機軍団（XXI Bomber Command のち第二〇航空軍、20th Air Force）の戦術作戦任務報告（Tactical Mission Report）をはじめとする諸資料である。これについては、大阪府平和祈念戦争資料室がワシントンの国立公文書館から入手したものを利用した。ほかに、細かい資料面では大阪市史編纂所の所長藤本篤氏はじめ多くの所員のお世話になった。以上の各機関と各位に厚く御礼申し上げる。

私の要望に応じて空襲体験を語って下さった方に対しては、これはもう御礼の申しあげようもない気持ちである。強引なお願いをして、今まで話せなかったこと、話したくなかったことまで聞かせて頂き、それを活字にすることも許してもらった。家に帰って録音テープをおこしながら、原稿化しながら、校正をしながら、私はいくど涙を流したことか。自分の文章を読んで泣いたのではない。体験のひどさ、激しさ、悲しさに、私は嗚咽をこらえることができなかったのである。

体験者の話はいくらでもある。いくらでも続く。第一次大阪大空襲の罹災者だけで、五〇万人をこすのである。大阪の全空襲で家を失った人びとは一二二万五千人だという。その一人一人の体験をすべて、私は記録したいという衝動に駆られた。それが果たされないことには、空襲の全貌が浮かびあがらないような気がした。さらに、罹災しなかった人たちの話も重要である。

しかし、私が聞いた体験談さえ、本書に全部を載せるわけにはいかなかった。本書に紹介した話は一部である。その話でさえ、ずいぶん省略させてもらっている。だれの話でも、立派に一冊の本になる内容を具えている。体験談の収集にのめりこんだ私は、これで自分の一生が終わってしまいそうな気がしたほどである。自分も体験した大阪空襲という、歴史的大事件をこういう形で記録しておくことができるとは、歴史家冥利に尽きるというべきであろう。こんなことができたのは、金野紀世子氏を代表とする大阪大空襲の体験を語る会のおかげである。厚く御礼申し上げる。

一九四五年六月七日の大空襲で、椿本チエインに動員されていた四人の同級生が爆死した。大阪府立生野中学校二四期生の浅部彰一、田中俊次、長谷川宗明、安田雄幸の四君である。私は本書を四人の霊に捧げたいと思う。毎年夏に開かれる二四期生の同窓会は、開会にあたってB29の空襲でたおれた四人の冥福を祈って黙禱を捧げている。卒業三〇周年の一九七八年には、四人の鎮魂の意味をこめ、同時に失われていく記憶を後の世代、息子や娘たち、生野高校の後輩たちに語りつごうと、動員・空襲の回想文や座談会、遺族の回想文、恩師の寄稿文などで綴った『朋友の碑』を刊行した。みんなの力で、ほんとうに立派な本をつくった。二四期生の心の中には、永遠に君たちが生きているのだ。毎年、君たちに黙禱をし、七年前には鎮魂の書をつくった二四期生の心が本書執筆の原動力となったことは確かである。十代の半ばで散った四君の霊よ、安かれ。

一九八五年六月七日

小山仁示

南鳥島 33
南御堂 131
南森町 251
三宅署 183
三宅村（松原市） 2,50
都島区 3,83,241,308
——毛馬 71
——高倉町 171*f*,234,241
都島署 190
宮原操車場 285
室戸岬 168,175,309
室蘭 285
明星工業学校（明星商業） 200
門司市 22,24
本山村（神戸市） 147
桃ケ池町 43,45,129*f*
守口 20,191
守口署 183,270*f*,289
守口町 176
森ノ宮駅 308,313,321
森ノ宮電車区 306
【ヤ】
八尾 297
八尾署 183,270
八尾町（八尾市） 48
野洲郡祇王村（野洲町） 227,229
八幡（北九州） 177*ff*
八幡市（北九州） 22,24
八幡製鉄所 33
行岡病院（北区） 218
横須賀 294
横須賀市 22,24
横浜 151*ff*,166,169,184
横浜市 22,24
横堀 131
四日市 10,265,294
四日市宇津部精油所 265,275*f*
四つ橋 114,119
淀川（新淀川） 176,222*f*
——左岸地域 156
淀屋橋駅 207,209
【ラ】
陸軍衛生材料廠 49
陸軍糧秣廠大阪支廠 257
栗林公園動物園 28
竜華町（八尾市） 50
糧秣支廠 49
盧溝橋 16
六軒堀川 224
六甲郊外学園 26
ロッテルダム動物園 29
ロンドン動物園 29
【ワ】
若狭湾 269
若松市 22,24
和歌山（県） 25*f*,36,143,168,183,269
——加太田倉崎 267*f*
——下津丸善石油 276
——那賀郡 10
——西牟婁郡 36
——日高郡 36
——南部 167
——初島東亜燃料工場 265
——日ノ御埼（日ノ岬） 181,267
——北西端加太湾 170
和歌山市 275*f*,281*f*,342
和田ノ鼻（徳島県） 158
和田岬（徳島県） 172

枚方署 183, 270
枚方製造所 13, 306
平野 208
平野川 315
ビルマ 64
広島 66, 294, 297*f*, 300, 316, 337*ff*
広島県 25
琵琶湖 269
フィリピン 34
深川 67
福井県 25
福島駅 221
福島区 157, 241
——大開町 157
——野田阪神 214
福島署 188, 190, 271
福島西通 224
布施 20
布施市 22, 82, 143, 147, 191, 254
——高井田 44, 146*f*
布施署 183, 192, 270, 289, 295*f*
仏照寺（東本願寺天満別院） 251
文の里中学校夜間学級 110
フランクフルト動物園 29
古市 297
豊後水道 312
平和地蔵 239
平群村 217
ベルリン 65, 149
ベルリン動物園 29
弁天町（ビジネスパーク） 315
北部軍 12
北陸 12
北港大橋 222
本所 67
本庄村（神戸市東灘区） 147
本町 207

【マ】

舞鶴 294
舞鶴鎮守府 149
マカッサル（セレベス島） 36
松坂屋 19
松屋町筋 71
松山町神戸村（大字陀町） 225
マリアナ基地 23, 46, 58, 60, 65, 76, 80, 87*f*, 139, 151, 154*f*, 158, 168*f*, 171, 177, 181*ff*, 275*f*, 287, 305
マリアナ諸島 160, 286
麻里布鉄道操車場 304*f*
満州（中国東北部） 254, 294, 298
三重（県） 170, 183
——尾鷲 80, 159, 168
御影 170
御影町 22, 147
三島郡三箇牧村（高槻市） 226*f*, 274
ミッドウェー 10
三菱重工業発動機製作所（名古屋） 160, 263
水戸 285
御堂筋 86, 114*f*, 126, 131, 207*f*
港区 3, 49*f*, 81, 157, 187*f*
——市岡元町 71, 76
——海岸通 97, 99, 206
——寿町 217
——田中元町（石田町） 71, 212
——築港八条通 96
——築港方面 100
——千舟橋 206
——千代見町（弁天町） 127
——出崎町 97, 99, 205, 290
——八幡屋 199*f*
——八幡屋元町 205
南霞町 130
南樺太 294, 298
南久宝寺町 88, 131
南区（中央区） 3, 47, 81
——南署 82
——上汐町 169

奈良　26, 183, 258, 297
奈良県　25, 80, 159, 168, 170
——中部　164, 269
奈良女子高等師範学校　246
鳴尾（西宮）　152
難波　2
新潟海面　276
西区　3, 81
——阿波座　71, 75, 78
——北堀江上通（北堀江）　111
——九条　224
——新町署　82
西区商業学校　111
西郡村（八尾市）　50
西署　188, 289
西長堀川宇和島橋　111
西成区　47, 83, 187
——山王町　71
——津守町　49, 105*f*
西成署　82, 192, 271
西成線　71, 225
西宮　147, 170, 295
西宮市　22
西横堀川　129, 131
西淀川区　72, 187
西淀川署　192, 271
西六社　72, 221
日銀支店　207
日本車両（名古屋）　265
日本石油工場（尼崎）　265, 298
日本石油秋田製油所（土崎）　304*f*
ニュルンベルク動物園　29
庭窪村（守口市）　49*ff*
仁徳天皇御陵　282, 296
寝屋川　315, 317
野江　317, 321
能勢　182, 267
野田阪神　214

【ハ】

榛原駅　225
ハーゲンベック動物園　29
長谷川学園　26
放出　19
母島　33
浜松（市）　44, 220, 285, 294
幌筵島（パラムシル島）　33
播磨製造所　306
ハワイ　91
漢口（ハンカオ）　65
阪神　23*f*, 162
阪神地域　147, 152
阪神地区　12
阪神地方　46*f*, 175
反正天皇御陵　283, 296
阪大病院　246
阪和線美章園駅　50
ハンブルク　64
東区（中央区）　3, 83, 264, 313
——法円坂　342
——南久宝寺町　86, 147
——横堀　129, 228
東署　188, 190, 192, 271, 289
東住吉区　83, 297
——田辺本町　292
東成区　47, 72, 83
——深江　169
東成署　192, 289
東淀川駅　234
東淀川区　72, 83, 231, 241, 308
——十三（淀川区）　5
——塚本（淀川区）　117*f*
光海軍工廠　304*f*
日立　285
日立造船　221
日ノ御埼（日ノ岬）　181, 267
兵庫（県）　25, 297
日和橋　206

天王寺高等女学校 322
天王寺署 188, 192
天王寺中学校 165, 215, 217*ff*
天保山乗船場 23
天満署 188, 190, 192
東京 24, 35*ff*, 44, 55, 60*ff*, 65*ff*, 69, 73, 75, 89*f*, 93, 98, 133, 140, 151*ff*, 160, 169, 184, 339
東京都 22, 27, 29, 36
東海 12
東海軍 281
東海軍管区 12, 174, 269, 286
東海地方 162
東海道本線 71
堂島大橋 224
堂島川 208*f*, 247
堂島浜通（北区） 207
東条病院 113
道頓堀川 120, 124, 127
堂ビル 209
東部軍 12
東北軍 281
東洋工作所 332
東洋ベアリング会社 287
同和ビル 209
徳島（県） 25*f*, 168
——東端 170
——南岸 143
——那賀郡和田島 158, 172
徳島市 269
土佐沖 143, 290
土佐湾 120, 164, 282
鳥取県 25
刀根山病院 246
戸畑市 22, 24
富山湾 276
豊中高等女学校 228, 241*f*
豊中市 176, 191, 241
豊中署 190, 192, 270*f*
豊中中学校 241
豊中飛行場（伊丹飛行場） 274
富田林 291, 297
富田林駅 290*f*
富田林町 290

【ナ】

中河内郡 274
——巽村（生野区） 44
——三宅村（松原市） 38*f*
長崎 66, 294, 298, 337
中島飛行機武蔵製作所（東京） 35, 160, 263
中之島 224
中之島公園 132
中之島中央公会堂 16
長堀川 119
中山工業所 333
長柄橋 172, 231, 239*f*, 251*f*
名古屋 10, 13, 23*f*, 35, 37*f*, 44, 55, 60, 62, 64, 68*f*, 73, 75, 89*f*, 93, 98, 133, 140*f*, 151*f*, 160, 162, 166, 169, 184, 258, 287, 311
名古屋市 22, 24
名古屋高射砲隊 12
名古屋市東山動物園 31*f*
名古屋住友軽合金製造所 265
名古屋造兵廠千種工場 264
名古屋地区 12
名塩（西宮市） 248, 253
浪速区 3, 81, 110
——戎署 82
——幸町通 120*f*
——栄町 100
——桜川 214
——桜川町 121
——塩草町 71, 76, 78
——難波署 82
難波橋 132
鯰江川 320
生瀬駅 253

大建産業　207
太地　163
第十一飛行師団　162
第十飛行師団　162
大正区　3, 47, 83, 165, 187
——鶴浜通　216
——鶴町　97
——福町　157*f*
——船町　50, 54
——南恩加島町　49
大正署　188
大正橋　120
大正飛行場　11, 13, 284*f*
第七戦闘機軍団　162*f*, 173
第二工芸高校　110
第二十般空軍（ワシントン）　46, 60, 64*f*
第二一爆撃機軍団　34, 46, 58, 60, 63*f*, 77*f*, 83, 89, 96, 148, 155, 159, 173, 177, 180, 185, 266*f*, 275, 277, 280, 287
第二十爆撃機軍団　34, 64, 83, 154
大日本麦酒西宮工場　19
大日本紡績津守工場　47
大本営　47, 59, 89*ff*, 140, 164, 262, 271, 281, 293*f*, 298
第四師団　13
高井田　146
高槻　20
高松市　28
武田薬品　245
立川市　22
巽村（生野区）　77
盾津町（大阪市）　146
田辺署　192
谷町筋　71
大丸（百貨店）　115*f*, 126
丹波篠山　249
地下鉄心斎橋駅　116
地下鉄心斎橋停留所　86
父島　33
築港憲兵分隊員　201
築港高野山別院　199
築港署　83, 188, 192, 295
千葉　35*f*, 276
中京地区　64
中国　12
中国（国名）　33*f*, 64
中国軍管区　12
中部軍　12, 174, 281
中部軍管区　12, 174
中部軍司令部　206
中部軍管区司令部　88, 149, 164*f*, 170, 173, 182, 269, 273, 281, 283, 285*f*, 297, 312
中部高射砲集団　12*f*
中部第二二部隊（歩兵第八聯隊）　225
張家口市　31
朝鮮　294, 298
朝鮮軍　12
津　172
塚本　117*f*
土崎　304*f*
椿本チエイン（製作所）　218, 332
壺屋町（北区）　251*f*
鶴町消防署　218
鶴橋　225
鶴橋駅　171*f*, 181
帝国精機工業　96*f*, 197, 200, 202, 206, 290, 314
テニアン　69*f*, 74, 81
——北飛行場　34, 75, 148, 154
——西飛行場　34, 154
テニアン島　34, 267
出屋敷駅　181
電気科学館　114
天王寺　134
天王寺区　3, 47, 83
——小橋西之町　228
——堂ケ芝町　218
天王寺駅　171*f*, 181, 217

――坂本 100
四国 12, 143, 156
四国軍管区 12
四条畷署 183
静岡 35*f*, 219
静波橋 205
市電霞町車庫 130
市電車両工場 217
市電築港車庫（港区） 47
渋沢倉庫 122
島根県 25*f*
志摩半島 273, 295
清水 276
清水谷高等女学校 111
下関 148
下関海峡西口 276
下関市 22
上海第一公墓 11
十三 5, 245, 332
十三橋署 190, 192
城東区 49, 72, 83, 264, 313
城東工業学校 254
城東署 190, 192, 271, 289
城東線 171
城東練兵場 15
庄内町（豊中市） 241*f*
昭南特別市（シンガポール） 29
正蓮寺川 222
昭和町（阿倍野区） 45
尻無川 120*f*
城北公園 172, 234*ff*, 238*f*, 251
新京動物園（長春） 28
新宮 167
新世界 130
新北港橋 222
新町署 82
新淀川（淀川） 181, 231
水上署 188
吹田 20, 36*f*, 251*f*, 284, 295
吹田市 21, 51, 135, 176
吹田署 21, 36, 51, 270, 334
吹田操車場 285, 295, 342
鈴鹿 311
住友化学 221
住友金属 18, 221, 225*f*, 269*ff*, 287*ff*, 308
住友金属工業 264, 266
住友金属伸銅所 222, 225
住友伸銅 271, 289
住友金属プロペラ製造所 225, 249
住友プロペラ 289
住友軽金属工業 266, 288
住友電工 221
住吉区 187, 283
住吉橋 124
洲本 158
洲本市 172, 197, 199
西淡町 97
成都 33, 65
西部軍 12
西部軍管内 312
西部軍管区 298
石産精工三国工場 242
赤十字病院 213
瀬戸内海 148
仙台市 275*f*, 281
仙台動物園 28
泉南郡多奈川町（岬町） 291
千人塚 239
千里山 221
千里山中学校（吹田） 220, 226
崇禅寺 172, 239*f*
造幣局 253
造兵廠熱田工場（名古屋） 265
そごう（十合，百貨店） 19, 86, 115
曽根崎 289
曽根崎署 190, 192

【タ】

第一復員局 161

協和造船所　50, 54
近畿　12
近畿地方　149
金楽寺駅　181
グアム　69*f*, 74, 81, 96, 277
——北飛行場　34, 75, 154
——北西飛行場　34
グアム島　34, 265
空心町（北区）　251*f*
草津　251
九条署　83
楠根国民学校　254
串本（和歌山県）　175
宮内省主馬寮　66
柴島　252
柴島浄水場　231, 240
柴島水源地　189
久保田鉄工所　78
熊谷市　304*f*
熊野灘　80, 88, 170, 173, 175, 182*f*, 267*ff*, 273, 279, 282, 309
熊本　172
呉　294
黒山署　270
桑名市　287
京阪神　12, 169, 174, 273
京阪神地区　143, 168*f*, 269
京浜　23*f*, 162
京浜地区　12, 64
京浜地帯　10
毛馬閘門　239
高射砲第三師団（炸）　13
高知　120, 164, 281
高知市　120, 279, 281*f*
甲府　276
神戸　10, 44*f*, 49, 55, 60, 62, 68*ff*, 94, 120, 139*ff*, 151*f*, 155*f*, 166, 169*f*, 184
神戸市　22, 24*f*, 45
——灘区　147
神戸—大阪水域　148
高野堀（天保山運河）　197, 205
香里製造所　13
国鉄城東線　225
国鉄福島駅　157
小倉市　22, 24
五大都市　169, 185, 275
寿屋工場（サントリー）　206
此花区　3, 157; 187, 220, 264, 266
——桜島　19
——島屋町　222
——西部　221
——酉島町　48
此花署　188, 190, 271, 289
小牧　311
小松島市　172

【サ】

埼玉　35
サイパン　69*f*, 74, 81
サイパン島　11, 33*ff*, 268, 279, 308
——アイズレイ（イスレイ）飛行場　34, 75, 154, 275, 277, 279, 309
幸橋　124
堺　20, 152, 297
境川　127
境川女子商業学校　100, 110
堺北署　183, 192, 270
堺市　4, 22, 82, 191, 275*ff*, 280, 282
堺筋　86, 130*f*
栄国民学校　105*f*
桜川国民学校　126
桜ノ宮駅　321
佐世保　172
坐摩神社　131
三十間堀川　206
塩草町（浪速区）　97
潮崎（淡路島）　172
潮岬　44, 80, 88, 183, 225, 284*f*
滋賀（県）　25*f*

小笠原諸島　33, 35, 80
岡山　172
岡山県　25
沖縄　151, 260, 277, 286, 294, 314*f*
沖縄本島　149, 260, 270
沖ノ島　170
押登岬（淡路島）　158, 172, 197, 199
尾鷲　80, 168

【カ】

海岸通（港区）　97, 99, 206
各務原川崎航空機工場　265
各務原三菱重工業工場　265
香川（県）　25, 168, 297
柏原　295
加太（和歌山県）　182
加太岬　309
加太湾　170
交野町私部（交野市）　253
片町駅　315
勝浦湾（和歌山県）　163
神奈川　35*f*
釜石　285
亀岡　182
亀山　311
蒲生田岬（徳島県）　97, 170, 181, 309
河内町（北区）　251*f*
川口市　22
川口製材所　127
川崎　151, 185
川崎市　22, 24
川崎航空機明石工場　13, 46*f*, 64
川崎航空機工場　264
川崎重工業泉州工場　291
河内長野駅　290
川西航空機甲南製作所　147
川西航空機宝塚製作所　288
神崎駅（尼崎駅）　248
神崎大橋　181
神崎集積所　248, 251
関東　13
紀伊水道　88, 97, 99, 164, 168, 170, 173, 175, 267*ff*, 282, 286, 312
紀伊半島　150, 282, 284, 286
——西南部　297
——南端　164, 167
岸和田　20, 297
岸和田市　49, 141
——阿間ヶ瀧町　141
——福田町　141
岸和田署　270
汽車会社　221*ff*
汽車製造会社大阪製作所　220
紀州沖　290
北大阪一帯　95
北河内郡　274
——四条畷村（四条畷市）　49
北九州　13, 23*f*, 34
北九州地域　177
北区　3, 50*ff*, 81
——扇町　71, 75, 77
——河内町　49
——空心町　49
——壺屋町（天満）　248
——樋之上町（西天満）　132
北橋　315
北浜　207
北堀江　114
紀淡海峡　183
木津川　82, 120
木津川岸壁（大正区）　45
岐阜市　275*f*, 281
清洲　311
九州　156, 281
京都　45, 183, 258
京都市　22, 45
京都府　25
京橋　19
京橋駅　315, 317, 319*ff*, 328

浦崎村（尾道市） 121, 127
瓜破村（平野区） 2, 38, 50
永徳愛知航空機工場（名古屋） 265
戎署 82, 130
愛媛県 25
――大島 247
王寺 217
扇町（北区） 97
扇町高等女学校 248
大江橋 208
大川 71
大阪 18, 24, 58, 60, 62, 68*ff*, 90, 92*ff*, 132*ff*, 140*ff*, 151*ff*, 165*ff*, 184, 251
――西南部 81
――西部 197
――東部 241
――南東部 181
――南部 281
――北東部 197, 241
――北部 181, 241
大阪・尼崎地域 177*ff*
大阪駅 2, 23, 71, 117, 127
大阪瓦斯《ガス》 221
大阪管区気象台 123, 195
大阪金属工業 78
大阪警備府 149, 164*f*, 170, 173, 182, 269, 273, 281, 283, 285*f*, 312
大阪港 82, 97, 121, 198
――沿岸地域 157, 197
――水上署 188
――第一突堤 97, 197, 200, 202*f*
――第二突堤 97, 197, 206
――第三突堤 97
大阪市 2*ff*, 13*ff*, 22, 92, 186*ff*, 258
――西北部 164
――中心部 72, 79*f*
――東部 171
――東部地区 183
――東北部 173
――南東部 172, 241
――北東部 172, 239, 241
――北部 173
大阪市港湾局 97
――公舎 99, 197, 201
大阪市電気局（交通局）
福町車両工場（大正区） 165, 215
大阪市天王寺動物園 29*f*
大阪市民病院（市立大学病院） 217, 219
大阪城 77, 171, 310
大阪城公園 306
大阪商科大学（大阪市立大学） 249
大阪女子医専 236
大阪市立運動場 157, 214
大阪市立弘済院 49
大阪市立美術館（天王寺美術館） 13, 19
大阪中央放送局 134
大阪ビジネスパーク 306
大阪府 25*f*, 55
大阪府会議事堂 301
大阪府警察局 38, 40*ff*, 47, 53, 78*ff*, 96, 123, 133*f*, 141, 148, 167*f*, 175, 183, 187*ff*, 191, 193, 223, 227, 270*f*, 274, 282, 285, 289, 295, 313, 328
大阪砲兵工廠本館 329
大阪陸軍造兵廠 2, 12, 49, 72, 171*f*, 201, 241, 264, 266, 268*ff*, 287*ff*, 304*ff*, 313*ff*, 318, 320, 326
大阪湾 58, 97, 148, 168, 183
――沿岸地域 37
大津署 270
大手前高等女学校 228
大村 34
大淀区（北区） 3, 83, 241, 308
――浦江（大淀中） 220
――天神橋筋 231
――豊崎 71
――本庄 71
大淀署 188, 190, 192, 271

索　引　<地名と施設>

（f は，内容が次頁におよび，ff は
それ以下2頁以上続くことを示す。）

【ア】

愛知県　36
安威村（茨木市）　224
青森　172
赤川鉄橋　234, 239
明石　46, 152, 258, 264, 276
明野　311
旭区　72, 83, 241, 308
――赤川町　234
――大宮町　119, 236
旭署　190, 236, 271
朝日ビル　81
安治川　82, 226
安治川河口　97
安治川口駅　157, 221
安治川隧道　224
安治川内港　71
芦屋　147, 170, 295
阿倍野区　25, 44, 50
――昭和町　43
――桃ケ池町　43, 45, 129f
阿倍野橋　130, 217
尼崎　12f, 88, 126, 181, 185, 295, 298
尼崎市　22, 24f, 78, 82, 154, 164, 173, 181
尼崎市民運動場　248
尼崎日本石油工場　265, 298
アリューシャン基地　33
阿波座（西区）　97
淡路島　279
――南端　172
淡路署　190
阿波東端　80
鞍山製鉄所　34
飯田村（浜松市）　220
硫黄島　35, 90, 152, 158ff, 173, 182, 265, 267, 269, 273, 279, 286, 310f
――海軍司令部　90f
生野区　5, 54, 72, 316
――猪飼野　334
――南生野町　49
生野署　192
生野中学校　69, 218, 241, 332
池田署　183, 270
生駒　268
生駒山　172, 182, 309
石川県　25, 214
泉尾工業学校　222
泉大津　297
泉佐野　297
伊勢　162
伊勢崎市　304f
伊丹　295
伊丹飛行場（大阪第二飛行場）　11, 274, 284f
市岡高等女学校　197, 202, 314
市岡中学校　129
市岡元町（港区）　97
茨城県　36
茨木署　270
インド　64
上野動物園　27ff, 31
上本町六丁目（上六）　213f, 229f
魚崎町（神戸）　147
浮島橋　197, 200, 202, 205
宇津部精油所（四日市）　265, 275f
梅田　117f, 127, 209
浦江（福島区）　224

小山　仁示（こやま　ひとし）

1931年1月、和歌山県に生まれる。

大阪大学文学部卒業、関西大学大学院修士課程修了。

大阪府立高校教諭を経て、関西大学文学部教授。日本近代史専攻。

2001年、関西大学退職、関西大学名誉教授。

2012年5月、逝去。

著書に『日本社会運動思想史論』（ミネルヴァ書房）、『西淀川公害』『米軍資料 日本空襲の全容―マリアナ基地B29部隊』（東方出版）、『空襲と動員―戦争が終わって60年』（解放出版社）など。

改訂 大阪大空襲【新装版】

1985年7月10日　初版第1刷発行
1989年3月13日　改訂版第1刷発行
2018年3月25日　新装版第1刷発行

著　者　小山仁示
発行者　稲川博久
発行所　東方出版（株）
〒543-0062　大阪市天王寺区逢阪2-3-2
TEL06-6779-9571　FAX06-6779-9573
装　幀　森本良成
印刷所　亜細亜印刷（株）

落丁・乱丁本はおとりかえいたします。　ISBN978-4-86249-325-5